歴史学への招待

佛教大学歴史学部編

世界思想社

はしがき

日本を含めて東アジアの古典にもなっている歴史書にはしばしば「鑑（かがみ）」の文字が使われています。現在では歴史書のタイトルに使われることはなくなりましたが、意味の深い言葉です。「鑑」には、教訓にすること、参考にすること、見分けること、洞察する力といった意味があります。歴史学の学びは過去の出来事を対象にしています。しかし、「鑑」という言葉は、歴史を知り、歴史を学ぶということは過去の出来事を学ぶことで終わるのではなく、それを教訓とし参考として、事実を見分け、現在・未来への洞察力を養うことにほかならないことを教えてくれます。

一九六六年に始まった佛教大学の歴史教育と歴史学研究は、二〇一六年春に五〇周年を迎えました。先人たちが半世紀にわたって積み重ね培ってきた高度な実証性という学風を受け継ぎ、佛教大学の史学は二〇一〇年に日本の大学教育において初めての、そして唯一の歴史学部を設置し、今日を迎えています。五〇周年という節目に当たり、佛教大学における歴史教育と歴史学研究のさらなる発展を期して、また歴史学部専任教員全員が佛教大学の歴史学の魅力、佛教大学で歴史学を学ぶ意味を広く感じ取っていただくために、二〇一一年刊行の『歴史を学ぶ　歴史に学ぶ』に続き、『歴史学への招待』を発刊いたしました。

歴史学があつかうさまざまな過去の出来事とはそれぞれの時代・時期に生きた人々の営みです。私たちがそうであるように、さまざまな時代・時期に生きた人々も否応なしにある時代、ある場所、ある社会のなかに置かれています。佛教大学の歴史教育・歴史学研究とはそうした過去の人びとの営みを時の流れの中に、同時にその出来事が起きた場所や社会のなかに位置づけて、それを鑑として学び考えていこうとするものです。

本書を手に取った皆さんは本書にバラエティに富んだ内容が盛り込まれていることに気がつくことでしょう。それは歴史学部における歴史教育・歴史研究の多様さをそのまま映しています。本書が多様な歴史の学びへの入り口となり、本書を通して佛教大学歴史学部で学ぶ歴史学の魅力、歴史学を学ぶ意味をご理解いただければ幸いです。

平成二八年三月

佛教大学　歴史学部長　渡邊秀一

歴史学への招待●目次

史料から読み解く――歴史学の手法

足で探し究める――歴史文化学の学問領域

史料から読み解く

――歴史学の手法

日本人の災害観と信仰の変遷
——日本仏教史の検討課題

今堀太逸

天空や地上に起こる異常現象やそれによってもたらされる災害は「天変地異」と総称されている。火山の噴火・地震・津波、異常気象による旱魃・冷害・虫害・暴風雨・火事、それに流行病などをあげることができる。自然現象により起こることから自然災害とも称されるが、自然の脅威の前には予防対策は無力なものである。有効なのは被害をいかに最小限にくい止めるかという防災対策だけである。

科学万能の現代とは違い、前近代、ことに古代・中世社会においては、自然災害は神仏や怨霊の怒りだと信じられていた。この怒りを鎮められるのは、神仏への祈祷以外にはなく、災害から国家や民衆を護るために、神社や寺院が建立された。災害の歴史と神仏創出の歴史は密接につながっているのである。

一　奈良時代　国分寺と東大寺大仏

奈良時代、聖武天皇は、連年の凶作や疫病の流行に対し、仏教の持つ鎮護国家の思想によって国家の安定をはかろうとした。天平九年（七三七）、諸国に釈迦三尊像の造立と『大般若経』の書写を命じ、同一二年、七重塔の建立と『法華経』の書写を命じている。同年に起こった藤原広嗣の乱は、天皇に仏法による鎮護国家実現の願いをさらに強めさせた。

聖武天皇は、天平一三年（七四一）三月乙巳（二四日）、

> 朕（聖武天皇）、薄徳を以て忝くも重き任（天皇として国を治める任務）を承けたまはる。未だ政化（政治と教化）弘まらず。寤寐に多く慙ず。…頃者、年穀豊かならず、疫癘頻りに至る。慙懼（心に恥恐れること）、交々集りて唯り労して己を罪す。ここをもって、広く蒼生（人民）のために遍く景福（平和）を求む。

との詔を出して、国王・人民が持すれば（読誦・講説したなら）が四天王（持国天・広目天・増長天・多聞天）がその国を守ってくれることを説いた護国経典『金光明最勝王経』を諸国に建立する国分寺（僧二〇人、金光明四天王護国之寺）に納めさせた。また、釈迦の王舎城での説法を結集し、その功徳はいかなる障害をも克服するとして、永遠の仏を説く『法華経』を国分尼寺（尼一〇人、法華滅罪之寺）に納めることにした。

ついで、盧舎那仏の金銅像造立を発願した聖武天皇は、天平一五年一〇月辛巳（一五日）「菩薩の大願を発して盧舎那仏の金銅像一軀を造り奉る。広く法界に及ぼして朕が知識（仏教に奉仕する信者の集団）と為し、遂に同じく利益を蒙らしめ、共に菩提を致さしめむ。…人の一枝の草、一把の土を持ちて、像を助け造らむと情に願う者あらば、恣にこれを聴せ」との大仏造立の詔を出した。

聖武天皇の「菩薩の大願」（仏法を興隆し、自己の悟りと衆生の救済のために修行する菩薩〈天皇〉の願い）であ

る大仏造立事業に百済系渡来人の子孫の行基が協力した。行基は出家して官寺に入るが郷里の河内に帰り、出家の弟子には乞食行を、在家の弟子には布施行を勧めるとともに、仏道の仲間（知識）を結成してため池などの灌漑施設や橋を架けるなどの社会事業を進めていた。道俗貴賤の協力により造立された大仏の開眼供養会は、インド僧・中国僧など一万人が参列する盛儀なものとなった。行基は功績により大僧正に任じられた。

律令国家を守る鎮護仏教における僧尼の役目は、国家管理の下で所定の寺院で国家の安泰と国民の安穏な暮らしを祈ることにある。大仏が造立されると、僧侶に戒を授け、僧尼となる資格を付与する式壇（戒壇）が必要となり、僧尼養成のための戒師招請が課題となった。入唐していた僧栄叡と普照は、鑑真に「仏法東流して日本国に至る。其の法有りと雖も、法を伝ふるに人なし」（『唐大和上東征伝』）と渡航を懇請している。天平勝宝五年（七五三）、来朝した鑑真には、吉備真備より「今より以後、授戒伝律一に和上に任す」との勅が伝えられた。翌年、鑑真は大仏殿前に仮設の戒壇を築くと、聖武太上天皇（上皇）以下四〇〇余人に菩薩戒を授け、同七年一〇月、大仏殿西に戒壇院が建立された。遠国の受者の便宜を図り、下野国薬師寺・筑前国観世音寺にも戒壇が設けられ、天下の三戒壇と称された。東大寺を頂点とする律令国家の災害の予防と対策が整備された。

二　平安時代　貞観一一年　陸奥国の津波と大地震

遷都があり平安時代になるが天皇の親政の時代が続いた。桓武天皇は王城の鎮守として、元号を寺名とする延暦寺を建立したが、清和天皇の御代、貞観一一年（八五九）五月二六日、陸奥国に大地震、津波が起こり死者が多数出た。六国史最後の編年体史書である『日本三代実録』同日条に詳しく記載されている。

『日本三代実録』（五〇巻）は清和・陽成・光孝天皇の三代の事績を叙述する正史として、延喜元年（九〇一）に撰上された。煩瑣にまで詳細を極める『日本三代実録』において、貞観一一年五月の記事は、五日の端午節会を停止したことと、大地震の記載のみなので、藤原時平・大蔵善行らの撰者がいかにこの災害を重視していたかが窺える。

大地震への対策として注目したいのは、同年一〇月一三日の清和天皇の「聞如く、陸奥の国境は、地震尤も甚しく、或は海水暴に溢れて患となり、或は城宇頻りに圧れて殃を致すと。百姓の何の辜ありてか、この禍毒に罹ふ。憮然としてはぢ懼れ、責め深く予に在り」との詔である。

災害の責任を痛感した清和天皇は「いま使者をやりて、ゆきて恩煦（恵み）を布かしむ。使、国司とともに、民夷を論ぜず、勤めて自ら臨撫し、既に死にし者は尽く収殯を加へ（遺体の埋葬）」よと指示するとともに、「其の存ける者（生存者）には、詳に賑恤（施し）を崇ねよ。其の害を被ること太甚だしき者は、租調を輸さしむるなかれ。鰥寡孤独（身寄りのない者）の、窮して自ら立つ能はざる者は、在所に斟量（推し量り）して厚く支え、済くべし。務めて矜恤（あわれみ）の旨を尽くし、朕親ら観るがごとくならしめよ」と命じていることである。

『日本三代実録』には、この年の三月三日に、陰陽寮が今夏に疫病が起こると言上したので、清和天皇が五畿七道の神社に奉幣し、『金剛般若経』『般若心経』を読誦させた記事以下、災害の予防と対策の記事が目立ち、歳末一二月三〇日の「朱雀門前の大祓（おおはらえ）・大儺（おにやらひ）、常の如くなりき」との記事で閉じている。

ところで、六国史は天皇が統治する国の歴史の記録であり、災害が起こると「百姓には罪はない、朕の不徳だ」との責任が必ず記されている。東日本大震災との関係でこの陸奥国貞観大地震の記録を紹介するのに、五月二六日の記事しか紹介されていない。それでは、天皇親政と災害との関係を説く、律令国家の災害観を理解することができない。

三　平安時代　北野天満宮と災害

京都には、大宰府（だざいふ）に流罪となり、延喜三年（九〇三）に亡くなった菅原道真を祀る北野天満宮がある。道真没後、京都において疫病や地震、旱魃といった災害が頻発した。延長八年（九三〇）六月二八日、清涼殿（せいりょうでん）に落雷あり、大納言藤原清貫（きよつら）らが焼死した。醍醐天皇はこの時の毒気により病に伏し、九月二九日崩御した（四九歳）。陰陽寮は道真のたたりだと占い、後には、天満天神の眷属（けんぞく）、第三の使者火雷火気毒王の仕業だとされた（『北野天神縁起絵巻』）。

醍醐天皇の死は、真言密教僧道賢（どうけん）が金峰山（きんぷせん）（奈良県吉野郡にある修験（しゅげん）の山）において道真の霊と醍醐天皇の霊に対面する物語を創作した。冥途（めいど）の道真は日本太政威徳天となり尊崇されているのに対し、無実の道真を流罪にした醍醐天皇は地獄に堕ちて苦しんでいる物語である（『扶桑略記（ふそうりゃっき）』天慶四年〔九四一〕所収「道賢上人冥途記」）。

また、その一方では、菅原家の興隆を願う天台宗の僧侶らにより、道真の霊が北野に廟堂（霊廟、天満宮）を建立し祀ることを望んでいるとの託宣（神のお告げ）が作成された。

道真の託宣には、「すでに天神の号をえて、鎮国の思いあり」と見え、道真が天神、すなわち「天満大自在天神」になったのは、死後、天界の梵天・帝釈天に参上して、無実を訴え、衆生擁護の神となり日本の人々を守ることを誓ったことによると語られた。北野廟堂の創建には、①火雷天神の託宣により天台僧最鎮による北野寺の創建、②多治比奇子が天慶五年（九四二）に西京七条に構えた「禿倉」（小さな社）を天暦元年（九四七）に北野に遷したとの二説がある。道真廟堂を中心に堂舎が整備されると、護国三部経（『金光明経』『仁王経』『法華経』）が安置され、鎮護国家の法楽が盛んとなった。

道真の霊を祭神とする北野天満宮の信仰は、単なるたたり神（怨霊）信仰ではなく、護国経典に説く災害から国土を守護する天界の神々の信仰から生まれたものである。『北野天神縁起絵巻』の序文で「王城を鎮守する神々はたくさんおられるが、とりわけ鎮守の神としての霊験があらたかなのは北野に祀られている天満天神である」と宣言されていように、新たなる災害に対する予防と対策の鎮守神信仰として成立したものである。

現在、菅原道真をまつる天満宮は全国に一万一千余社あるが、その勧請の由来を点検すると災害を契機にしていること、また、水辺に多いのに気づく。ことに江戸時代には、道真が雷神であり雨乞いの効験を期待し、村氏神（鎮守）として諸国の村々に祀られた。

四　鎌倉時代　東大寺復興と法然の『選択集』

元暦二年（一一八五）三月二四日、壇ノ浦で平家が滅び安徳天皇がは入水した（八歳）。天皇位の象徴として伝わる三種神器の一つ草薙剣は天皇とともに海中に没した。五月には京都に疫病が流行し、六月に東大寺を焼き討ちした平清盛の子重衡が斬首された。七月九日、都が大地震で揺れた（『百錬抄』同日条）。『平家物語』巻一二「大地震」は、

> 七月九日の午刻ばかりに（正午頃）、大地おびたゝしくうごいて良久し。赤県（都をいう）のうち、白河のほとり、六勝寺、皆やぶれくずる。九重の塔もうへ六重ふり落す。得長寿院も、三十三間の御堂を、十七間までふりたうす。皇居をはじめて、人々の家々、すべて在々所々の神社・仏閣、あやしの民屋、さながらやぶれくづる。くづるゝ音はいかづちのごとく、あがる塵は、煙のごとし。

と伝えている。六勝寺とは、白河天皇以後院政時代の崇仏により白河の地（鴨川の東、岡崎周辺）に造営された寺号に「勝」の字を付けた六寺の総称である。九重塔とは「国王の氏寺」（『愚管抄』）と称された白河天皇の御願寺法勝寺八角九重の塔のことで、東寺五重塔の五七メートルをしのぐ八二メートルの大塔。また、得長寿院（同地）は、平清盛の父忠盛が鳥羽上皇のために造営、清盛が後白河法皇のために創建した東山

三十三間堂（蓮華王院）と同規模で千体の千手観音像を安置していた。

この大地震は天皇や平家の怨霊の仕業だとうわさされると、後白河法皇は日本国からの災害の除去を願い、八月一四日に年号を文治と改元、東大寺大仏に目を入れる開眼供養の法会を急ぎ、八月二八日に自らの手に筆をもち目を入れた。

ところで、この鎮護国家の象徴である東大寺の再建は、清盛が没した治承五年（一一八一）、院政を開始した後白河法皇が右大臣九条兼実の協力を仰ぐことで始まった。「南無阿弥陀仏」と名乗った重源やその弟子たちが諸国で念仏や『法華経』を勧進、道俗貴賤の結縁（募金）により達成することができた。

法然の『選択本願念仏集』は、東大寺の復興に尽力していた九条兼実の依頼により執筆された。重源の大事業が達成できたのは、『選択集』により、万民を平等に救済する「念仏勧進」の思想が確立されたからである。法然の説いた凡夫往生の教えは、全国民の救済を願う東大寺の盧舎那仏信仰と一体のものであった。江戸時代、重源とゆかりの深い東大寺龍松院は、法然上人二十五霊場の十一番札所となり、奈良における法然上人と念仏信仰の中心となった。

五　鎌倉時代　日蓮と親鸞の災害観——善神捨国と悪鬼

他力念仏（阿弥陀仏の本願の念仏）は、すべての人々は平等に救われなければならないとの宗派を超えた仏教思想の実践として全国にひろまった。

しかし、念仏のみをひたすら唱えて他の行を修めない「専修念仏」の興隆は、延暦寺や興福寺からは偏執と非難され、勧進（布教伝道）活動の停止がもとめられた。とくに延暦寺は『選択集』を謗法（仏教をそしる）の書とし、嘉禄三年（一二二七）その印版を天下に存在させてはならないものとして焼却させた。

日蓮は日本国に災害を引き起こす悪魔や悪鬼がはびこっているのは、謗法による善神捨国にあるとして、文応元年（一二六〇）、『立正安国論』を執筆し、専修念仏の停止を鎌倉幕府にもとめた。

日蓮の災害観の思想的基盤になっているのは『金光明最勝王経』であることは、『立正安国論』執筆の前年正元元年（一二五九）に著わした『守護国家論』の次の記載からも明らかである。

> 一向念仏者、法華経の結縁を作すをば往生の障と成ると云ふ（『法華経』を信仰すると浄土に往生する障害となる）。故に（善神たちに）捨離の意を生ず。此の故に諸天、妙法を聞くことを得ず、法味を嘗めざれば威光勢力有ること無く、四天王并に眷属此の国を捨て、日本国の守護の善神も捨離し已んぬ。故に正嘉元年（一二五七）に大地大いに震い、同二年春の大雨に苗を失ひ、夏の大旱魃に草木を枯らし、秋の大風に菓実を失ひ、飢渇忽ち起りて万民逃脱せしむること、金光明経の文の如し。豈選択集の失に非ずや。

日蓮が『立正安国論』において引用している経文のなかで、『金光明最勝王経』とともに注目したいのが、国土が乱れるときは、先に鬼神が乱れる（災難が起こる）とする『仁王経』からの引用である。

> 人、仏教を壊らば、復孝子（親孝行な子）なく、六親不和にして天神も祐けず。疾疫・悪鬼、日に来っ

て侵害し災怪首尾し、連禍縦横し、死して地獄・餓鬼・畜生に入らん（『仁王経』「嘱累品」）。

日蓮は、天変地夭・飢饉・疫病等に驚いた幕府が種々の祈祷を実施しているにもかかわらず、何の効果もあらわれないことを、正法誹謗による悪法流布という護国経典に掲載する災害観にもとめたのである。そして、法然と大日（禅宗の一派達磨宗の祖）の二人の体内に悪鬼が侵入したために、念仏・禅宗という悪法が流布し、諸の善神が『法華経』の法味を味わうことができず国土を去ったためだと説明している（『安国論御勘由来』）。

災害が頻発した関東において、凡夫こそ救済されるとの法然の他力念仏を勧進していたのは親鸞とその門弟である。親鸞に「文字のこころも知らず、あさましき愚痴きわまりない」（『一念多念文意』）と評された門弟たちにおいては、念仏信仰による国土の守護が説かれていた。そのよりどころとなった仏典は、やはり『金光明経』であった。親鸞は『現世利益和讃』において、

阿弥陀如来来化して、息災延命のためにとて、金光明の寿量品ときおきたまへるみのりなり。
南无阿弥陀仏をとなふれば、梵王帝釈帰敬す、諸天善神ことごとく、よるひるつねにまもるなり。
南无阿弥陀仏をとなふれば、四天大王もろともによるひるつねにまもりつゝ、よろずの悪鬼をちかずけず。

とうたっている。

親鸞門流において使用されていた談義本（布教のテキスト）である『神本地之事』『諸神本懐集』においても、国土に災害をもたらす悪鬼・悪神を「実社神」、彼らから守護する善神を「権社神」（仏や菩薩が神と現

れた神）として、念仏信仰の人たちを災害から擁護してくれると説いている。

以上、災いは神の仕業、災害は神の怒りにより起こると考えられていた時代の災害の歴史は、神仏にたいする信仰創出の歴史でもあった。前近代の社会においては、宗教家は地震・飢饉・疫病・戦乱等の災害や人々の受ける災難について、その由来を明らかにし、神仏への祈願により解決できると説いた。僧侶や陰陽師の使命（役割）は、天空を観察しその原因を探り、所依の経典にその解決法を求め、祈祷を実施することにあった。国土の災害や災難への対応から多種多様な日本人の信仰が生まれたのである。

災害の予防と対筴は、歴史の展開するなか朝廷、武家、民間における年中行事として継承された。民間での行事とは、近世に成立した村の年中行事のことであり、災害伝承（供養塔・記念碑）のことである。前近代の災害対策は、一年の豊・凶、豊作の予測、予祝する正月行事に反映している。自然災害は現代においても予測がつかない。秋祭りの神輿巡幸、神楽奉納をはじめとする豊かな民俗行事は、神仏への畏怖と畏敬による災害対策として、地域社会を守っていることを再認識させてくれる。

＊本稿は下記の今堀著述による。『権者の化現』（思文閣出版、二〇〇六年）、「東大寺再興の念仏勧進と『選択集』」（『法然仏教とその可能性』佛教大学総合研究所、二〇一二年）、「古代・中世の災害観と信仰」（『三・一一社会と人間に問われるもの－東日本大震災シンポジウム』佛教大学総合研究所、二〇一三年）。

船が語る日本の中世

貝　英幸

はじめに

　船舶による物資の輸送、すなわち舟運は、前近代社会においては大量輸送を可能にする唯一の手段であった。また、四方を海に囲まれるという地勢的な特徴をもつわが国にとって、船舶を用いた物資輸送は社会や産業の発達を考えるうえでもとりわけ重要な意味を持っている。

　この舟運がもつ流通の性格は、前近代に限ったことではない。わが国は石油やガスなどの基幹物資をはじめ、生活にかかわる相当な部分を海外からの輸入に頼らざるをえず、その構図は現代においても全く変わらない。しかし、自らの日常生活を振り返ってみても、水運や水上交通とのかかわりを意識することは少ない。生活が水運によって成り立っているという認識は希薄といわざるをえない。ここでは、そうした水上交通や舟運を考える前提として、日本中世を例に舟運の主人公である船舶にスポットを当ててみることにしよう。

一　新安沈船

昭和五〇年（一九七五）、大韓民国西南部の全羅南道新安郡曾島沖の海底から、一隻の沈没船が発見された。島嶼からなる新安郡は、現在でも航海上の難所として知られ、二〇一四年に起こったフェリーの沈没事故も同じ海域が現場となった。

この沈没船は、発見された場所の名を取り「新安沈船（新安船）」と呼ばれ、発見以後九年の歳月をかけ発掘調査が進められた。その結果、船体の一部とともに大量の遺物が引き上げられた。積載品であったと思われる新安船の遺物は、完全かつ未使用の青磁や白磁などの陶磁器のほか、胡椒などの香辛料、ガラス製品などの工芸品、さらには唐から元代に至るまでの銅銭など二万点を超えた。

これら遺物は、それ自体が貴重な資料となることはいうまでもないが、この船が日本と中国（元）との間を往復した民間の貿易船であったとなると、文献史料を主とする歴史学でもその詳細には注目せざるをえない。

積荷に含まれた木簡から、この船は至治三年（元亨三／一三二三）に中国明州の港湾都市寧波を出航し日本の博多に向かった船で、京都五山の一つである東福寺がこの船の依頼主であったことが明らかとなった。東福寺は、この船が出帆する四年前の元応元年（一三一九）に火災で焼失しており、再建に取り掛かったばかりであった。船に積まれた様々な物品は、同寺の再建費用を捻出するための、いわば「商品」であったということになる。鎌倉時代の後半から室町時代にかけて、輸入物資を売却しその利益を寺社の再建費用に充てる「造営料船（造営料唐船）」が催行されたが、新安船はその一つであったということになる。後に足利尊氏によって派遣された「天龍寺船」の先駆け的存在ということもできよう。

　また、引き上げられた遺物には、貿易品とは性格が異なる物資も含まれていた。日本製と思しき陶磁器、下駄や櫛などの木製品、硯や臼などの石製品などは、作りも粗雑で使用した形跡があるなど、他の遺物とは性格が異なる。おそらくは新安船の乗員や商客（商人）の私物で、船内で使用するための物だったと思われる。

　さらに、下駄が見つかったということは、新安船には日本人が乗り込んでいたことを意味していよう。また、引き上げられた陶磁器にはいわゆる「高麗青磁」も含まれており、航路途上の朝鮮半島（高麗）の人々が同乗していた可能性もある。中国を発ち日本へ向かった新安船ではあるが、そこには中国の人々だけでなく、目的地の日本人、さらには朝鮮の人々が乗り合わせていたことになる。遺物に含まれた食料と思しき桃などの種子や書類に判を押す骨印、航海途中の娯楽用と思われる賽子（さい）など、航海中の生活の様子を推測させる品々を併せて考えてみると、当時の貿易船が航行する様子がリアルに想像されはしまいか。

　海外との貿易というと、とかく国家間の交渉という視点で考えがちだが、新安船は中国、朝鮮半島、日本を含む東アジア海域の国々や人々が、複雑にからみあう形で展開した当時の交流の様子を見事に体現しているといっても過言ではないのである。

二　船を造る

新安船は、一四世紀東アジア海域を航行していた実際の船舶の様子や貿易の実態をうかがえる格好の材料を提供してくれるが、それらは考古学、なかでも近年発達の著しい水中考古学の成果に依るところが大きい。では、文書や記録を主とする文献史学の分野にとって新安船はどのような意味をもつのだろうか。

新安船発見の歴史的な意義は、文献から判明する当該期の国内水運のありようと照合することにより一層重要性を増す。特に、船舶の構造や造船の技術に関する問題、船舶の運用方法に関する問題の二点は、水運のみならず、当該期日本の社会経済全体にまで及ぶ重要な意味を持っていると思われる。まず最初に、船舶の構造や造船技術などについて見てみよう。

新安船は沈没した後、その一部が海底に埋もれた結果、船体の一部分がそのまま残されている。引き上げられた船体の分析から、新安船は船体中央に竜骨（キール）を配すとともに、船内を幾つかの船倉に区切る隔壁を備えた構造船であったことが判明した。この構造は、一般には「ジャンク船」として知られる中国系の外洋船に共通した特徴であり、中国寧波を出港したという新安船航行の履歴を裏付けている。引き上げられた船体から、一四世紀当時に東アジアを航行した「実際の船舶」を知ることができる。

ところで、日本と中国の間で外洋を航行した船舶といえば、遣唐使の派遣に際して用いられた遣唐使船がまっさきにあげられよう。遣唐使船は、二〇一〇年には船体が復元され、試験的とはいえ実際に航行しており、具体的な姿がイメージしやすい船でもある。

ところが文献から判明する遣唐使船についての情報は想像以上に乏しい。『日本書紀』によれば、遣唐使船は「百済船」と呼ばれ、天平一八年（七四六）から宝亀九年（七七八）にかけて五回建造されている。「百済船」自体は新安船と同様、中国系ジャンク船であったと推定されるが、船体の構造はおろか規模さえもよくわかっていない。また、その一〇〇年ほど前の白雉元年（六五〇）にも、渡来した技術者集団によって「百済船」が建造されたとあり、百済船の建造は朝鮮半島からの渡来人によって、中国の造船技術が用いられたと推測されている。おそらくは天平の遣唐使船も渡来人による造船だったのであろう。ともあれ古代の日本では、外洋を航行できるような大型船を造る技術は未発達であったということがいえよう。

その後もこうした状況は大きく変わることはなく、鎌倉時代には次のような記録が残されている。

建保四年（一二一六）、宋人陳和卿（ちんなけい）と面会した将軍源実朝は、和卿から聞いた話が自分が見た夢と合致したことに感嘆し、和卿に中国（宋）へ渡航するための船舶の建造を命じた。和卿は鎌倉にほど近い由比ヶ浜で「唐船」の建造を行い、翌五年完成した。しかしこの「唐船」は結局のところ海に浮かぶことはなく、浜に放置されそのまま朽ち果てたという（『吾妻鏡』）。

この逸話自体は実朝が見た夢告（夢の話）との関連で記されており、その全てが事実とは考えられない。しかし、造船にあたった陳和卿は重源上人とともに東大寺大仏の鋳造や大仏殿の再建にあたった渡来の工人＝技術者であり、その和卿がかかわった「唐船」造船の逸話はその全てが創作とは考えづらい。和卿による「唐船」建造の指揮は事実とみてよいかもしれない。いずれにせよ、わが国においては、鎌倉時代においてもなお、外洋を航行する船舶を造る技術は持ち合わせていないことが理解できよう。

三「唐船」と「和船」

ところが、室町時代になると状況は一変する。

応仁二年（一四六八）、幕府・細川氏・大内氏の三者が遣明使節として渡明するが、それに随行した禅僧の策彦周良は、旅の様子を「戊子入明記」といわれる記録に残している。そこには、この時の使節として渡明したのは計一一隻で、船団を構成する船のうち最大のものは積載量一八〇〇斛（石）と記している。船団にはこの他にも一二〇〇石積、一〇〇〇石積など、相当な大船が確認される。しかも、当初渡明するはずだったもう一隻は二五〇〇石積の大船であったとし、渡航中止の理由は「大船にて渡唐せざる也」であった。

これより以前、わが国に外洋の航海を専らとする船舶を造る技術がなかったのはこれまで確認してきた通りである。では、明へ渡った大型船はどのような船だったのだろうか。「入明記」ではこれらの船は「唐船」と表記されており、その記載を素直に理解すればこれまで同様、中国系のジャンク船とみるべきだろう。

しかし「入明記」は、これら船舶について「豊前　門司　泉丸」のように所属港と船名を記している。記載された港湾名を拾い上げてみると、門司のほか、周防富田（彌増丸）、上関（薬師丸）、深溝（熊野丸）、楊井（宮丸）、備後尾道（住吉丸）、鞆（宮丸）などが確認される。船団を形成した船舶は、尾道や鞆など今現在も港町として知られる瀬戸内海沿岸の主要な港湾を拠点に活動する船であったことがわかる。

さらに、これら船舶のうち何隻かについては、文安二年（一四四五）から同三年にかけて、兵庫港（北関）

へ入港した船舶を記した「兵庫北関入船納帳」でもその名が確認できることから、日常的に瀬戸内海で物資輸送にあたっていたことが判明する。すなわち渡明した船舶は、わざわざ建造されたのではなく、日頃瀬戸内海を航行していた民間船を徴発し、船団が形成されたのである。

しかしながら、外洋を航行する「唐船」が瀬戸内海を日常的に航行していたとは考えづらい。では、国内で建造された「唐船」、すなわち中国から移入された造船技術で建造された可能性はどうであろうか。

残念ながら造船技術の移入についても、琉球の例をみれば成り立ちづらい。同時期琉球では、日本同様外洋を航行できる船舶の建造技術を有していなかったが、洪武一八年（元中二／一三八五）に明皇帝から海船の下賜をうけ、外洋の航海が可能な大型の海船を初めて保有するに至った（『明太祖実録』）。海船の移管に皇帝の許可を要するということは、造船の技術がいわば当時最先端の技術の一つであり、最重要の事項であったことを物語っている。そうした技術が、容易にわが国へ伝えられたとは考えられないだろう。

この問題を解決する鍵は、江戸時代初期に河村瑞軒によって確立された西回り・東回り廻船ルートの成立にあるように思われる。廻船ルートでは、一般には「和船」として総称されるわが国独自の船舶が用いられたことはよく知られている。千石船や北前船とも呼ばれる船舶などのほか、やや小型の「弁財船」などがあげられるが、これら船舶は、瀬戸内海・太平洋で発達した「棚板造り」と、日本海側で発達した「面木造り」の二系統に大別されるものの、「唐船」とは全く異なる構造をしている。

「和船」は、新安船のような中国系ジャンク船の特徴であった「竜骨」や「隔壁」を持たず、代わって航と呼ぶ船底材や重ね継ぎされた棚板、補強のための多数の船梁など、独特の構造をしている。これらはあくまでも一本の材木を刳り抜いた「刳り船」の発達した形といわれ、元来は大型化と強度に問題を抱える構造でもあった。しかしこれら和船は、江戸時代初期には、強度を保ちながら船底の幅を広げ、舷側（げんそく）を継ぎ足すことによって大型化に成功し、それ以前には到底考えられなかった大船の運用を可能にしたのである。

つまり「和船」は、「唐船」とは全く異なる造られ方、異なった造船技術をもとにしており、「戊子入明記」に見える大船はわが国の造船技術における革新の結果を示唆しているのである。

四　船を操る

最後に、新安船の遺物から船舶の運用方法を考えておこう。

新安船の発掘により引き上げられた遺物、すなわち同船の積載品のなかで最も大量に見つかったのは銅銭であった。新安船から見つかった銅銭は約二八トンにも及び、これは二〇〇トン程度と推定される新安船の総積載量の一割を超えている。銅銭は陶磁器や工芸品などの積載品に比べ地味ではあるが、実は船舶の運用方法に大いに関係する重要な遺物でもある。

調査担当者から聞いたところでは、銅銭は船底にあたる部分に敷き詰められたように積み込まれていたという。陶磁器などその他の積載品が木製の箱などに梱包され積み込まれていたのとは対照的でもある。

当然のことながら、銅銭が船底に敷き詰められた理由が問題となるが、おそらく銅銭はバラストの役割を果たしていたと思われる。船舶の運航において、安定した航行のためには、船体が沈み込む深さ（船底から水面までの距離）である吃水（きっすい）を調整し、船体をなるべく水面下に沈める必要がある。波の荒い外洋を航海する際にはなおさらのことである。すなわち銅銭は、この吃水を調整するための重りの役割を果たしていたと考えられるのである。

こうした船舶の吃水の調整について、わが国では、もっぱら石が利用されていたことが文献から明らかとなる。

中世水運の慣行では、地方から貨物を輸送してきた船舶に対しては、積載している貨物に対して関銭（升米）が賦課された。先に「兵庫北関」の関銭徴収簿である「兵庫北関入船納帳」を示したが、同帳面に記録されているのは地方から兵庫関へ入港した船舶が積載していた貨物（実際は貨物の重量）に対して賦課された関銭である「升米」であった。

一方、復路の船舶に対する関銭は一隻あたりであり、「置石料」と呼ばれていた。ちなみに「置石料」という名称は、復路の航海を終え入港した船舶が、用済みとなった石を港湾内に廃棄し、その引き上げ費用に由来するといわれている。

中世の流通は現在と異なり、地方から畿内への物資輸送を主とした。大消費地である京都・奈良への物資輸送を中心とした流通は、極端な言い方をすれば「一方通行」で、帰路船舶が貨物を満載して航行することは無かった。復路の船舶には積載する貨物がさほど無かったのである。したがって往路貨物を積載した船舶も、復路は航行の安定化のため石や人を積み込んだ。空いた船倉に少しでも重りとなるものを積載し、吃水を下げようとしたのである。もちろん人を載せる場合は乗船料を徴収したが、旅客を目的とした運航ではないため、運航の日程も定まらない、補助的なものであった。あくまでも石の積込が主であったのである。

このように国内における船舶の運用方法を見てみると、新安船が船底に大量の銅銭を積み込んでいた（敷き詰めた）理由が、船舶の特性を考慮した合理的な運用方法と関係していることが理解できるのである。

おわりに

これまで発見された沈船から判明する事実をもとに、中世東アジアで用いられた船舶の構造や運用方法について考えてきた。そこからは、国家間の正式な交渉が途絶した時期の実際の交流の様子とともに、船舶の構造が独自な発展を遂げ、やがては外洋を航行できるような大型船を登場させた様子が明らかとなった。

四方を海に囲まれるというわが国の地勢的な特徴は、隣国との交渉に障壁となる一方で、「和船」の登場という発展をみせる点において興味深いが、最後に取り上げた新安船への銅銭積載は、船舶の運用方法を知る意味以外に、日本の歴史にかかわる重要な意味を有している。ただし、この問題については現時点では不明確な部分もあり、見通しを述べるにとどめたい。

船舶への銅銭積載は、先述のように、運航の際のバラストとしての役割、すなわち船舶の運用方法に関する問題であるが、航海の後には別の問題へと波及する。つまり銅銭が、日本到着後銭貨としてそのまま使用されるという問題である。

中世の日本において、貨幣（銭貨）はその全てを輸入に頼っていた。古代では皇朝十二銭が鋳造されているが、天徳二年（九五八）に乾元大宝が鋳造されて以降は、寛永一三年（一六三六）の寛永通宝までの間、約七〇〇年もの間、国内では銭貨の鋳造は行われていない。しかしながら、一三世紀後半には年貢や公事の納入を銭貨で行う「代銭納」がみられるようになるほか、物品の交換（売買）でも銭貨の使用が一般的となるなど、銭貨に対する需要は高まりをみせる。また室町時代には、銭貨を選別する行為である「撰銭」が大きな問題となり、領主層は撰銭を取り締まる「撰銭令」を発布し、貨幣市場の安定化を図ったことがよく知られているが、これなどは市場に銭貨があふれたことがその原因の一つと考えられる。そこで問題となるのは、船舶に銅銭を積み込むという慣行が、新安船に限られるのか否かである。仮に日本へやって来る船舶が、銅銭をバラストとして用いていたとすると、室町時代の社会経済に大きな影響を及ぼす貨幣の流入が、船舶のバラストに起因する可能性を秘めている。今後一層の究明が必要な問題である。

【参考文献】

安達裕之「日本の船の発達史への一考察」（『海事史研究』五四号、一九九七年）
伊川健二「『戊子入明記』に描かれた遣明船」（『古文書研究』五三号、二〇〇一年）
石井謙治『図説和船史話』（至誠堂、一九八三年）
今谷　明「兵庫関雑船納帳について」（『兵庫史学』七〇号、一九八四年）
岡本弘道「古琉球期の琉球王国における「海船」をめぐる諸相」（『東アジア文化交渉研究』創刊号、二〇〇八年）
小林保夫「兵庫北関入船納帳にみる国料と過書」（林屋辰三郎編著『兵庫北関入船納帳』、中央公論美術出版、一九八一年所収）

【史料】

「兵庫北関入船納帳」
「應仁二年戊子入明記」
「吾妻鏡」
「日本書紀」
「明太祖実録」

近世「百姓」の創出

――概念の系譜

渡邊忠司

はじめに

概念は事象・事物の認識の集約的表現であり、政治・経済・文化も、その分野での専門用語も、動物・植物などの概念もそれぞれを認識する名称でもある。文系・理系を問わず難解な抽象的な概念もあるが、『日本国語大辞典』（小学館）によれば、概念とは「個々の事物から共通な性質を取り出してつくられた表象」であり、意味内容と適用範囲およびそれを著す言語によって著されると解説する。

日本近世史の「百姓」も歴史概念の一つである。それは歴史的な事象・事物の検証から抽出された共通性質の表現であり、過去・現在にかかわらず長い歴史研究の成果の表示でもある。百姓概念は現在ではほとんど農民と同義に用いられているが、もとは歴史的な、また内容も異なった概念であった。歴史的時期も内容も異なって用いられていた概念の同義語化については、概念の出来上がり方とともに検証する必要がある。

同辞典によれば、「ひゃくしょう」は古代・中世には一般庶民を指し、古代では「おおみたから」、中世では「凡下」とも呼ばれた主に農業従事者を指し、近世では「江戸時代の町人に対して、百姓身分の人々。検地帳に登録された田畑を持ち、年貢を納める。大部分は農民」と解説している。ここに示された百姓は「庶民」とか「農業従事者」また「農民」を指す概念として解説され、いずれも農業従事者という共通概念が記されている。

しかし解説を詳しくみると、それらは古代の百姓、「おおみたから」、中世の凡下、百姓、近世の百姓、それに農民という、いくつかの歴史的な、時代で異なる概念である。いずれも農業従事者、農業を主な生業とすることは共通であるが、現在では「農民」が一般的で、近世の百姓も農業従事者を現す概念として、農民と同義語として理解されている。

さきの辞典の解説にもあるように、農業専従者が百姓として位置づけられるようになったのは近世以後のことである。そのことが、百姓が農民と同義語化する起点とすれば、それはどのような経緯をたどったのか、その経緯を検証してみよう。

一　近世の百姓――農耕従事者から農耕専従者へ

近世の百姓といえば、年貢米と諸役（夫役など）の納入と負担の義務を負い、木綿か布（麻）の着物で、きびしい日々の農作業に追われ、「百姓と胡麻の油は絞れば絞るほど出る」とまで言われた将軍や大名ら領主の苛斂誅求に喘ぎ、年貢の重さと明日をも知れぬ不安に苛まれ、尾羽打ち枯らした姿として姿で描かれることが多かった。

しかし、みすぼらしい姿と貧相な近世の百姓という想定はあまりにも一面的な描き方である。これまでの研究で明らかにされているように、近世の村また百姓には経済的・精神的余力があった。米、麦、そばなどのほか加工された蕎麦切り・そうめん・うどん・まんじゅうなど、さまざまな食物を作り、販売し、酒造業も経営して、商業・製造活動も活発に行っていた。

また「百姓」は近世の農民と言われるが、前掲の辞典でみたように、現在の「農民」とは同義語ではなかった。古代・中世と同様近世においても農業従事者、農業を主な生業とするが、歴史的時期やその内容は異なっていた。一般的に、農耕従事者は現在「農民」と呼ばれ、その系譜は直接には近世の百姓にあるが、近世にあっては「農民」はほとんど持ちいられていない。徳川政権の法令・触書、それに先立つ豊臣政権の法令類にも、「百姓」は頻発するが、「農民」はほとんど使われていないのである。

大石久敬はその著『地方凡例録』で、近世の百姓の由緒と概念を明快に解説している。寛政六年（一七九四）、大石は主君松平輝和（上野国高崎城主）に命じられ、『地方凡例録』を著した。同書は領主による百姓・村の取り扱いに関する教則本であるが、近世の百姓とは、「兵農分れ」てから後は一般庶民ではなく「耕農を業とする者のミ」を言うと規定する。

其始め四姓（セイ）より出て公家二十姓（セイ）、武官ハ八十姓（セイ）を分下（ブンゲ）し四民ともに都（スベ）て百姓たり、上古ハ兵農分れず、士も東耕西収（トウコウセイシュ）の努（ツトメ）を励（ハゲ）ミ、公納家用（コウノウカヨウ）の有余を以て飢饉（キキン）の備へ兵乱の用に充（ア）つ、中古兵農分れてより士ハ国政に与（アヅカ）り乱を鎮め下を平治し民をして安全ならしむ、其功三民に冠たり、故に今ハ耕農を業とする者

> のミを百姓と唱へ、其外工商の階ありて各自の業を営むといへども、何れも衣食住の三つを離るゝことなく、若此一を欠くときは、忽ち万民凍餒して一日片時も生活すること能わず、其中にも食を以て最第一の物とし、其五穀の本は百姓にありて、農を努め外三民を養ふ、

由来については、古代の百姓、つまり一般庶民を指す「ひゃくせい」に始まる。百姓とは本来「あらゆる姓氏を有する公民」で、「一般の人民」のことであった。それが兵農が分かれて以後、士・工商と農が分離して、士は治安の安全と国政を担い、「百姓」の大半が耕農を担うこととなった。それ故に耕農を業とする者を百姓と唱えるようになったとする。しかも「五穀の本は百姓」にあるとして、農つまり農耕に従事して、特に食の部分を作り出すことで、百姓以外の士・工商を養っていると指摘する。

近世の百姓は「兵農」の分離後に、社会的な位置づけも含めて、社会の土台をなす衣食住のうち食の生産によって「外三民」、つまり社会の食を支えていた。大石久敬はこの点を強調している。それに加えて、ここには農耕を業とする者のみを百姓と唱えるようになった契機が「兵農」の分離にあり、農業従事者のみが百姓を意味するようになったことを指摘している。それがいつかと言えば、秀吉つまり豊臣政権による検地と兵農分離である。

二　豊臣政権の「百姓」創出

近世の百姓は豊臣政権の検地と兵農分離によって生み出された。秀吉は天正一一年（一五八三）以後全国平定に向かい、軍事制圧した地域に、慶長三年（一五九八）に没するまで毎年どこかで検地を行った。中世の名主や「百姓」、またそのもとで主に小作をしていた作人・下作人、また土豪や地侍層を前提に、田畑・家屋敷を持つ独立した一人前の農耕従事者に独立させ、いわゆる高持百姓という近世の「百姓」を創出したのである。

検地は土地の調査であるが、その結果を示す検地帳には田・畑・家屋敷一筆ごとに反別（面積）と石高（米穀の丈量単位で表示された生産高）、それに土地所持者（名請人）が記される。その所持者が高持百姓であり、近世の本百姓と呼ばれるが、近世の領主、特に秀吉はどのような農耕従事者、つまり百姓を求めていたのか、その百姓像について確かめておこう。

秀吉の百姓観は天正一六年（一五八八）七月に出された刀狩り令と呼ばれる「條々」三ヶ条で確かめることができる。一条目は百姓等が持つ「かたな・わきさし・ゆミ・やり・てつほう」などの武具類の所持を止めさせ、取り上げること、二ヶ条目は取り上げた刀や脇差などは大仏建立の際に釘や鎹（かすがい）に利用することと記し、三条目に百姓のあるべき姿が明記される（引用は宮川満『太閤検地論』Ⅲ所収史料による）。

一　百姓は農具さへ持ち、耕作を専に仕り候へは、子々孫々までも長久候、百姓御あわれミをもつて如此被仰出候、寔ニ国土安全万民快楽のもとひ也、異国にては唐堯のそのかミ天下をなて守り給ひ、宝劔・利劔を農器にもちいると也、此旨を守りをの〳〵其おもむきを存知、百姓ハ農業を精ニ入へき候

ここに豊臣政権が求めた百姓の姿が示されている。百姓とは、農具だけを持って耕作に専念する人々、農業に精を入れる人々、つまり農耕専一の民であった。このとき百姓という概念のなかに、古代以来の在方（村）のさまざまな存在を「農耕従事者」として押し込めたのである。刀狩りの目的は、まさに農耕従事者を農耕専一の、農耕だけに専念する階層「百姓」として位置づけることにあった。

三条の条文には、もう一つ重要なことが記されている。百姓が農耕に専念することが「国土安全万民快楽のもとひ」と強調していることである。日本全国の人々が安全で楽しく暮らすことのできる「もとひ」（基）が百姓が農業に精を入れ、耕作を専らにすることにあるとしているところである。つまり近世という武家政権の統治する社会を成り立たせている基盤が百姓とその農耕であると確認しているのである。ここに百姓を農耕専一にする目的が「天下」「国土安全」のためであったことが示されている。

三　徳川政権の百姓像と一般化

次に徳川政権、特に家康の百姓像を確かめておこう。家康のそれは側近として、戦国期からその死まで寄

り添った本多佐渡守正信の著書と言われている『本佐録』（『日本経済叢書』巻一）に見られる。『本佐録』は元和二年（一六一六）に書き残されたとされるが、領主の求めた近世百姓について印象的な記述がある。

百姓は天下の根本也。是を治るに法有。先一人〳〵の田地の境目を能立て、扨一年の入用作食をつもらせ、其余を年貢に収べし。百姓は財の余らぬよう様に不足なき様に治ること道なり。

これは本多正信が「天下国家を治むる御心持の次第」と題した七章のうちの第六章に収められた「百姓仕置の事」の冒頭部分である。百姓が「天下」つまり社会全体の「根本」、土台であることを確認して、その百姓を統治するための領主側の基本的な心構えを述べている。正信は「百姓つかる、時は」「国つかれ民亡び」るとも言う。

領主と百姓双方にとって年貢米や夫役の賦課・徴収は最大の関心事であったから、多くの場合、百姓は重い年貢と耕作に押しつぶされ、今にも行き倒れそうな貧しい身なりに描かれる。しかし、『本佐録』には、将軍や大名ら近世の領主が百姓を天下国家の土台と考え、いかに安定的に治め維持していくべきかという仕置の仕方（治め方）が示されている。

第一に、一人ひとりの田地の境目をよく立て、つまり百姓一人ひとりの所持地を明確にして、第二に、百姓が一年に必要な「入用作食」を見積もらせ、つまり一年の耕作と生活に必要な経費や食物を見積もらせて、第三に、年貢は百姓の見積もりを前提にして、余った分を収めること、としている。

これは何を意味しているのであろうか。またこれらを踏まえて「百姓は財の余らぬよう様に不足なき様に治ること道なり」という表現は何を意味しているのであろうか。果たして、これは苛斂誅求の象徴的な表現なのか、それともよく言われるように、百姓は「生かさぬように、殺さぬように」と言い換えられる言葉なのであろうか。少なくとも、百姓は天下の根本であるとか、年貢の徴収に関して百姓の意向を優先している文言からは、その趣は窺えない。

家康以後の徳川政権の触書や法令をみると、『本佐録』に示された考え方は基本的に踏襲されている。たとえば延宝八年（一六八〇）閏八月の「条々」第一条に「民は国之本也、御代官之面々常に民之辛苦を能察し、飢寒等之愁無之様ニ可被申付事」とある。これは代官に対して「民」への対処の心構えを指示しているが、代官は百姓・村を統制・管轄する役職であるから、対峙する「民」は百姓であり、「国之本」は百姓を指している。

豊臣政権以来の百姓は、「天下」と「国土安全」「国土万民快楽のもとひ」という見方が徳川政権の「天下の根本」と見る見方に継承・維持され、さらには百姓の概念とその普遍化が進められているのである。

四　近世百姓像の確定

近世社会は百姓から領主が年貢・諸役を賦課・徴収する関係から成り立ち、社会も領主もその拠って立つ基盤が百姓層にあった。秀吉や家康、また代々の徳川将軍や諸大名ら領主層は、百姓が生産し納入する年貢米や特産物を、支配や軍事的な武器・武具の調達、また生活必需品の購入などの財政的な基盤としていた。

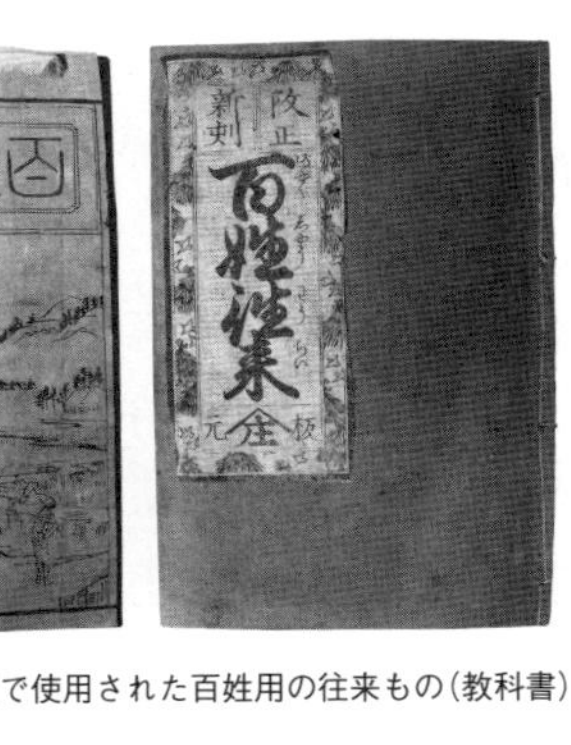

【図】『百姓往来』表紙（右）と本文（左）。寺子屋で使用された百姓用の往来もの（教科書）

豊臣政権も徳川政権も、農耕専一の民、百姓が近世社会を支える基盤であったことは認識していた。領主と百姓の関係、そこから出来上がる社会構造は、豊臣秀吉の検地と兵農分離・石高制によって創り出され、その構造を引き継いだ徳川政権は諸大名や百姓・町人らを支配する行政機構を整備し、結果として二六〇年余も続くこととなった。

近世社会の基盤として、天下の根本として、三民を養う百姓という見方は、近世中期にかけて浸透し、経世学者（経済学者）太宰春台や西川如見、本多利明など、近世社会各層からみた「百姓」の共通概念となった。特に、大石久敬は前掲『地方凡例録』で見られるように、「百姓」概念を明解に記す。このなかで、大石は近世の百姓を「農耕を生業とする者のミを百姓と唱」えると記し、さらに、その百姓は兵農が分かれてより後に成立したと述べる。また寺子屋で用いられた百姓用の従来もの（教科書）は文字を覚えながら百姓としての生活・耕作に必要な道具の名前や用語を会得させたが、同時に「百姓」意識の植え付けにも大きな役割を果たしたといえよう。

これらは享保年間以後寛政年間にかけて、百姓の共通概念と社会的位置づけが確定していたことを示している。太宰春台『経済録』（『日本経済大典』第九巻）は享保一四年（一七二九）に刊行されたが、この中でも百姓の役割を「凡百姓ノ君上ニ奉ズルコト三ツアリ、租、庸、調也」であるとして、年貢・諸役を担うことが責務であることを強調している。

享保から寛政にかけて百姓の見方が一般化するにつれて、百姓に対する徳川政権の対処の仕方も変化していく。その象徴的な表明が享保改革期の最後の勘定奉行神尾若狭守春央が発したとされる「胡麻の油と百姓は、絞れば絞る程出る物也」という言葉に見える。日本最初の重商主義者で経世学者本多利明は、著書『西域物語』(『日本思想体系』四四巻、所収)において、その言葉に対して「不忠不貞」の言い様であると、強烈に非難している。

神尾氏が曰、胡麻の油と百姓は、絞れば絞る程出る物也と云り。不忠不貞云べきなし。日本へ漫る程の罪人共云べし。如此の奸曲成邪事な消失がたきものにて、渠が時の尹たる享保度の御取箇辻を以、当時の規鑑となるは歎敷に非や。故に猶農民の詰りと成、猶間引子するを恥辱とせず。次第に農民減少する故、租税も又減少する也。租税減少する故、庶子も又貧窮する也。

これは神尾春央が延享二年(一七四五)、年貢増徴を目的に新たな年貢徴租法「有毛検見取法」の施行のために畿内・西国を巡見した際に言った言葉とされる。利明は「罪人」とまで言い放っているが、その理由を年貢増徴が百姓を疲弊させ、ひいては租税も減少させることになるから将軍・大名等領主も窮乏し、果ては国全体が危うくなると言う。利明の主張は、家康以来百姓は天下の根本であり、その農耕・生活を安定させることが国全体の安定に繋がるという観点からの指摘である。それの基本原則を壊すような施策は、まさに「不忠不貞」「罪人」と言わざるをえなかったのである。

おわりに

歴史的概念はその時代に使用された言葉・用語で表現され、用いられるべきである。近世の百姓概念は日本近世史で用いられ、時代を象徴する用語・概念である。近世のみならず古代・中世・また近代の農業従事者を、主に近代で用いられる農民概念で一律に表示すべきではない。

概念は個々の事物・事象から共通な性質を抽出して、個別に認知するために創出されている。歴史概念もまた歴史的な事象・事物の検証から抽出された共通性質の表現である。それは過去・現在にかかわらず長い歴史研究の成果の表示でもある。それゆえにこそ、歴史概念がいかに創り上げられたかの検証も歴史的事象や事物を認識するために必要な作業である。

〔参考文献〕＊本文引用書を除く

水林彪『封建制の再編と日本的社会の確立』（山川出版社、一九八七年）

渡邊忠司『近世社会と百姓成立（なりたち）』（思文閣出版、二〇〇七年）

龍馬と薩長盟約

青山忠正

はじめに

坂本龍馬（一八三五～六七）は、日本史上の人物の中でも、とりわけ有名である。歴史に興味のない人でも、知らない人はない、というくらいだろう。私に言わせれば、そのこと自体が、少し不思議である。龍馬は、いったい何をして、また、どのようにして、それほど有名になったのだろうか。

後者の問題は、一応別問題として、ここでは、龍馬がしたことで、最も重要と思われる薩長盟約（同盟）の成立と呼ばれる事件について、少し踏み込んで考えてみることにしよう。先回りしておけば、一介の浪士の身で、犬猿の仲にあった薩長両藩の間を仲介し、討幕派の成立を決定付けた、とドラマや小説では描かれることが多いようだが、現実はそれほど単純ではない。こうした問題を考えてみることで、歴史学とは、どのような学問か、を理解する手がかりにしてもらえればと、願っている。

一　木戸の書簡

（一）木戸は大坂から書簡を書いた

慶応二年（一八六六）正月二三日、京都から大坂の土佐堀川に沿う（中之島の南側）の薩摩邸に下っていた木戸寛治（孝允）は、伏見にいるはずの龍馬にあてて書簡（手紙）を書いた。前年一二月、薩摩側の求めに応じて山口から上京していた木戸は、用件を終えて帰国の途中である。この当時はちょうど、第二次長州征伐の準備が進展しつつあった。開戦の可能性を踏まえ、薩摩側が長州側との直接会談を望み、黒田了介（清隆）を派遣して、代表の上京を要請し、木戸はこれに応じて上京していたのである。

京都で行なわれた木戸と西郷吉之助（隆盛）・小松帯刀との会談の模様は、未だに不明の部分が多く残る。わかる限りでいえば、薩摩は長州に対し、政治的・軍事的な支援を約束し、さらに今後の政治活動を進めるにあたって相互に提携することで合意した。

その合意について、明治時代以降の歴史的な解釈のうえでは、「薩長同盟」や「薩長連合」と呼ばれるようになり、また性格的には、武力討幕を目的とする軍事同盟といわれることが多くなった。それに応じて龍馬の役割も、それまで反目しあっていた薩長を結びつけ、討幕勢力の確立を決定付けた、維新の立役者といったイメージで描かれてきた。人物論という観点から見るかぎり、木戸・西郷・龍馬の役割は、それぞれに簡潔明瞭で、分かりやすいものである。しかし、こうした理解は、半分くらいは物語というほかない。

(二) 史料学的な解釈

話を、先の正月二三日付け龍馬あて木戸書簡に戻そう。京都会談の模様を、全体として、おぼろげながらうかがえる史料は、現在に至るまで、実にこの木戸書簡および木戸の回想録だけである。とくに一次史料(慶応二年時点で当事者によって記された手紙や日記など)としては、この書簡しかない。したがって、この書簡についての史料学的な解釈は、たいへん重要である。

その原本は、宮内庁書陵部所蔵「木戸家文書」中に残されている。かつては、日本史籍協会叢書『木戸孝允文書』二(同協会、昭和五年刊)などに収められた翻刻(活字化されたもの)版でしか見ることができなかった。しかし、最近では情報開示が進む社会情勢の変化と、写真印刷技術の向上とがあいまって、博物館特別展の図録に鮮明なカラー版で全文が掲載され、あたかも実物を見るように点検できるまでになった。

写真版掲載図録は、『黎明館開館二〇周年記念企画特別展　激動の明治維新』(鹿児島県歴史資料センター黎明館、二〇〇三年)、京都国立博物館『特別展覧会　龍馬の翔けた時代—その生涯と激動の幕末』(同館、二〇〇五年)、『高知県立坂本龍馬記念館ほか特別展　坂本龍馬・中岡慎太郎展』(同館ほか、二〇〇七年)の三種である。京博版が大判で、最も読みやすい。

この書簡は、サイズから見ても、縦一六・三センチ、横三八五・九センチ、字数にして二〇〇〇字を超えるという長大なものである。木戸の筆跡は流麗だが、この書簡も文字通り墨痕鮮やか、というにふさわしく、ここからも、木戸が、この書簡をきわめて重要なものと位置づけていたことがうかがえる。

二　木戸書簡の意味するもの

(一) 内容の検討

いま述べたことは、木戸書簡を外側から見ての性格付けに関わる問題だ。続いて、意味内容の検討に移ろう。書簡としての用件は、次の二点に要約できる。第一に、京都で小松や西郷との間に、「皇国之興復ニも相係り候大事件」に関する合意が成立したので、明文化しておきたい（ここでの「大事件」は、現代語でいう出来事の意味ではなく、「案件」といった意味）。第二に、その案件は六カ条にまとめられると思うので、ここに記すから、もし「相違の廉御座候はば御添削」して送り返していただきたい。

木戸は、こう述べたうえで覚書として次の六カ条を書いた。ここでは、わかりやすくするため、私なりの解釈を踏まえて現代語で記しておく。

① 徳川方との間に第二次征長戦争が開戦した時は、薩摩はすぐさま二〇〇〇余の兵を京都へ差し登し、ただいま在京の兵力と合同させ、大坂へも千程は配置して、京坂両所の兵力増強を図ること。

② 戦いが長州勝勢のとき、薩摩は朝廷に対し、きっと尽力の次第これあること。

③ 万一、長州敗勢の場合でも半年や一年で壊滅することは決してないので、その間には薩摩は、朝廷に

対し、きっと尽力の次第これあること。

④ 開戦に至らず、このまま幕兵が江戸に戻る時は、薩摩はきっと朝廷へ申し上げ、すぐさま冤罪は朝廷より御免になるようきっと尽力のこと。

⑤ 薩摩が在京坂兵力を増強のうえ、橋会桑等もただいまのごとくもったいなくも朝廷を擁したてまつり、正義を拒み、周旋尽力の道をさえぎり候時は、ついに決戦に及び候ほかないこと。

⑥ 冤罪も御免のうえは、薩長双方誠心を以て相合し、皇国の御ために砕身尽力つかまつり候ことは申すに及ばず、いずれの道にしても今日より双方皇国の御ため皇威相輝き、御回復に立ち至り候を目途に誠心を尽くし、きっと尽力つかまつるべしとのこと。

実を言えば、この書簡の意味内容はたいへんわかりにくいものである。文章が難解なのではない。難解であっては覚書としても意味をなさないのだから、関係者の間では明快な文章だったはずだ。実際、これを京都で受け取った龍馬は、一字の添削を加えることもなく、その紙背に、「表に御記しなされ候六条は、小西（小松・西郷）両氏及び老兄（木戸）・龍等も御同席にて談論せし所にて毛も相違これなく候」と二月五日付で記して返送した。

（二） 当たり前の大前提は書かれない

この書簡がわかりにくいのは、関係者の間では当たり前の大前提で、改めて断る必要もないことがらが、現代の人間に、まったく共有されていないせいである。それは、遅くとも明治期後半になればそうであり、時代が下るにつれてますますわからなくなり、一九六〇年代以降、現代に至ると、専門研究者の間でさえ理解されなくなっていた。その点を説明しなければならない。

大きなポイントから順に追ってゆこう。第一に、②～⑤に見える「尽力」や「周旋尽力」の内容だ。これは④⑥の「冤罪も御免」と対応する。これを解釈するには、この書簡だけをいくら読み込んでも無駄である。その説明に当たることは何も書かれていない。書かれていなくても当たり前に分かるからこそ、大前提なのである。したがって、ここでは、その点を補足してくれる傍証的な史料が必要だ。さらには当時の人々にとっては、改めて説明するまでもないほどの常識が必要であり、このほうがむしろ厄介である。

ともあれ、前者のほうから片付けよう。傍証にあたる史料は、日本史籍協会叢書『吉川経幹周旋記』四（同協会、昭和二年刊）に収められている書簡類だ。岩国吉川家は毛利家の事実上の分家だが（明治元年から岩国藩）、元治元年（一八六四）後半の第一次長州征伐以降、薩摩と接点を持ち、毛利本家との仲介連絡を担当していた。その事実も、ドラマの題材にならないせいか、早くから忘れ去られている。

そこに収められている史料内容の詳しい紹介は、ここでは省略するほかない。知りたい方は、拙著『明治維新と国家形成』（吉川弘文館、二〇〇〇年）を参照してほしい。ここでは、結論だけを述べるが、つまりは元治元年（一八六四）七月の禁門の変以来、毛利家当主父子が官位停止（かんいちょうじ）の措置を受けていたことが根本の問題である。すなわち、当主慶親（よしちか）は天子から「従四位上参議左近衛権中将（じゅしいのじょうさんぎさこのえごんのちゅうじょう）」の位階官職に叙任され、十二代将軍家慶から「松平大膳大夫（まつだいらだいぜんのだいぶ）」の称号及び片諱（へんき）「慶」字を許されていたのだが（世子定広は、従四位下左近衛権少将・松平長門守。「定」は十三代家定の片諱）、それらを停止または剥奪されてしまった。毛利家（その家中全体）にとって、その回復は絶対に必要である。

（三）官位停止の意味

この先こそ、当時の常識の範疇に入るのだが、こうした措置を受けることは、大名本人はもとより、その家中にとっても大問題である。江戸時代には、大名なら最低でも従五位下の位階に叙せられ、国守などの官途名を名乗るのが当然だ。江戸城中の儀礼の場などでも、その序列は位階によって定まる。それを停止されてしまうのは、武家にとって人格を否定されるのと同様で、つまり、大名としての公式資格の剥奪に当たる。具体的には、「松平大膳大夫」改め「毛利大膳」は、領外の公式の場に出席することはできず、表向きには一切の政治活動を封じられる。だからこそ毛利家は、当主父子はいうまでもなく、家臣の末に至るまで領外に出ることさえ禁止の状態に追い込まれていたわけである。俗に「朝敵」の汚名を蒙る、ということの実態がこれだ。単なる形容ではない。

とにかく、この措置を解除してもらいたい、もともと禁門の変で官位停止を受けたこと自体が「冤罪」だ。その「冤罪」を晴らすために、薩摩は「周旋尽力」してくれるはずだったではないか、というのが、実は木戸の最も言いたかったことなのである。

これまでの研究で、「尽力」や、はては「橋会桑」との「決戦」という言葉の意味が理解できずにいるのは、このような諸前提を踏まえていないためだ。

覚書②～④の意味は、以上で理解してもらえると思う。木戸が書簡で、官位停止という言葉を一切用いていないのは、文字にするに忍びないことだからだ。さらにいえば、明治になって薩長の天下となったとき、長州はひたすら「朝敵」の前科を隠し、周囲もまた、その事実をあからさまに口にすることをはばかった。「周旋尽力」の意味も、次第に曖昧になる道理である。

覚書①⑤⑥の意味についても見ておこう。ポイントは⑤の「橋会桑」との「決戦」だ。すなわち、「周旋尽力」をさえぎっているのは、禁裏守衛総督一橋慶喜・京都守護職の会津藩主松平容保・京都所司代の桑名藩主松平定敬のトリオだ、というのは薩長に挙通した認識である。このトリオのほうが将軍家茂や老中小笠原長行などより、天子統仁（孝明天皇）に近侍した立場にあると見ているし、おそらくそれは事実だろう。だから、あくまでも彼らが邪魔立てするようなら、薩長ともに武力を行使して、それを排除する事態もありうる。「決戦」とは、そのような意味である。①では、その圧力をかけるため兵力増強を約している。また、⑥では、王政復古に向けた理念を確認したものだが、慶応二年に入る頃には、少なくとも西南諸大名勢力にとって、それは共通認識である。薩摩にしても、長州を有力大名勢力の仲間から脱落させるのは、政治の局面を前進させるうえでプラスにならないと判断している。だからこそ、その復権のために、「周旋尽力」を約束しているのだ。そもそも長州の味方は、この時点で薩摩だけではない。芸州浅野、鳥取・岡山の両池田、阿波の蜂須賀などは、少なくとも橋会桑よりも長州の肩を持つ立場である。

三　龍馬がしたこと

龍馬にあてた木戸書簡の内容を検討してきた。その六カ条に、内容から見て、武力討幕軍事同盟といった評価を下すのは、どう考えても無理である。それは具体的には、長州復権を活動の軸とする薩摩側の約束だ。

広くは、薩摩による長州に対する支援の表明であり、両者の提携と言える。

そういうことになると、龍馬の役割についての評価も、連動して変化してくる。それについて論ずる前に、木戸・西郷会談前後の政治情勢に触れておくことにしよう。西郷は、本心では、木戸が主張する長州「冤罪」論を認めてはいない。

西郷の本音は、次の通りである。官位停止を解除し、長州を復権させることには賛成だが、それには順序がある。当時の武家社会の秩序感覚からすれば、その家来たちが禁裏に向かって発砲するという不始末を仕出かした以上、毛利家当主は何らかの形で処分に付され、責任を取らねばならない。官位復旧は、そのあとである。以上も、当時の常識だ。

その処分案は将軍から天子に提示され、ようやく決定しつつあった。主な内容は、十万石の領地削減、当主父子は退隠、跡目は親戚から適任者を選んで継がせる、というものであり、正月上旬までに、京都・大坂の政界ではすでに知れ渡っていた。勅許が降りて、処分が正式に決定するのは正月二二日である。

木戸・西郷会談は、その経過を踏まえて行なわれていた。西郷は、木戸に向かって、いったんは処分を受け入れるように求め、木戸は木戸で、その要請を突っぱねていたのである。西郷も粘ったが、ついに折れ、二二日までに木戸の言い分を全面的に認めて、長州支援を約束した。なお、征長が現実に行なわれるのは（六月八日開戦）、毛利家が、将軍から伝達された処分の受け入れを拒否したためである。

官位復旧が、本来は処分完了のあとに行なわれるべきものとすれば、木戸に向かって西郷が約束した内容は、異例である。つまり、処分が行なわれないままで、毛利家は復権を認められることになる。薩摩側のもくろみでは、天子統仁に直接はたらきかけて考えを改めてもらうのだという（詳しくは前掲拙著を参照）。それでこ

そ兵力の増強も「橋会桑」との「決戦」の覚悟も必要になるだろう。木戸にしても、口約束だけでは到底安心できるはずはない。しかし、互いに履行義務を持つ協定の形にはできない。長州から、薩摩に対して見返りを提供できないからだ。木戸にできることは、ただ薩摩の言を確認し、信用することだけだった。

だから、木戸は龍馬にあてて、内容の確認を求める書簡を書いたのである。それを薩摩京都邸で受け取った龍馬は、おそらく、しかし間違いなく、小松と西郷に見せ、了解を得たと推測される。それは、龍馬が一個人で保障するには重過ぎる内容だし、木戸にしても、龍馬がそうすることを予測して、書簡を書いたと思われる。小松や西郷にあてて書くわけにはいかない。島津家としての軍事力行使などを、主君の了解も得ないまま保障することは、小松や西郷には、龍馬とは別の意味で、できることではないからだ。龍馬という緩衝地帯を介在させることによって、木戸は覚書の内容を確認できた。私たちも六カ条の内容を知ることができるのである。その意味で、龍馬の役割は、薩長両者の間に介在する仲介者として、重要だったことは間違いなさそうである。

［参考文献］
青山忠正『明治維新と国家形成』（吉川弘文館、二〇〇〇年）
同　『日本近世の歴史6　明治維新』（吉川弘文館、二〇一二年）

「戦後」を考える

原田敬一

一　「戦後」はいつからか——固有名詞と普通名詞

二〇一五年の春、一回生対象の「日本史概論」で、「戦後はいつからと考えるか」と尋ねた。一人は一九四五年八月一五日から、次の一人は同じ年の九月二日から、三人目は一九五二年の四月二八日と答えた。それぞれに理由がある。最初の二人は、戦闘状態が終わった日という意識から考えた。最後の答えは、戦闘状態が完全に終わり、新たな外交や政治の始まりとして考えた。

ここで、私は「その戦後は固有名詞の戦後だ」と指摘した。最初は何を言われたのか、よくわからなかったようだが、一九二〇年は、一九〇六年は、一八九六年は、と続いて尋ねると、混乱しながらも、ようやく「戦後」には固有名詞と普通名詞がある、と考えるべきことに気づいたようだった。

たしかに現代日本には固有名詞としての「戦後」が存在している。二〇一五年は「戦後七〇年」というくくりでの語りや新聞・テレビの特集がとりわけ多かった。この「戦後」は、一九四五年以後を確実に示している。しかし、日清戦争が終わった時、戦争の後という意味で「戦後」が使われている。

●戦後経営の大失策　戦後経営として時の政府が非常なる財政計画を策し、特に陸海軍備の拡張と台湾の統治並に交通機関の発達とを絶叫し、還遼の失敗を瞞着せるハ夙に世人の非難する所なりし（『東京朝日新聞』一八九八年二月四日）

日清戦後の財政運営をめぐり「戦後経営」という枠組みで政府を批判した記事。「還遼の失敗」とは、三国干渉で遼東半島を清国に返還した日本外交を批判している。次の史料は、いつのものだろうか。

（社説）戦後経営の第一声（見出し）　戦後経営なる語は、如何にして十数億の内外債と戦後の膨張政策とを処理するかにあり。外債の利子のみにても年々八千万円以上を要し、平時日本歳入の約三分の一を支出せざるべからず。

「戦後」と「十数億の内外債」という二つの言葉に注目すると、一七億一六四四万円の戦費を内国債六億二〇〇〇万円、外債六億九〇〇〇万円などで調達した日露戦争を思い浮かべるだろう。この史料は、日露戦争の「戦後」にあたる、『大阪朝日新聞』一九〇五年一〇月九日である。ポーツマス講和条約調印の一カ月後にはこのような危機感を持った意見が表明されていた。

ちなみに、一三億円の内外国債を年利六パーセント（外債の第一・二回。第三・四回は四・五パーセント）で計算すると七八〇〇万円になる。一九一〇年一般会計では歳出五億七〇〇〇万円のうち、軍事費一億六〇〇〇万円、国債費（利子と一部の元本支払い）一億五〇〇〇万円で、合計三億一〇〇〇万円（六〇パーセント）が日露戦争の後始末になった。戦争と国債は仲が良く、どちらも将来への借金と言える。

二　「戦後」はいつ始まるのか

（一）敗戦はいつなのか

日本史研究では、「現代史」の始まりを一九四五年に置いていて、それは「敗戦」を始まりにしている、と考えるが、「敗戦」はいつなのだろうか。

それは決まっている、八月一五日だ、と多くの人々は言うだろう。多くの日本人が言う、と限定したほうがよい。八月一五日正午に天皇の玉音放送があり、それで「戦争が終わった」と国民は意識した。そのことを現代でも強く意識することになるのはこの日のさまざまな行事が全国ニュースで一日中流されるからでもある。高校野球の球児も試合を中断して黙とうするし、天皇・皇后の参加する全国戦没者追悼式典も行われる。毎年同じ内容で報じられるため、日本国内では「八月一五日」が最重要な「敗戦の日」になっている。

実際の「敗戦」受容過程は実は複雑だ。

大岡昇平の『俘虜記』（原本は一九五二年一二月創元社の刊行）に、「八月十日」という章がある。

同じ十日の夜の九時頃であった。収容所から北東にあたるタクロバン方面の空に、突然無数の探照燈の光束が立ち、左右に交錯した。湾内に停泊した船の汽笛が長く重なって鳴り、赤と青の曳光弾が飛びちがった。（中略）予感があった。私は中央道路に出て一散に門に向って駆けた。五十米（メートル）あった。門のあたりは反射燈に明るく照らし出され、番兵が一人立っている。門外の暗闇から一人の米兵が何か叫びながら、こっちへ駆けて来る。彼は忽ち門に着き、番兵と肩を叩き合い、抱き合って踊った。

第一次大戦に取材したアメリカ映画をいくつか見た私は、この光景が何を意味するかを知っている。訊かなくてもわかっている。（中略）私は廻れ右した。歩むに連れ、策を隔てた台湾人地区の中で音が起って行った。木を叩く音、ブリキを叩く音に、歓声が混った。（中略）中隊長が帰って来た。小隊長の前に立ってぶつけるようにいう。「日本が手を挙げたんだね。ラジオでやったんだそうだ」どよめきが起こった。（中略）間もなく四つの小隊小屋にどよめきが起り、中に号泣の声が響き渡った。音は次第に各中隊に拡がり、収容所全体が一つの声となって挙がって行くように思われた。（四〇三－五頁）

一九四五年八月一〇日夜、大岡の収容所で、日本が降伏した（「日本が手を挙げたんだね」）とラジオで報じられ、警備のアメリカ兵も、別棟に収容されていた台湾人も歓声を挙げ、粗末な楽器を響かせた。八月一五日の玉音放送しか知らないと、この光景描写は誤報か、小説ならではのフィクションと思いかねない。同じころの中国大陸での記録もある。

倭寇無条件投降／成都人皆大歓喜

本報門前萬頭攢動争看好消息／鞭炮聲昨響徹全市

これは中華民国四川省成都市で最大の発行部数を持っていた日刊新聞『新新新聞』の一九四五年八月一一日付の見出しである。記事も全五段という大きなものだった（笹川裕史『中華人民共和国誕生の社会史』二三頁、講談社選書メチエ、二〇一一年九月）。日本語に訳すと、「日本が無条件降伏／成都の人は皆大歓喜／本新聞社の門前にたくさんの人が集まり、争ってその情報を見ている／昨日から爆竹の音が全市に広がっている」というもの。これも八月一〇日に何らかの情報が届かなければ起きない騒ぎだった。

（二）一九四五年八月

「日本の一番長い日」として八月一五日を中心とする一昼夜の事実追究だけでは、「敗戦」という事実を取り違える。もう少し丁寧に、一九四五年八月の日本、東京、政府の動きを観察してみよう。

それには次の三つの史料を使う。図書館で読めるし、こうした使いやすいもので事実を解明できる。

① 外務省編『終戦史録』（立法行政懇話会、一九九三年七月）外務省大臣官房が「執務参考資料」として、外務省史料・関係者の手記などを集めて編纂し、敗戦時の内大臣秘書官長松平康昌、内閣書記官長迫水久常、海軍少将高木惣吉らのほか外務官僚の閲読を受けた（一九五一年一一月の「序」、大臣官房文書課長三宅喜二郎の執筆）。刊行は一九五二年五月、新聞月鑑社、全二冊で、本稿では一九九三年の復刻版を使用した。「序」で「なお未定稿」とは言うが、豊富な史料収集による作品である。文中「手記」と題するものはこの書から引用、書名は省略し頁数のみ記した。

② 軍事史学会編、大本営陸軍部戦争指導班『機密戦争日誌』全二冊（錦正社、一九九八年一〇月）大

本営陸軍部の第二〇班が毎日記録した業務日誌。現在防衛省防衛研究所図書館に、一九四〇年六月一日から一九四五年八月一日まで所蔵。機密史料として大本営参謀が秘匿していたが、服部卓四郎『大東亜戦争全史』(鱒書房、一九五三年)にも使用されていた。本書はその完全復刻版である。

③ 大木操『大木日記—終戦時の帝国議会』(朝日新聞社、一九六九年九月) 帝国議会衆議院書記官長だった大木操が、一九四四年六月一五日から一九四五年一〇月五日までの日記を抄出し、刊行したもの。

ポツダム宣言を「黙殺する」と発言した(七月二八日記者会見)鈴木貫太郎首相も、八月六日広島に原子爆弾が落とされ、多数の死者と都市破壊が行われ、ついで八日からソ連軍の満州・朝鮮への侵攻が始まると(九日午前四時モスクワ放送が対日宣戦布告を放送、外務省ラジオ室と同盟通信社はすぐに傍受し、外務省に報告)、事態打開、つまり宣言受諾の方向に大きく動き出さざるを得なくなる。九日午前八時、東郷茂徳外相は鈴木首相の私邸を訪問し、宣言即時受諾で一致。東郷は帰路海軍省で米内海相と会い、同趣旨で一致する。

九日午前一一時前、最高戦争指導会議(閣僚と参謀総長・軍令部総長で構成)が開かれ、ポツダム宣言を受諾し和平交渉に入るべきだという東郷外相・米内海相に対し、阿南惟幾陸相が四条件(国体護持・自主的武装解除・保障占領拒否・戦争責任者処罰拒否)とするべきだと主張。阿南に梅津美治郎参謀総長と豊田副武軍令部総長が賛成し、意見対立のまま閉会となり、午後二時半から閣議になった。閣議でも阿南陸相が四条件、東郷外相が一条件(国体護持のみ)を主張して激論が続き、閣僚も分れてまとまらず、午後一〇時一〇分終わった(以上の会議経過は、『機密戦争日誌』下、七五四頁)。その会議の最中、長崎に再び原爆が落とされたという報告があった(九日午前一一時二分投下)。

経緯を鈴木首相が参内して天皇に報告し、さらに高度な会議である御前会議の開催が決まる。午後一〇時五五分から御前会議が開会となった。天皇を中心に、鈴木首相・平沼騏一郎枢密院議長・東郷外相・阿南陸相・米内海相・梅津参謀総長・豊田軍令部総長のほか、吉積正雄陸軍省軍務局長・保科善四郎海軍省軍務局長・迫水久常内閣書記官長が陪席した。机上には、ポツダム宣言受諾という外相案が印刷配布されており、議論は受諾か戦争遂行かで激論となった。東郷外相の説明に米内海相が賛意を表したが、阿南陸相が、宣言受諾は反対、最後まで戦う、軍備の維持と駐兵権拒否、戦犯処分は国内問題として処理、と主張して外相案に強く反対した。米内海相が、最後の一撃は可能だが反復攻撃は出来ず勝てない、国内事情は物心両面とも楽観できない、この際主張すべきは主張して交渉に入るべきだとして、東郷茂徳外相の、宣言受諾という方針を援護した。梅津と豊田は阿南を支持したので三対三の同数となり、決しなかった。天皇は原案に賛成し、「彼我戦力の懸隔」「特に原子爆弾の出現」などを理由として挙げた。一〇日午前二時半、国体護持（天皇制の維持）を条件とすると解釈するポツダム宣言受諾が御前会議の決定となった（「保科善四郎手記」五九三－六〇〇頁）。その後閣議が開かれ、決議を承認した。午後三時から再度閣議を開き、国民に発表、天皇の名による大詔渙発は別の日に行うことを決め、午後四時二〇分ようやく散会となった（『大木日記』三三四－七頁）。このままいけば八月一〇日が「終戦記念日」となったはずである。

一〇日午前一〇時、鈴木首相が島田俊雄衆議院議長と徳川圀順貴族院議長に会い、受諾の決議を伝え、了解を得た。これらの情報を記した大木操衆議院書記官長は同日の日記に「洵に記念すべき日なり」（前掲書三三七頁）と喜びを表している。捕虜収容所にいた大岡だけでなく、情報を知った人々は、これで戦争が終わると思ったのだった。

外務省では、東郷外相が最初の閣議から帰って来た午前四時頃からすぐに連合国への受諾通知の電報案文作成にかかり、午前六時頃外務省電信課へ電信案が渡された。一〇日午前六時四五分に、「三国宣言受諾の件（本電）」という緊急電報（伝達方を求めただけで内容は次の「別電」）をスイス（対アメリカと中国）とスウェーデン（対英国とソ連）駐在の公使に発し、午前七時一五分同じ宛先で、「米英支三国対日共同宣言受諾に関する件（別電）」という緊急電報をうち、以下最終の第五電が発出されたのは午前一〇時一五分だった（以上外務省の動きは「松本俊一手記」一九五一年三月、六〇二頁）。別電には、

帝国政府は（中略）条件中には天皇の国家統治の大権を変更するの要求を包含し居らざることの了解の下に帝国政府は右宣言を受諾す

とあり、明確に「受諾」を主文とする申し入れだった。

一方、陸軍は敗戦を認めなかった。まだ交渉中だということを前提に、「全軍布告」を行い、それを新聞発表することを一〇日午前七時頃に決めた（長谷川才次、『婦人公論』一九四七年八月号、六一九頁）。この発表で、国民に徹底抗戦を呼びかけようという意図だった。『東京朝日新聞』（八月一一日付朝刊）の場合、第一面の上段を三つに区切り、冒頭（右）に皇太子の写真と記事、中央に「一億、困苦を克服／国体を護持せん　下村情報局総裁談／戦局は最悪の状態」という見出しの記事を掲げ、左に「死中活あるを信ず／陸相、全軍将兵に訓示」の見出しで、次の訓示を読みやすく行間を開けて掲載した。『大阪朝日』の場合は、皇太子の写真と記事は同じだが、陸軍大臣告示を中央に、情報局総裁談話を左に置き、両方を大活字の「国体護

持と民族保全へ最後の一線」という見出しでくくっている。これらの紙面を見た国民には誰も戦争終局への動きが始まっていることなどわからない。

全軍将兵に告ぐ。ソ連遂に皇国に寇す、明文如何に粉飾すと雖も大東亜を侵略制覇せんとする野望歴然たり、事茲に至る、又何をか言はん、断乎神州護持の聖戦を戦ひ抜かんのみ。/仮令、草を喰み土を噛り野に伏すとも断じて戦ふところ死中活あるを信ず、是即ち七生報国「我一人生きてありせば」てふ楠公救国の精神なると共に、時宗の「莫煩悩」「驀直進前」以て醜敵を撃滅する闘魂なり。全国将兵宜しく一人を余さず楠公精神を具下すべし。而して又時宗の闘魂を再現して驕敵撃滅に驀直進前すべし。

昭和二十年八月十日　　　陸軍大臣

海外報道を担当する同盟通信社は異なった動きをした。同盟通信社の長谷川才次海外局長は、陸相告示と情報局総裁談話は海外放送の必要なしという意見を、松本俊一外務次官に電話連絡した。受諾の路線で走り始めていた外務省は、連合国への申し入れの内容を海外放送にのせると決定する。松本次官の指示で方法を模索した太田三郎外務省情報課長は、日本放送協会の海外放送は軍の検閲があるので、軍の検閲のない同盟通信社のモールス放送のニュースにのせることにした。午後八時過ぎ、松本次官から発信の指示を得た太田課長は、外務省から同盟通信社に行き、"Japan accepts Potsdam declaration."（日本はポツダム宣言を受け入れる）というリードのもと、申し入れ全文を報じた。その後、日本放送協会に行き、武藤国際局長の同意のもとに海外向け短波放送（日本語と英語）でも繰り返し報じた。これは三度くらいで軍に止められたが、もう世界が知るところだった（以上同盟通信社の動きは「太田三郎手記」六一八ー九頁）。

国民は海外放送の聞ける短波ラジオの所有を禁じられていたから知る由もなかった。各地の陸海軍司令部などの高級機関は無線の傍受を行っていて、機密文書の焼却など戦犯対策に移った部隊もあった。

ポツダム宣言の解釈権を事実上持っていたのはアメリカだった。国体護持か否かについての言質を日本に与えないという方針を取り、バーンズ米国務長官が、日本政府の条件付き受諾通告（一〇日付）を拒否し、一二日午前〇時四五分（日本時間）に「天皇と日本政府の権威は、連合国軍最高司令官に従属する（subject to）」という結論を在米スイス公使臨時代理に日本政府に通達するよう依頼し、短波放送で発表した。日本の外務省ラジオ室が傍受したのはサンフランシスコの軍放送局からのもので、同じころ同盟通信社も傍受した（『終戦史録』六三〇頁）。

傍受してすぐに翻訳が始まった。外務省では、従属すると訳すべき「subject to」は「敢て『制限の下にあり』と意訳した」（同六三一頁）。国体護持を揺るがす言葉を意訳して軍部の動揺や反対を防ごうという考えだった。しかし、陸海軍も独自に傍受し、「従属する」と翻訳していたので、一二日午前八時半頃、梅津・豊田両総長は同道参内し、天皇に反対意見を奏上した。この時天皇は、「阿南心配するな、朕には確証がある」と発言したという（この部分のみ前掲『機密戦争日誌』下、七五五頁）。国体護持に不安を表明する阿南への発言なので、連合国は天皇制を残すはずだ、という海外駐在の外交官からの情報が天皇に届いていたと考えるのが現在の研究である。

東郷外相は、連合国の回答を受け入れ終戦に導くという考えを鈴木首相に伝え、同意を得ると、同日午前一一時参内して奏上した。天皇も、速に受諾せよと発言したので、東郷外相は、木戸幸一内大臣や鈴木首相との打ち合わせを行い、事態の前進を図った。この段階でも、平沼議長や阿南陸相が反対論を主張したため(同日午後三時から五時半まで閣僚懇談会)、一三日午前、最高戦争指導会議構成員会議、午後四時から七時、閣議、一四日一〇時五〇分から正午まで御前会議と、繰り返し重要な会議が、主に陸海軍の説得のために開催された。一四日午前の御前会議で、最終的にポツダム宣言受諾が決まり、昼食後閣議が開かれて、終戦の詔勅案などを決議し、閣僚の副署が終わったのは午後一一時近かった(以上、『終戦史録』六四八－九頁、六九六－七頁)。こうして戦争が終わった。

三 「八・一五神話」

現代日本では、八月一四日の御前会議と一五日の玉音放送のみがよく知られることになり、二〇一五年夏も「日本の一番長い日」という映画が集客に成功したようだ。しかし、一〇日の決定も、海外と国内への通知という道を歩み始めており、そこで「終戦」となった可能性も確実にあった。一一日から一四日までの空襲で命や家を失った人々も多いことを考えると、時間や国家機構の問題性が浮かび上がってくる。

第一次世界大戦の終わった日として欧米各国が追悼式を行うのは、独仏が休戦協定を結んだ一一月一一日(ないしはそのあたりの日曜日)である。第二次大戦での戦闘の終了は、日本が降伏文書に調印した一九四五年九月二日(東京湾、ミズーリ号艦上)となる。

いったいアジア太平洋戦争とは何だったのだろうか。帝国日本の「自存自衛」で始まり、「大東亜共栄圏」

確立をうたいながら、帝国日本の戦争遂行を最大の課題としてアジア各地に侵攻し、連合国への抗戦能力も喪失し、「本土決戦」も天皇から「九十九里浜の築城が八月中旬に出来上がるとのことであつたが、未だ出来上がつて居ない、又新設師団が出来ても之に渡す可き兵器は整つて居ない」（八月九日から一〇日の御前会議での発言。「保科善四郎手記」五九九頁）と指弾されるほど追いつめられた状況に立ちいたる。八月九日以来、「国体護持」が最後の一線として守れるかどうかを一週間も議論し、「臣民」の被害は広がり続けた。「大東亜解放」が本当の戦争目的なら、それが実現できないと判明したミッドウェー海戦敗北、つまり海軍攻撃力の半減した一九四二年六月か、絶対国防圏（一九四三年九月三〇日御前会議決定「今後採ルヘキ戦争指導ノ大綱」）の重要な一角であるサイパン島の陥落した一九四四年七月か、ドイツが無条件降伏した一九四五年五月に、一挙に戦争を終わらせるべきだった。それをせず、一九四五年八月の降伏条件論争を続けたのは、「自存自衛」とは日本という国家の生き抜く道ではなく、「国体護持」という天皇制の生き続ける道を確保するためのものだったことを物語っている。それでなければ、「国体護持」を形式的に掲げ続けることであくまで戦争を継続することのみを陸海軍部は意図していたと考えるしかない。

バーンズ米国務長官の一二日放送の訳文は、subject to 以外にもエピソードがあった。渋沢信一外務省条約局長の回想に

> surrender を降伏というのは困る。日本の軍部には降伏ということは無い、何とか外の字にしてくれというて陸軍の人も海軍の人も私のところへ交渉に来た。私は併し外に訳し様がないというて断つたのだが仕舞いにはせめて服降ということにしてくれと迄いうたがこれも断つた。この件は陸軍省当局から

（注：政府大本営）連絡会議に迄持ち出されたが参謀本部の部長が今更そんな事をいうても仕方がないとたしなめたのでその儘になつたということである。（渋沢「終戦通報について」一九五一年七月、六三四頁）

外務省の条約局長のところに依頼に来るのだから陸海軍の将軍か佐官あたりの高級将校だろう。そういう階級の軍人が、「降伏」という文字に拘泥する。アジア太平洋戦争の軍事指導部はその程度のものだった。瑣末な文字より困難なことが山積みしていた。五〇年間アジアでの戦争を続け、軍事力で支配が続くと思い込ませ、軍隊と国民を海外に送り出していた、その結末は容易なものではなかった。ポツダム宣言受諾を決めても、帝国日本の戦争はそう簡単には終わらなかった。

戦争は始めるよりも終わらせるのが難しい。さらに植民地を持った国家は、それを解消するのが特に難しい。同じ政治体制の中に、権利義務を総て持っている国民と、それを一部しか持たない現地住民または「二級国民」を持つ帝国ではその間の矛盾や対立は避けられようがないからである。

戦争や植民地、そうしたものを一斉に忘却の彼方に追いやるのに、一九四五年八月一五日に戦争が終わったという物語が大いに役立った。その物語は「敗戦」という厳しい事実を曖昧にする役割を果たした。実はその日に戦争が終わったと感じることが出来たのは内地に住んでいた人たちだけであり、沖縄・樺太・千島・朝鮮・満州・南洋群島などに住んでいた人々は「終戦」をまだ迎えていなかった。それを克明に追究した加藤聖文『「大日本帝国」崩壊―東アジアの一九四五年』（中公新書、二〇〇九年七月）の一読をお薦めする。大日本帝国圏の混乱が描かれている。

戦後日本は「八・一五神話」に包まれて出発し、形づくられた。そのことが一九四五年以後の「戦後」を考え、「戦後史」を究明する時、想起されなければならない。

むすびにかえて

以上の分析は「日本」に限っているが、一国史的なものにとどまらないためには、分析の先を「外国」にまで伸ばす必要がある。例えばアメリカの「戦後」とはどういうものだろうか。アメリカの場合、第二次世界大戦の「戦後」以外に、より大きく捉えられる「戦後」があるのではないか。

ケネディ、ジョンソンの両政権で国防長官としてヴェトナム戦争を指導したロバート・S・マクナマラは、「二五年戦争」とヴェトナム戦争を呼んでおり（マクナマラ『マクナマラ回顧録－ベトナムの悲劇と教訓』一七八頁、共同通信社、一九九七年五月）、それは一九五〇年から七五年までをさしている。一九五〇年から五三年までの朝鮮戦争にアメリカも参戦しており、アメリカがヴェトナム戦争に介入し始めるのは一九六一年以降。それにしても「戦時」が長く続いたので、「戦後」になるのは一九七五年以後になるが、それを強く位置づける回想録や文学・映画などが現れるまでにはさらに長い時間が必要なようだ。「戦後」の中に生き続けていることを意識して初めて「戦時」を描くことが出来る。先に挙げたマクナマラの回顧録がアメリカで刊行されたのは一九九五年、ヴェトナム戦争終了後二〇年たってだった。

中国古代の「史書」

西川利文

はじめに

「史書」とは、一体何だろうか。例えば『広辞苑（第六版）』で「史書」を引くと、「歴史を叙述した書物。史籍」と解説され、コンパクトな漢和辞典（『角川新字源』）でも「歴史の記録。歴史書」と同じ解説がなされる。そう、「史書」とは、辞書を引くまでもなく、我々の一般的な認識では歴史書を意味するのである。

ところが、日本で最大の漢和辞典『大漢和辞典』（大修館書店）で「史書」を引いてみると、二番目の意味として一般的な「歴史の書物。史籍」があるが、一番目の意味としては「書体の一種。周の宣王の太史籀が作った大篆十五篇」とある。これは、「史書」とは篆書の一種である「大篆」という書体を意味するということで、古くは「史書」は歴史書を意味しなかったようなのである。

それでは、「史書」がなぜ書体を意味するのか？　これを考える前に、いつ頃から「史書」が歴史書を指すようになったのかを確認しておこう。それは恐らく、三世紀後半に『竹書紀年』という戦国・魏に関する歴史書が、紀元前四世紀前半の墓から発見されて整理された頃だろうと考える。その理由は、『竹書紀年』

を「魏国の史書」と呼んでいる記録があるからである（『晋書』）。これは、明らかに歴史書を指しており、遅くとも一七〇〇年前には現在の意味になっていた。これだけでも十分に古く、我々が「史書」を歴史書だと考えるのも当然である。

しかし、それ以前の邪馬台国よりも古い時代には、「史書」は別の意味で使われたようなのである。ただしそれが、『大漢和辞典』がいうように書体を指したかといえば、疑問な点もある。ここではその点について検討し、歴史を考える際の留意点を示すことにしよう。

一　「史書」＝書体説は妥当か？

『大漢和辞典』が「史書」の意味として考えた大篆とは、秦の始皇帝が文字の統一を行う（前二二一年）以前に使われた古いタイプの篆書である。この「史書」＝大篆説の根拠として『大漢和辞典』では、正史に施された二つの注釈が挙げられる。一つは、後漢末（二世紀末～三世紀初）の応劭が『漢書』（元帝紀）に施した注釈で、「（「史書」とは）周の宣王の太史の史籀が作った大篆である」という。もう一つは、唐の時代の李賢（六五一～六八四）が、『後漢書』（皇后紀・鄧皇后）に施したもので、「史書とは、周の宣王の太史籀が作った大篆十五篇である。『漢書』には「学童を教えるための書である」といっている」という。この二つの注は、後の時代になる李賢が応劭の注を参照したか、あるいは応劭が参照したのと同じものを参照して李賢が注釈を施したと考えられる。いずれにしても、その典拠は『漢書』にある。

『漢書』に「藝文志」という篇がある。この篇は図書目録ともいうべきもので、前漢後半期に朝廷に存在した図書を七つのジャンルに分類し、その一つとして経書をはじめ儒家系の図書を集めた「六藝略」というジャンルがある。その中もいくつかの小項目に分かれるが、その一つに「小学」という項目がある。ここには、本格的学習の前に文字（漢字）を学ぶ基礎文献（識字書）がリストアップされており、その一冊として『史籀』十五篇というものがある。これについて『漢書』の著者・班固は「周の宣王の太史が大篆十五篇を作った、建武年間（二五～五五）に六篇が失われた」と解説（自注という）を加え、さらに小学の総説を述べた部分で「『史籀篇』とは、周の時代の史官が学童を教える図書である。孔子の旧宅の壁から見つかった書物の書体である「古文」と書体を異にする」と記している。

この二つの『漢書』の記述のうち、前者だけ採用すれば応劭の注になるし、二つとも採用すれば李賢の注になる。すなわち、漢代に『史籀篇』と呼ばれた識字書は、西周の宣王の時代（前九世紀末～前八世紀初）に太史であった（史）籀が著した『大篆』であり、それは十五の章（篇）からなり、周代の史官が学童に教えるための教科書だったということになる。とすれば「大篆」というのは、書体を指すのではなく、『大篆』という文字を学ぶための書籍（識字書）を意味すると考えられるのである。そこに記される文字が、漢代以前に使われていた「古文」と呼ばれる書体とは異なる古い文字だったので、書名をとってその書体を「大篆」と呼ぶようになったのだろう。応劭も李賢も『大篆』を図書と考え、書体を指すとは考えていなかったのである。

それでは、「史書」＝書体説はいつ頃に主流となってくるのだろうか。恐らくこの説は、一八世紀後半の清朝の学者たち（銭大昕・段玉裁）が唱えてから、「史書」解釈の中心となったものと考える。しかし彼らは、

「史書」を大篆ではなく、「隷書（れいしょ）」を指すと考えた。その理由は、「史」という書記官の使う文字（「書」）が「史書」であり、漢代ではそれが隷書だと考えたからである。特に銭大昕は、「史書に秀でていた」という事例が帝室関係者に多く見られることから、一般には取り立てていう程ではないが、彼らなら隷書が書けるだけで褒められたのだろうという。確かにこれも一理あり、帝室関係者以外では、文書作成の能力と絡んで「史書」が使われる例もある。しかし文書作成と関わる例は、後述するように、それを書体と考えるのには無理がある。

さらに加えれば『三国志』に、胡昭（こしょう）という書家として有名な人物にも「史書に秀でていた」という記述があり、「史書」の能力を評価される帝室関係者の中にも書道に秀でている人物（劉睦）がいる。彼らの「史書に秀でている」というのは、「隷書が書けるだけで十分」という解釈では説明しきれないのである。

二 「史書」＝書物（識字書）説の補強

中国は現在もそうであるが、一般的に使う文字は漢字である。これを覚えるには、特別な訓練が必要である。それ故に識字教育が重視され、『史籀篇』（『大篆』）という識字書も早くに作られた。この識字書を使った識字教育は、いわゆる「読み書き算盤（そろばん）」という基礎教育の一環として行われ、漢代では一般的に八歳頃から始めると観念された。

さて、ここで問題としている「史書」の能力も、実は八歳前後で特にそれに秀でていた者を称賛するものとして見えている。このあたりからも、「史書」が文字を（上手に）書けることを意味すると考えられたのだろう。しかし、恐らくそれは間違っている。

「史書」の注釈を施した応劭は、漢代の官僚制の事を記した『漢官儀』という書物を著している。そこには「識字書の『蒼頡』や『史籀篇』に通じれば蘭台令史に採用する」とある。後漢時代には、識字書をマスターすれば、下級ではあるが蘭台令史という書記官に採用され、その後順調に進めば、さらに地方長官にまで進む可能性があったという。ここでいうマスターする（「通」）とは、単に（美しい）文字が書けるというのではなく、識字書の内容を理解できるということである。これが「小学」＝文字学であり、経書学習の前提として必須のものであった。それ故に『漢書』藝文志では、「小学」の文献が、経書など儒家系の文献が並べられた「六藝略」の中に位置づけられるのである。応劭はこのような書物を「史書」と考えて、注釈を施したのであろう。

ところで『漢書』藝文志には、「小学」に関する試験によって書記官（「史」）を採用する規定が記される。それによれば、「太史が「学童」に試験を行い、九千字以上を諷して書くことができれば「史」とする。さらに「六体」の試験を行い、最優秀者を「令史」とする」とある。

「諷」とは暗誦を意味すると考えられるが、「史」となるためには、書くだけはなく「諷」の能力も試された。そして「史」となった者に対して、「六体」という隷書をはじめ様々な書体に関する試験が行われるが、これもただ一つの書体が書ければよいというものではなかった。しかも「六体」の試験の合格者は、最優秀者一人だけであった。いかに狭き門かがわかるだろう。なお『説文解字』という文字学書に引かれる同じ規定では、「学童」の受験年齢が「一七歳以上」とされる。この規定が、八歳から始める「読み書き算盤」の基礎教育でなかったことは明らかである。

漢代では、経書学習の開始年齢は「一五歳」と観念されていた。恐らく経書学習と並行して行われた文字学（「小学」）の学習成果を問われたのだろう。八歳前後で「史書」の能力に秀でたといわれるのは、一七歳以上の者が試される内容を早くにマスターしたことに対する称賛だったのである。

三 「史書」は識字書の意味だけなのだろうか?

さて、一世紀末に成立した『漢書』に対して、二世紀後半の応劭が注釈を施した。これは、後世の我々のためを考えたというより、応劭自身が『漢書』で分かりにくい個所について、検討して注釈を施したと考えられる。恐らく前漢時代に一般的に使われていた語彙のうち一部のものが、応劭をはじめとする後漢後半期の人々にとっては理解しにくくなっていたのである。

とすれば、応劭が自身の同時代的感覚に引きつけて施した「史書」＝識字書説も、疑ってかかる必要もあるのではなかろうか。すなわち、『後漢書』に見える後漢時代の「史書」については、これまで述べてきた識字書として理解できるかもしれないが、応劭が注を施した『漢書』の「史書」を同じものとして理解するには、若干の躊躇を覚えるのである。

実は、前漢時代の「史書」の多くは、後漢時代のように経書学習の前段階に身に付けるものとしては語られず、実際の政治場面で巧みな文書作成との関連で語られるのである。その代表的な事例として、班固と同じ後漢初期の王充が著した『論衡』という書物に記される事例を示しておこう。
『論衡』は、当時（前一世紀〜後一世紀ころ）の社会矛盾を風刺しながら述べたものであるが、その一篇に「経書学習が一通り終われば、「史書」の学習に走り、法律や各種書類の作成、役人としての立ち居振る舞いの学習に精を出す」（程材篇）と記される。ここの「史書」は、経書学習の前提としてではなく、経書学習を終えた後に行うものとして語られている。そしてその内容は、役人として身に付けるべき政治場面で必須の実務的な能力である。ここに記されるのは後漢初期の状況であるが、『漢書』にも同様の「史書」の事例が複数見え、このような状況は前漢後半期まで遡ると考えられる。

例えば酷薄な地方長官（郡太守）として名を馳せた厳延年は「史書の能力によって、誅殺しようと思った人物の立件書は自分で作成し、確実に死罪に処した」といわれる（酷吏・厳延年伝）。これは、狡猾な能力としての「史書」のようであるが、一方で「史書の能力と政務に通じていたことによって、漢の代表として辺境各国を回り、その信頼を得た」といわれる馮嫽という女性の例もある（西域伝）。彼女は、帝室の女性が政略結婚で辺境の国に嫁したのに帯同し、特異な外交センスで漢と辺境国の融和を図った。一三世紀の胡三省は『資治通鑑』（一一世紀に成立。戦国〜五代時代の通史）に注を付け、この馮嫽の「史書」について、「史は吏（役人）と同じ意味である。史書は、吏書（役人の文書）をいうのである」と注釈を加えた。文字の構成からいえば「史」と「吏」は近い関係にあり、胡三省の解釈は説得力がある。そうすると前漢時代の「史書」は、「吏書」すなわち行政文書を意味すると考えられるのである。

前漢後半期から後漢初期にかけて、行政文書を指す「史書」が存在した。応劭は、このような意味を持つ『漢書』の「史書」について、違和感を持ちつつも自身の感覚に近い記述を『漢書』の中に見つけ、識字書説によって解釈しようとしたのであろう。しかしこれは、『漢書』の「史書」解釈としては妥当性を欠いていたといえる。ただ『漢書』の中にも後漢的な意味に近そうな「史書」の事例もある。それが、応劭が注釈を施した元帝の場合である。恐らく前漢後半期から後漢初期にかけて時期に、「史書」の意味が大きく変わろうとしていたと考える。

四　出土資料によって明らかになった、もう一つの「史書」の意味

以上に述べてきたことは、『漢書』『後漢書』『三国志』といった既存の文献史料からいえることで、従来から指摘されてきた点もある。実は、「史書」について新たな見方が可能になったのは、張家山漢簡という出土資料（一九八三年湖北省出土）によるところが大きい。この出土資料は、前漢の成立（前二〇二年）からそれほど経っていない時期のもので、漢高祖・劉邦の妻・呂后が実権を握っていた頃（呂后二年＝前一八六年）のものと考えられる。その中に「二年律令」という法律に関する竹簡群があり、その一篇として「史律」という律（簡四七四～簡四八七）がある。そこに問題の「史書」の事例がある。

「史律」は、一般的には書記官としての「史」の養成に関わるものと考えられている。それを裏付けるものとして、先に掲げた『漢書』藝文志の「史」の採用に関する規定と近い、「史学童を『十五篇』によって試験を行い、五千字以上を諷書できれば史となることができる。さらに八体で試験を行い……最優秀の者一人を県の令史とする」（簡四七五）という条文がある。しかし「史律」には、「史」のみではなく、「卜」と「祝」

という存在が一体のものとして規定されている。この点に、従来の文献史料には見えない特色がある。

この「史」および「卜」「祝」とは、国家の儀礼を掌る奉常（太常）といわれる機関に所属する太史（天文観測）・太卜（卜筮）・太祝（祝詞）という部署の属官である。したがって、「史律」という律名ではあるが、実際は「史」のみを対象にしたものではない。またここでいう「史」とは、書記官ではなく、太史に所属する天文観測や暦作成などを主な業務とする「史」を指す。すなわち、文献史料と関連する部分を持ちつつも、国家の儀礼を掌る機関に所属する部署の属官（専門職）を養成する規定が、「史律」なのである。この規定によると、「史」「卜」「祝」の候補者は「学童」として三年間学習し、それが終わると毎年八月一日に各部署で試験を受け、合格すれば「史」「卜」「祝」となることができた。その学習開始年齢は、『説文解字』にも触れられていた「十七歳」であった（以上、簡四七四）。しかし一七歳から学習が開始されるから、最短でも二〇歳に達しないと、受験資格が得られなかったのである。

さて問題の「史書」である。これに関わる「史律」の記載は、実は「史」ではなく「卜」の部分に見える。それは、「史学童」と同様に「卜学童」が三年間の学習の後に課される試験内容の一つとして、「『史書』三千字を諷書できる」ことがある。「卜学童」にはこの『史書』と並んで、「『卜書』三千字をよめること、六回の占いで一回以上的中すること」が「卜」となるための条件とされた（簡四七七）。ここで実際の占いの実技が課されるように、史・卜祝の各学童に課されるのは、それぞれの専門とする職務内容に関するものと考えられる（ちなみに「祝学童」が課されるのは『祝十四章』というものであった）。

そうすると「卜学童」の『史書』や『卜書』は、いずれも各職務に関する専門の図書だったと考えられ、それは『漢書』藝文志で「術数略」に分類される図書だと考える。『漢書』藝文志によれば、この「術数」

に分類される書物は、「史官」として総称される「明堂・羲和・史卜の職」にあった者が専門としたといわれる。そこには、「天文」「暦譜」「五行」「蓍亀」「雑占」「形法」に関する図書が含まれる。この特色をまとめていえば、人の力（人為）ではどうしようもできない事柄について、一定の法則を見出して理由づけしようという類の図書といえよう。不可思議な事柄の理論化を試みるものだった。その中で、「天文」や「暦譜」などは史（太史）、また「蓍亀」「雑占」などは卜（太卜）とのかかわりが想定でき、まさに「史卜」といわれる「史官」に関わる図書＝『史書』だったと考えられるのである。前漢初期までの「史書」は、このような術数書を意味したと考えられるのである。

おわりに――史官と史書

ここでは、「史書」という言葉の意味の変遷をたどった。現在は歴史書の意味で使われる「史書」も、一七〇〇年以上前には、時期によって異なる意味で使われた。すなわち、歴史書を意味するようになる直前の後漢時代には識字書の意味で使われ、そこから二〇〇年ほど遡った前漢後半期から後漢初期までは行政文書を示す言葉として使われた。そしてそこからさらに二〇〇年ほど遡った前漢初期には、術数書の意味として使われたのである。

このような意味の変遷の背景には、「史官」の意味内容の変遷があると考える。古くから「史」には、機能を異にする二つの存在があった。一つは、一般に書記官とされる下級の役人であり、彼らは官僚機構を構成する各役所の末端で文書作成に従事した。もう一つは、国家の儀礼を掌る役所に属する専門職としての「史官」である。

この二つの「史」のうち、前漢初期の「史律」の段階までは、国家が養成する対象としては儀礼に関わる専門職の方であった。それがやがて、漢王朝という統一国家の充実に伴って、末端で働く書記官としての「史」の存在が重要になってきた。なぜなら、国家の意思を末端まで正確に伝達するためには、文書を的確に理解し作成できる書記官が大量に必要になってくるからである。その時、「史」といえば、従来の儀礼の専門職から主に書記官を指すようになってきた。そこで「史書」の内容も、儀礼の専門職の扱うものから、書記官が扱うものを指すように変化したのではなかろうか。

そして同じ書記官が扱うものでも、作成した文書から、その前提条件として必要な識字能力（小学）へとシフトしていく。その背景には恐らく儒家思想（儒教）の普及があると考える。前漢後半期以降、儒家思想は急速に広がり、後漢時代になると、それを習得していることが役人となるための必須条件となる。その時、儒家思想の基盤をなす小学の知識が、役人としての最初の登龍門となった。ここに、後漢時代に「史書」が識字書を意味するようになった理由があると考える。

最後は、歴史書としての「史書」の登場である。その背景には、歴史書という分野が経書の範疇から解放されたことがある。実は三国時代（三世紀）まで、歴史書は五経の一つ『春秋』の範疇にくくられていた。その証拠に『漢書』藝文志では、司馬遷の『史記』は『春秋』類に入れられている。それが、歴史書の量的拡大によって、『春秋』類（経部）から歴史書類（史部）として、新たなジャンルが作られるようになった。その時期が、冒頭で触れた一七〇〇年前である。この時以降、「史官」は歴史官、「史書」は歴史書をそれぞれ意味するようになっていく。

このように「史書」＝歴史書という認識が定着するまでには、「史官」と「史書」に対する認識の変化があった。しかし、「史書」が通説のような書体を意味することは一度もなかったのである。

＊本稿は、筆者が以前に発表した「張家山漢簡・史律に見える「史書」について」（『鷹陵史学』三六、二〇一〇年）および「漢代の「史書」」（『歴史学部論集（佛教大学）』六、二〇一六年）の内容に基づいている。

遣唐使の見た大唐皇帝の喪儀と即位

山崎覚士

はじめに

貞元二一年（八〇五）正月二三日、大唐帝国第十二代皇帝の徳宗は六四年の生涯を閉じた。大唐帝国を揺るがした大叛乱、安史の乱（七五五〜七六三）の後を受け、大暦一四年（七七九）に即位した徳宗は意気軒昂として、およそ一〇〇〇年にわたって継承される税制、両税法を制定（七八〇）するなど種々の改革をすぐさま推し進めたが、地方に駐屯する節度使を統制することができず、晩年は失意の中にいた。貞元二一年正月二日には容体が急変し、およそその二〇日後に崩御した（図1）。

徳宗が崩御して翌日から三日間の喪儀が執り行われ、その三日目に徳宗の柩の前で皇太子李誦が即位した。第十三代皇帝順宗である。しかしこの順宗は、歴代の大唐皇帝の中でも少し異様な皇帝であった。旧皇帝の崩御と新皇帝の即位とは、大唐帝国にとって一番大事な出来事であり、〝世界〟の中心である皇帝の代替わりは最も重要な儀礼であった。このような帝国挙げての一大イベントに、偶然にもその場に居合わせた日本人がいたのをご存じだろうか。それは、延暦二三年（八〇四）に大唐帝国へ派遣された遣唐使一

【図1】徳宗図

行である。この遣唐使は、数ある中でも帝国の一大イベントに唯一参加したものである。そして平安時代になって初めて、桓武天皇の命のもとに派遣され、かつあの空海や最澄が参加していた。まさしく空海は、大唐帝国の首都長安で挙行された、その一大儀礼に参列していたのである。ではなぜ、遣唐使は正月末に行われた一大イベントに遭遇した（できた?）のであろうか。それは、そもそも遣唐使とはなにか、という問題が鍵のようだ。

　空海をはじめとする遣唐使がどのようにして派遣され、そしてたまたま目の当たりにした皇帝の喪儀と即位とはどのようなものであったのか。まずは空海の参加した延暦年度の遣唐使の道のりから始めよう。

一　多難の延暦年度の遣唐使

　延暦二〇年（八〇一）八月一〇日、唐風化を目指した桓武天皇の命により、遣唐大使として藤原葛野麻呂、副使として石川道益が任命された。平安京に遷都（七九四）されてから初の遣唐使の任命であったが、前回の宝亀年度の派遣（七七七）から四半世紀も過ぎていた。久しぶりの派遣ということもあり、その準備に月日を費やし、実際に派遣の準備が整ったのは二年後（八〇三）であった。その年の三月に遣唐使一行は桓武天皇に出立の挨拶をし、四月には難波津にて遣唐使船に乗り込んだ。

当時、遣唐使の船は四隻用意され、それぞれに大使・副使・判官などが分かれて乗り込んだ。一隻あたり、水夫等を含めて一五〇人ほどで編成され、全体の派遣人数は六〇〇人近くにものぼった。

ところが難波津を出発して五日ほどして、遣唐使船は暴風雨に見舞われて破損し、また多数の溺死者が出る始末であった。一度は修理を施したものの、東シナ海の大海原を渡りきるのは無理と判断し、一たび渡海は中止された。

翌延暦二三年（八〇四）に再出発の準備が進められ、七月六日には肥前国松浦郡田浦というところから遣唐使船四隻は出帆した。目指すは遥かなる大唐帝国の都、長安。ところが翌日には、第三船・四船の行方が分からなくなり、大使の藤原葛野麻呂が乗る第一船も遭難して第二船を見失い、三四日間も海を漂流することとなった。生死の間を行き来した葛野麻呂をはじめとする第一船のメンバーは、どうにかこうにか、八月一〇日に中国の福州長渓県赤岸鎮の南岸に漂着した。しかしそこは、遣唐使が上陸を目指していた中国の港町からはるかに南へ行ったところであった。

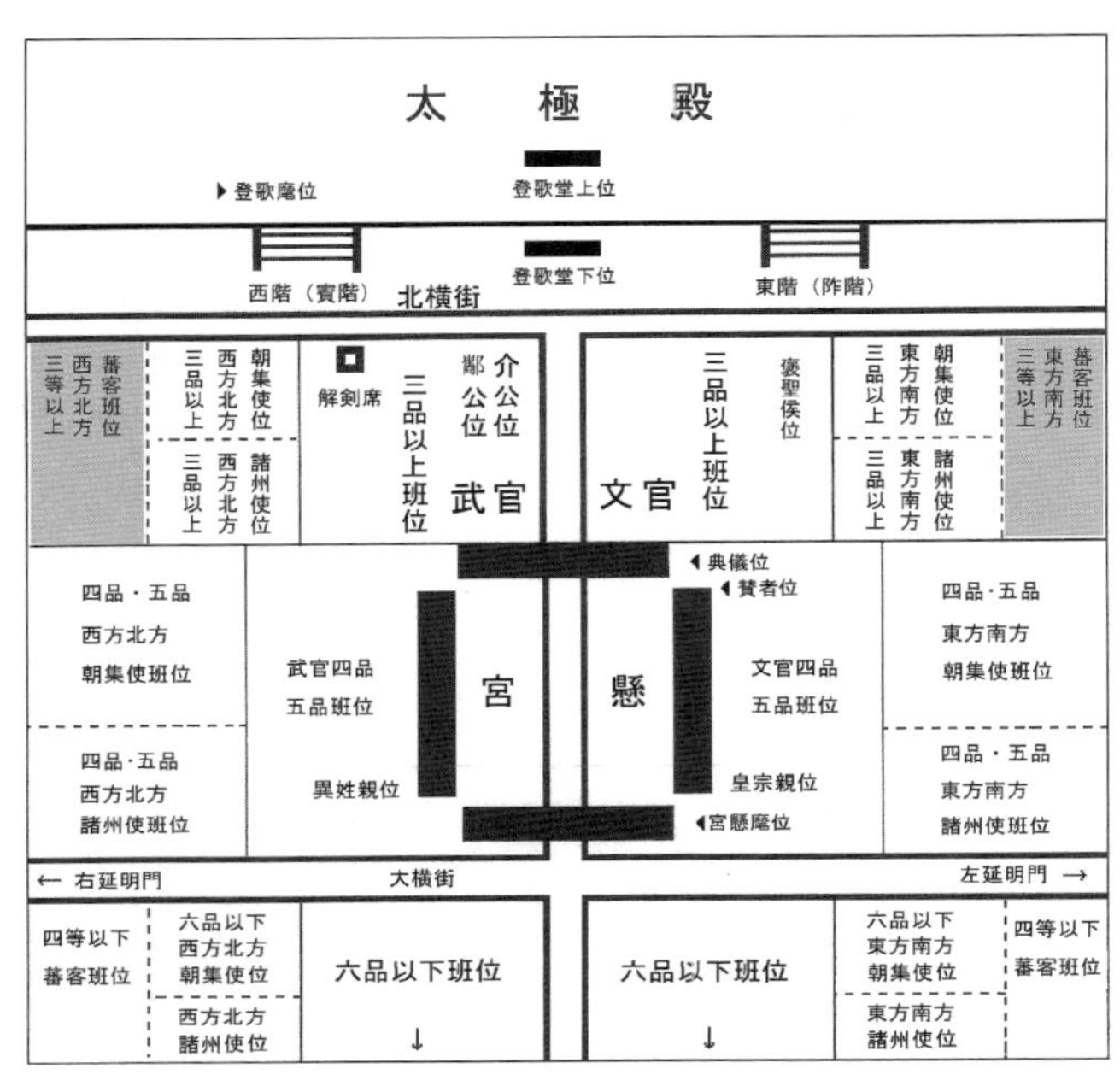

【図2】太極殿殿庭班位図

二　急ぎ長安へ

命からがら福州に到着した遣唐使一行は、しかしながら現地の新任地方長官（刺史）が未着であったこともあり、現地の役人に不審の嫌疑をかけられ、約三か月の逗留を余儀なくされた。新しく赴任した刺史閻済美によって、二三人に限って長安への移動が許可され、ようやく出発できたのが一一月三日であった。藤原葛野麻呂や空海をはじめとする一行は、長安までの七五〇〇里の道のりを、昼夜を問わず、少しでも早く駆け抜ける必要があった。何としても年が改まる以前、年内には長安に到着せねばならなかったからである。

一般に遣唐使と言うと、大唐帝国の先進的な制度・繁華な文化を学び持ち帰るために派遣さ

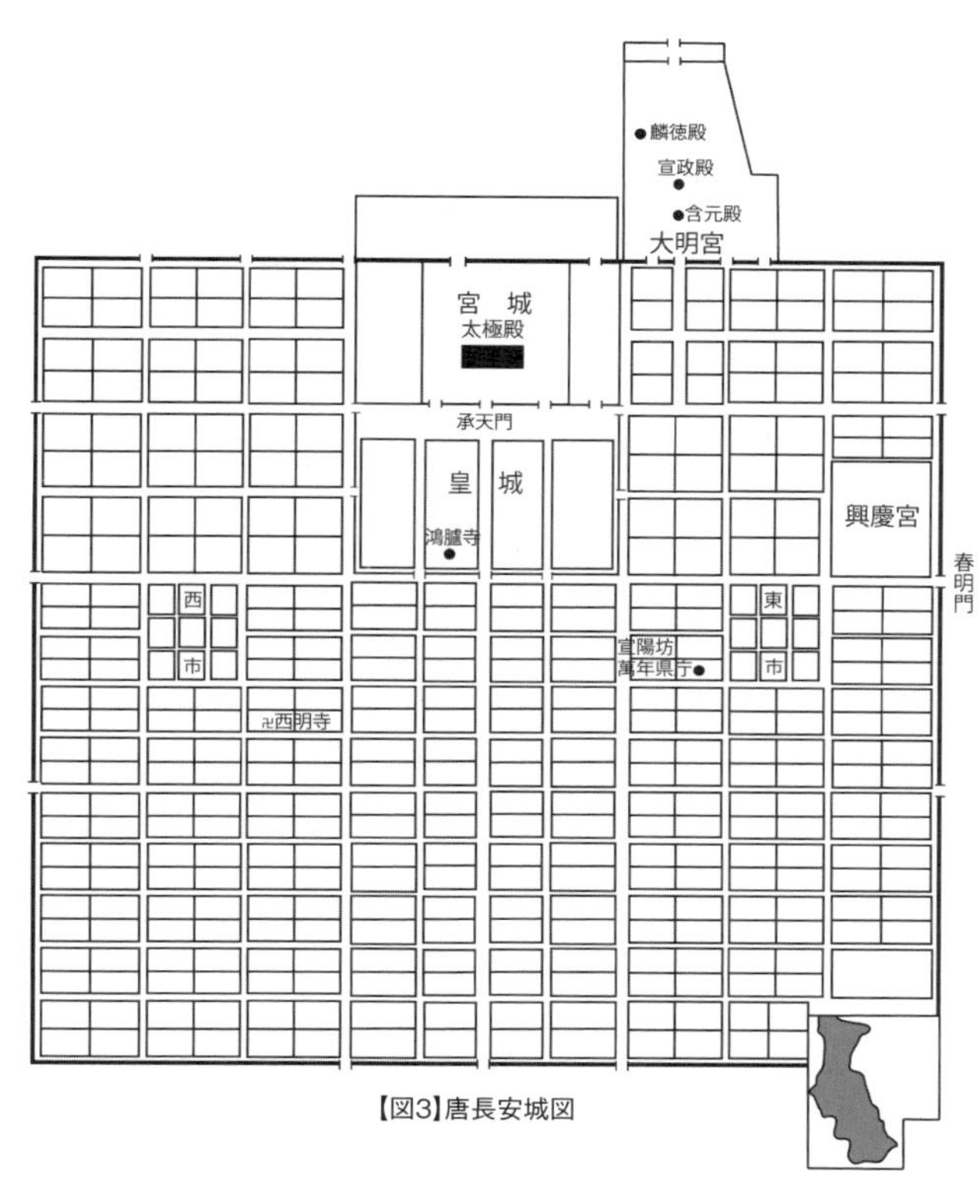

【図3】唐長安城図

れたと説明されるが、実はそれよりも増して重要な政治的任務を帯びていた。それは、歳改まる年始の正月元日に、長安城の太極殿で挙行される朝賀の儀礼（「元会儀礼」という）に参列するというものであった（図2、灰色の場所が日本遣唐使〔蕃客〕の並ぶ場所と考えられる）。そこでは、皇帝が太極殿の玉座に鎮座し、唐の全官僚や外国の使節およそ三〇〇〇人が殿庭に序列に従って参列して皇帝に挨拶をし、また外国を含めた全国の貢物を献上した。そうして皇帝を中心とする君臣関係や〝世界〟を更新するという、極めて重要な儀礼であった。

日本は唐にとって遠夷の国であり、およそ二〇年に一度の参加であったが、ちゃんと「あしぎぬ」や銀を貢物として持参していた。そして正月元日に間に合うように、遣唐使は日本を夏の終わりから秋口にかけて出発していた。延暦年度の遣唐使の二度目の出発が七月（旧暦）

であったのも、この理由による。

はるか南の福州にいた葛野麻呂や空海一行は、残りひと月を切っての出発であったから、焦ったに違いない。必死の強行軍が功を奏して、長安の東郊外にある長楽駅に到着したのが一二月二一日であった。日本の遣唐使到着が伝えられ、二三日には皇帝の使者が良馬二三頭（遣唐使一行の人数分）を連れて一行を出迎え、春明門より長安城内に連れ入ると、宣陽坊の官宅（萬年県庁）に案内された（図3）。

それまでの遣唐使の宿舎は、長安城の中心部である皇城の南門である朱雀門入ってすぐ左に建てられた鴻臚寺であったが、今回は安史の乱の後を受けて皇城も被害を受け、鴻臚寺が使えなかったらしく、市街地の県庁を宿舎としたようだ。

そしてここで、葛野麻呂は偶然の再会を果たした。第二船のメンバー二七名が先に長安に到着（一一月一五日）していて、萬年県庁で葛野麻呂一行と合流したのである。互いの無事を喜んだことだろう。これで日本の遣唐使は総勢五〇名となった。

三　朝賀そして崩御

長安に入って翌日の一二月二四日には、遣唐使は日本から持ち来った朝貢品を献上し、翌二五日に皇帝の住まう大明宮麟徳殿にて徳宗と接見した（図4）。その後、催された宴会は終日に及んだ。

そしていよいよその日の朝が来た。貞元二一年正月元日、大明宮の正殿である含元殿にて朝賀の儀礼が執行された。徳宗皇帝が玉座に出御すると、殿庭に整列した官僚や外国の使節（とうぜん遣唐使も）が舞踏や万歳三唱をして、新年の改まりを慶賀しただろう。その後の宴会では、雅楽が演奏される中、藤原葛野麻呂たちは儀礼にのっとった手順で酒食を進めたに違いない。果たして、振る舞われた大唐帝国の正月の宴会料理に葛野麻呂たちは舌鼓を打ったのだろうか。こうして、任命されてから三年越しの遣唐使の政治的任務は、さまざまな困難を経て何とか果たされたのであった。

ところが翌日になって、徳宗は体調を崩して病気となり、二三日に崩御したのである。突然の凶事にたまたま遭遇した遣唐使は、どのように行動したのだろうか。皇帝の喪儀次第を追ってみよう。

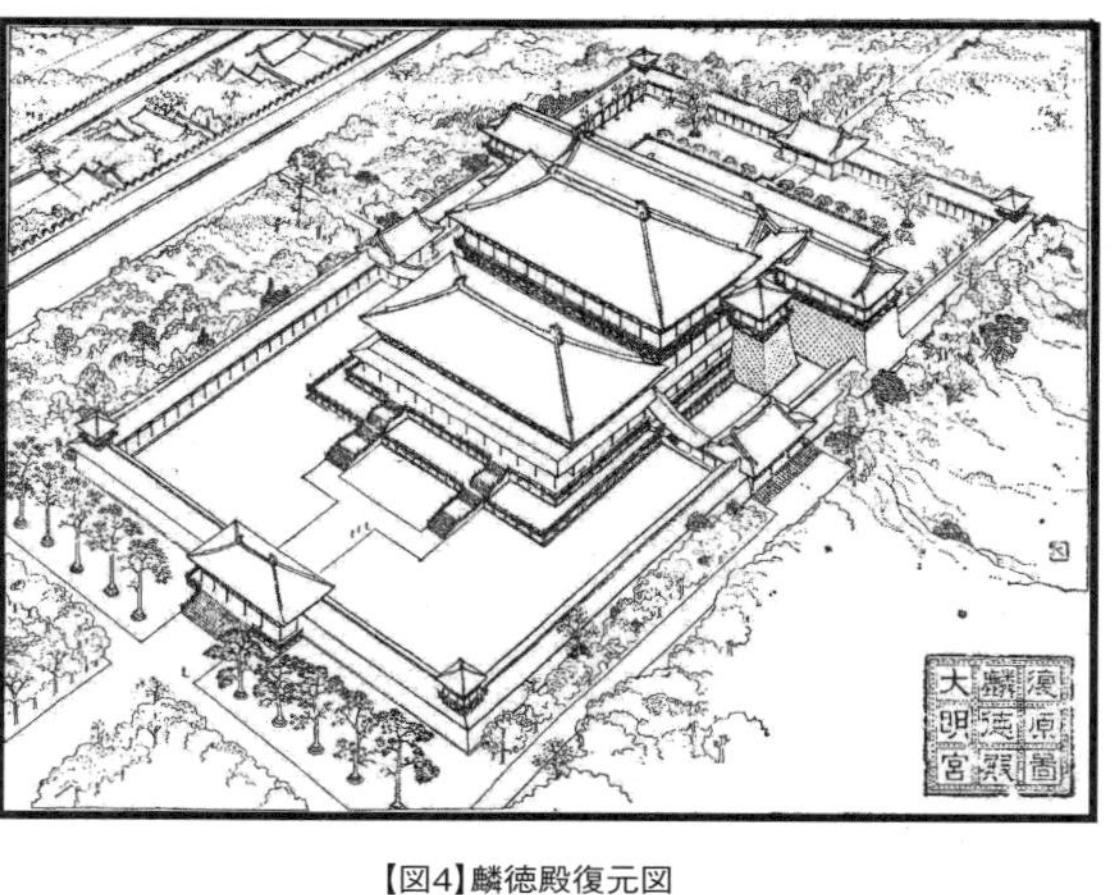

【図4】麟徳殿復元図

四　皇帝の喪儀と即位

皇帝の喪儀は、国中最大の凶事であり、最も忌むべきものであった。であるので、その喪儀次第は後世に残されることはまれで、徳宗の喪儀次第についてはよく分からない。ただ、徳宗の父である代宗皇帝の喪儀次第については幸いにも残っているので、それを参考として、徳宗の喪儀を日を追って見てみよう。

一月二三日に徳宗が崩御すると、翌二四日には皇帝の遺言であ

【図5】斬衰図

る遺詔が宣政殿で発せられ（『順宗実録』による）、遺体の納められた神柩は長安城の最重要宮殿である太極殿に移された。そこではまず「復」と呼ばれる魂呼ばいの儀式が行われる。徳宗の魂を三度呼んで戻ってくることを願うのだが、戻らなければ、その死去が確定したとして遺体を沐浴して清め、髪やひげ、爪を切りそろえて衣装を着せる。

翌二五日夜明けには、「小斂」と呼ばれる衣装の着せ替えが行われる。そして食事や酒が供えられる。

そして次の二六日。「大斂」と呼ばれる納官の儀式が行われる。特別の柩である梓宮に遺体を納め、蓋を閉めると、皇太子が即位して新皇帝となった（これを「柩前即位」という）。この時に喪が発せられ、新皇帝はじめ群臣たちは「斬衰（ざんさい）」と呼ばれる、生成りの麻を裁断したままで、ふち縫いししない喪服（喪服ランクの最上位）を着用した（図5）。蓋をされた梓宮は布で覆われ柏の木で囲い、白泥で塗り固められた。

遣唐使はというと、おそらくこの日の喪儀に参加した(1)。一行はやはり喪服を着用し、太極殿の南門である承天門にて参列し、旧皇帝の納棺と新皇帝の即位を遥かに望んだことだろう。遣唐使はこれから「蕃国」（外国）の例に従って三日間服喪し（一般は二七日）、喪服を着用して朝夕に哀哭した。なお、遣唐使があらかじめ喪服を用意しているはずないので、唐側から支給されたものであったろう。また現代では喪服というと黒を着用するが、東アジアでは麻でできた白の喪服が一般的であった。

このとき即位した四五歳の順宗は、歴代の大唐皇帝とは異なる異様な皇帝であった。即位する前年の九月、「風疾」という病気（脳卒中）にかかってしまい、言葉を発することができなくなっていたのである。皇帝にとって、声を発して政治の裁可を下すことは重要なことである。しかし順宗の場合、声を出して決裁することができなかったので、簾を下ろして左右に宦官と女官を置き裁決を下したという。そして実際の政治は順宗取り巻きのブレーンたちが独裁した。

声を発することのできない皇帝がこうして旧皇帝の喪儀を取り仕切り、そして即位した。遠くから眺めていた遣唐使たちには、しかしながら、新皇帝が服喪期間で政治を行なえないので、母である皇太后が臨時に朝政をおこなったと伝わっている。あるいは順宗の病状について遣唐使には伏せられていたのかもしれない。

五　急ぎ帰国へ

新皇帝を取り巻く朝廷のただならぬ雰囲気と、地方軍閥の節度使たちの不穏な動き、さらには吐蕃（チベット）との外交問題といった内外の騒動は、遣唐使一行の耳にも入っていた。大唐帝国の喪儀・即位に遭遇した一行は、情勢をかんがみて早々の帰国を願い出て、その許可が二月一〇日に下りることとなった。そしてここで空海は大使である藤原葛野麻呂と別れ、翌日に西明寺に移り、求法活動を開始した。

一行は明州より帰国の船に乗るように命ぜられ、明州城内に足を踏み入れたのは五〇日あまり後の四月三日であった。そして城内の寺院が宿舎としてあてがわれた。帰国船は福州に置いていた第一船を明州に寄こし、明州にもとから停泊させていた第二船と合わせて二隻である。そしてようやく、さらに一か月以上経った五月一八日、遣唐使船を留め置く纜(ともづな)を紐解き、懐かしの日本へと出帆した。帰国の航路は比較的穏やかで、翌六月五日には第一船が対馬下縣郡に帰着し、一七日に第二船が肥前国松浦郡に来着した。

藤原葛野麻呂は七月一日には上京し、桓武天皇より預かっていた節刀を返上して、ここに遣唐使の使命を無事終えることとなった。出発してからおよそ一年の出来事であった。

さいごに

稀有な体験をした延暦年度の遣唐使の活動は以上である。おそらく中国皇帝の喪儀と即位を日本人として体験したのは彼らだけではないか。しかし、白の喪服に袖を通し、遥かに望み見た新皇帝は、藤原葛野麻呂の目にはどのように映っていただろうか。結局のところ、新皇帝順宗は七か月あまりで退位して太上皇となり、子の憲宗が即位した。遣唐使のいた八〇五年の大唐帝国では、一年のうちに三人の皇帝が順に在位していたことになる。なお太上皇順宗は翌年に崩御した。

こうした遣唐使の活動を知るためには、今見てきたように日本の歴史だけでは不十分である。彼らの関わった中国や、さらには朝鮮半島の歴史も深く関係している。それらの歴史を複眼的に考えること、少なくとも「東アジア」の枠組みの中で捉えることこそ肝心なのである。歴史は一国の中だけでは完結しない。世界の広がりの中で歴史が紡がれていることを、遣唐使は私たちに教えてくれる。

【註】

（１）この日にちについて、日本側の史料『日本後紀』では「正月二八日」に遣唐使は喪服を着て参列し、皇太子が即位したことを伝えている。しかしながら、中国側の史料『旧唐書』・『資治通鑑』では「丙申（二六日）」の日に発喪・即位を伝えているので、こちらが正しいと思われる。日本側史料の記述で「八」とあるのは「六」の字の誤記だろう。

【参考文献】

上田雄『遣唐使全航海』（草思社、二〇〇六年）
金子修一主編『大唐元陵儀注新釈』（汲古書院、二〇一三年）
氣賀澤保規『中国の歴史06　絢爛たる世界帝国』（講談社、二〇〇五年）
高木訷元『空海―生涯とその周辺』（吉川弘文館、二〇〇九年）
森公章『遣唐使の光芒―東アジアの歴史の使者』（角川書店、二〇一〇年）
劉敦楨主編『中国古代建築史』（中国建築工業出版社、一九八〇年）

【図出典】

【図１】『三才図会』より
【図２】渡邊信一郎氏作成
【図３】『中国の歴史06』隋唐長安城図をもとに作図
【図４】『中国古代建築史』より
【図５】『三才図会』より

一七世紀中国の銭と銀

宮澤知之

中国前近代の基本となる通貨は銅銭である。宋代以後次第に銀が社会に浸透してゆき、明代中期には銀を行使する経済的局面がかなり拡大した。ところで銅銭と銀は貨幣としての性格が異なっている。まず銅銭は銭貨（コイン）で、財貨の価値をコインの数で表す〝計数貨幣〟である。コインの個数を表す単位は「文」であり、大型の十文銭一個は小型の一文銭一〇個に相当する。一方、銀は地金のまま用い、重量を計測して財貨の価格を表す〝秤量貨幣〟である。馬蹄型や鞍型や餅型など多様な形状に鋳造するが、重要なのはその重さで、重量単位「両・銭・分・厘」で価値を表示する。また銅銭は政府が発行して社会経済を統制する手段とするのに対し、銀は主として海外から流入して政府の統制がきかない貨幣である。

中国では時代が大きく動いたとき、分立した政権がそれぞれ独自の銅銭を発行したから、多種多様な種類の銅銭が出現した。本稿で採り上げる一七世紀、すなわち明清交代期もそのような時代の一つである。ただしこの時の銅銭の複雑な様相は、政権が分立しただけでなく、銀との関係があらたに発生したことにも起因する。はじめに一七世紀に通用した銅銭を表示しておこう（表、図1）。実は銭体に銭名以外なにも記さないもの、鋳造地を記したもの、担当の官庁を記したものが圧倒的に多いが、本稿で注目するのは重量を記した紀重銭と貨幣価値を記した紀値銭であり、これらを主として表示する。

【表】17世紀中国の数値を記した銅銭(紀重銭と紀値銭)

	名称	鋳造者	初鋳年	鋳造地	1文銭(背文)	2文銭(背文)	5文銭(背文)	10文銭(背文)	1文銭の重量
明朝	万暦通宝	神宗	1576	全国	○	○			1銭3分
	泰昌通宝	光宗	1620	全国	○				
	天啓通宝	熹宗	1621	全国	○一銭	○	○ 五	○十	1銭3分
								○十，一両	
					○一銭一分				1銭1分
					○一銭二分				1銭2分
	崇禎通宝	毅宗	1628	全国	○一銭	○ 二	○ 五		1銭3分
			1628	南京	○八分				8分
			1643					○	
明末反乱	永昌通宝	李自成	1644	西安	○		○		
	大順通宝	張献忠	1644	成都	○				
	興朝通宝	孫可望	1649	雲南	○		○ 五厘	○ 一分	1銭5分
南明	弘光通宝	福王	1644	南京	○	○ 二			
	隆武通宝	唐王	1645	福州	○	○			
	大明通宝	魯王	1646	紹興	○				
	永暦通宝	永明王	1647	肇慶	○	○ 二厘	○ 五厘	○ 一分	
鄭氏	永暦通宝	鄭成功	1651	長崎		○			
清朝	天命通宝(漢)	太祖	1616	東北	○				
	天命通宝(満)		1616	東北		○			
	天聡通宝(満)	太宗	1627	東北				○十，一両	
	順治通宝	世祖	1644	北京	○				1銭
			1645	北京	○				1銭2分
			1651	全国	○				1銭2分5厘
			1653	全国	○ 一厘				
			1657	北京	○				1銭4分
	康熙通宝	聖祖	1662	全国	○				1銭4分
三藩	裕民通宝	耿精忠	1674	福建・浙江	○ 一分			○ 一銭	
	利用通宝	呉三桂	1673	雲南	○ 厘	○ 二厘	○ 五厘	○ 一分	
	昭武通宝	呉三桂	1678	雲南	○			○ 一分	
	洪化通宝	呉世璠	1678	雲南	○ 一厘				

＊○印は該当の銅銭が存在することを示す。
＊基本データは彭信威『中国貨幣史(第3版)』(上海人民出版社、1965年)、千家駒・郭彦崗『中国貨幣発展簡史和表解』(人民出版社、1982年)による。
＊表示した銭は一般に通用した銭で、特殊な目的のものは含まない。
＊一文銭の重量は規格の重量であり、実際には規格より軽いものが多い。
＊背文とは銭貨の背面にある文字である。
＊背文に厘・分・銭・両などの重量単位をつけない場合の数値は貨幣価値を示す。
＊背文は、鋳造地・官職を記すものもある。とくに崇禎通宝と永暦通宝に多い。

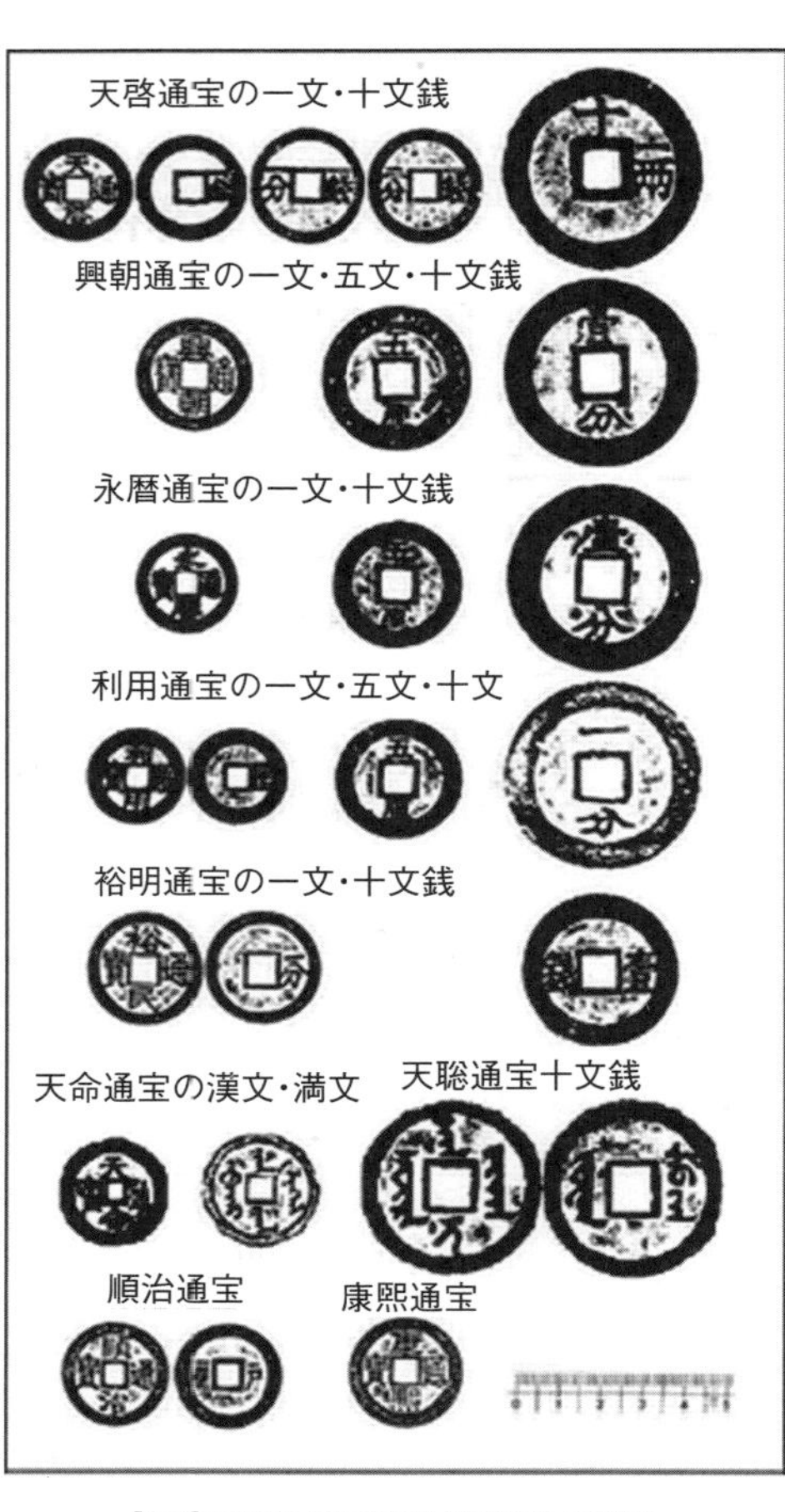

【図1】17世紀中国の銅銭（紀値銭と紀重銭）

背文に、厘・分・銭・両などの重量単位をつけたものと、重量単位のない幣値だけを表したものがある。前者が紀重銭、後者が紀値銭である。通常は紀重・紀値のどちらかだが、例外は天啓通宝と天聡通宝（満文）の十文銭で、「十」は十文すなわち貨幣幣値を、「一両」は重量というように二種類の数値を記す。一銭が約三・七グラムとすると重量単位の関係は、

一〇〇〇厘＝一〇〇分＝一〇銭＝一両＝約三七グラム

である。つまり一厘と一両のあいだには千倍もの開きがある。では一文銭の重量表示に、一厘・一分・一銭があるのは何故だろうか。一銭とはその銅銭の自重（約三・七グラム）であるのに対し、一厘（約〇・〇三七グラム）と一分（約〇・三七グラム）は軽すぎることから、自重を表さないことは明らかである。

そこで表の一文銭と十文銭の列をみると、一銭・一両の体系と一厘・一分の体系との二つがあることが分

かる。百倍ほどの重量の違いがありながら価値が等しくなるのは、銭と銀の関係であるから、一厘・一分とは実は一文銭が対応する銀の重量を示しているのである。つまり銭一文は銀一厘に、銭十文は銀一分に等しいことを表す。それゆえ紀重銭には、銅銭自体の重量を記す場合と、銅銭の価値に対応する銀の重量を記す場合の二種類があることになる。また同じ一文銭でも、福建の裕民通宝（背一分）と雲南の利用通宝（背一厘）を比べると、裕民通宝のほうがやや大型で、銭体の重量は裕民通宝のほうが約一・五倍重く、重量単位は一桁大きい。このことから銭一文に等しい銀は福建では一分、雲南では一厘であり、福建では雲南より銭高銀安であったことが分かる。

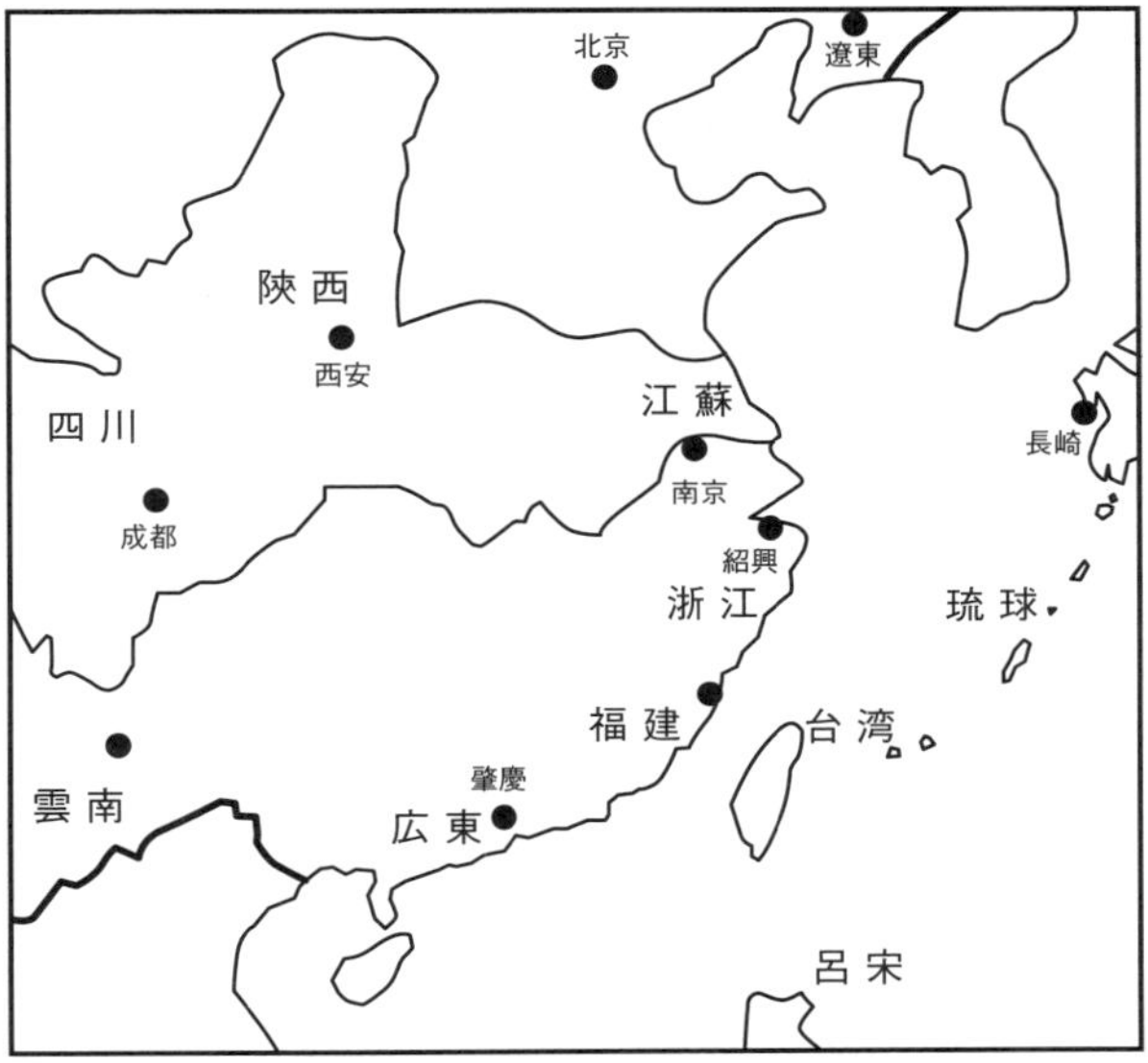

【図2】17世紀中国の関係地名

　表は一七世紀中国の銅銭を五種類に大別したものである。順番に見てゆこう。

　明朝は一六世紀から一七世紀にかけて万暦通宝・泰昌通宝・天啓通宝・崇禎通宝を鋳造した（但し泰昌の年は五か月と短かった）。万暦通宝一文銭は歴代王朝の伝統的な銅銭と同じく幣値も自重も記さないが、天啓通宝と崇禎通宝の一文銭には一銭・一銭一分・一銭二分・八分など自重を記したものがあり、二文銭以上になると「二」「五」「十」という貨幣価値を入れるものもある。さらに天啓通宝十文銭には幣値「十」のほか自重「一両」を入れるものがある。本来の計数貨幣は一定の許容範囲内であれば、自重が異なっても明記する必要はなかった。しかしここに銀が普及して貨幣としての使用の局面が拡大すると、銭と銀の相場の重要度が増した。そこで銅銭自体の重量を重くしたり軽くしたりと調整するようになったのである。万暦通宝一文銭は自重が一銭三分あっても銭体に刻さない例であり、一方、天啓通宝と崇禎通宝は一文銭に八分から一銭二分までの自重を明記した例である。

このように明末、時代がくだるにつれて状況にあわせて銅銭の重量規格を変更したうえ明記するようになったのは、銀との相対的な関係が明確に意識されるようになったためである。銭重を増大したのは市場の銭銀相場を銀高銭安に誘導するためであった。万暦年間（一五七三〜一六二〇）、すでに銀は社会にかなり普及しており、明朝は銭銀相場の動向に注意を払って公定比価を定めたりしたが、銀とのリンクを事実上しめす自重を銅銭の上に明示しなかった。しかし天啓・崇禎（一六二一〜四四）になると銭体上に示した。このような変化はコインの数だけ数える計数貨幣の特性がゆらいだことを示している（銭体上に自重を記す例は元末明初にも見られた。政権が不安定なとき、規格通りの通貨を鋳造していると表明する必要があったためである）。

明滅亡後、銅銭に変化が現れる。一六四〇年頃、農民反乱が勃発した。指導者の李自成は西安（陝西省）を占領して国号を大順と定め永昌通宝を鋳造した。ついで四四年に北京を攻め明朝を亡ぼしたが、このとき遼東（遼寧省）を守備していた明の将軍呉三桂は侵攻してきた清にくだり、北京に引き返すと李自成を北京から追い払った。李自成とならぶ農民反乱の指導者である張献忠は、四四年成都（四川省）を破って、国号を大西、元号を大順とし、大順通宝を発行した。その養子の孫可望は張献忠の敗死後雲南に入り、四九年興朝通宝を発行した。

永昌通宝と大順通宝は伝統的な中国銅銭と同様に貨幣価値を記す数字を入れていない。一方、興朝通宝の一文銭は銀の重量を表示しないものの、銭重を通常の一・五倍になる「一銭五分」とし、五文銭と十文銭には「五厘」と「一分」といった銀の重量を記した。地域に着目すると陝西や四川では銅銭上に銭と銀の関係を記さないけれども、雲南を本拠地とするものは、銅銭の銀に対する関係を重視し、対応する銀の重量を記している。銅銭上に銀の重量を記すことは、銭と銀の固定リンクを設定することである。これは自国発行の銅銭の信用を確保するため、銭銀相場の変動を抑制し経済活動の安定をはかった措置である。雲南ではそれほど銀の重要性が増していたことが分かる。興朝通宝が明朝の銅銭と明らかに異なる性格をもつコインであること、また陝西・四川と雲南の通貨事情の背後に銀の浸透度の違いがあることに注意されたい。

明朝が滅んだとき、中国各地にまだ明の皇室がおり、とくに南方の皇室は独立の政権として銅銭を発行した。南京（江蘇省）の福王は弘光通宝を一六四四年に、福州（福建省）の唐王は隆武通宝を四五年に、紹興（浙江省）の魯王は大明通宝を四六年に、肇慶（広東省）の永明王は永暦通宝を四七年に鋳造発行した。弘光・隆武・大明の各通宝は、銀との関係を明記しないが、永暦通宝の二文銭以上には、二厘・五厘・一分というように、対応する銀の重量を明記するものがある。中国史上銅銭の上に、銀との固定リンクを明示したのは興朝通宝に少し先んじて永暦通宝が初めてである。福王・唐王・魯王はまもなく滅んだが、永明王の政権は中国南部を転々としながら比較的長く存続した。永明王の政権を除き南明政権が銀との関係を明示しないのは、明朝の伝統を踏襲したためであろう。

なお永暦通宝には鄭成功が日本の長崎で鋳造させたものがある。海外で中国の通用銭を鋳た珍しい例である。鄭成功は鄭芝龍と日本人田川氏の子で、平戸で生まれたことから日本とも関係が深く、永暦通宝を長崎で鋳造したのである（鄭成功は近松門左衛門の浄瑠璃「国性爺合戦」の主人公、和藤内のモデルである）。

一六一六年清朝は建国すると（後金という。三六年に大清と改称した）天命通宝を、二七年に天聰通宝を鋳造した。天命通宝は中国伝統の一文銭よりやや大きく漢文で書いたものと満文で書いたものの二種類があり、満文のものは「天命汗（太祖ヌルハチの称号）ノ貨幣」と記している。天聰通宝は十文銭の大きさで、おもてには満文で「聡明ナル汗（太宗ホンタイジの称号）ノ貨幣」とあり、背面に満文で「十、一両」とある。興味深いことに天聡通宝は同時期の明朝の天啓通宝と大きさや銭文の意味するところが同じで、銀との関係は直接には表さず、幣値と自重の組み合わせであった。異なる点は満文か漢文かの別だけであった。

清朝は北京に入城すると順治通宝を鋳造した（一六四四年）。一文銭の重量は一銭という中国伝統の定型に則ったもので、銀との関係をもたない独立したコインであった。ところが、翌四五年には銅銭の重量規格を一銭二分にひきあげ、五一年にはさらに一銭二分五厘に引き上げた。これらの銅銭は銀との関係を表示しないものの、銀との相場が念頭にあったことは疑いなく、銭銀相場を銀高に誘導するための変更だと思われる。そして五三年に一厘と刻する一文銭をつくった。すなわち銭と銀の固定レートの設定である。雲南や広東では対応する銀の重量を記した銅銭がすでに出ていたが、清朝はこれを全国に及ぼそうとしたのである。しかしこのような全国画一の銭銀レートは、社会への銀の浸透度に大きな偏差がある以上、強制はおそらく困難だった。四年後には銅銭の自重を一銭四分とさらに重くしたが、銭体上の表記は消してしまった。この規格は康熙通宝に引き継がれ、その後は銭銀相場をにらみながら重量を変更した。

清朝は中国征服に功績のあった武将を雲南・広東・福建に封建した。所謂三藩である。三藩は半ば独立の勢力であり、清朝が全土を統治するためにはいずれ倒さねばならない対象であった。一六七三年、撤藩の命を機に三藩は反乱を起こした。台湾の鄭経も絡んで三藩の勢いは一時長江以南を戦乱にまきこんだが、やがて清朝に屈し、八一年鎮圧された。三藩は反旗を翻したとき銅銭を鋳造した。雲南の呉三桂は利用通宝と昭武通宝を、孫の呉世璠は洪化通宝を鋳造し、福建の耿精忠は裕民通宝を鋳た。これらの銅銭は銀との固定レートを刻印している。前述の如く、福建の裕民通宝と雲南の利用通宝を比べると、福建が雲南に対し銭高銀安であることを反映して、銭体の大きさが異なっている。

以上、一七世紀の中国銅銭の表記から銅銭と銀の関係を述べた。最後に一六～一七世紀における中国社会の激動の原因の一つとなった銀の流入について触れておこう。これには日中の貿易関係の変化や世界的規模の銀の流通が関わっている。

一六世紀中葉、日本の石見銀山の採掘が本格化した。石見の銀を中心とする日本の銀は遣明船による貿易が停止された後の貿易の形態、すなわち後期倭寇の密貿易や、台湾や呂宋を舞台とする出会貿易を通じて大量に中国にわたった。これらの銀の入口は福建・広東で、そのあと北上して北京にいたり、西に向かって雲南に行き着いたが、中国中央部や西北部への浸透までには至らなかったようである。

銀の中国への流入のピークは一七世紀前半だとされる。ちょうど鄭氏一族が海上貿易の覇権を握った時代であった。鄭氏一族は一七世紀に日本・中国・台湾の海域で活動した勢力で、鄭芝龍が一六二八年明の招撫に応じて以後、海上の覇権を掌握した。芝龍は四六年清に降ったが、その息子成功は、永明王を支持して復明運動を展開し、福建の厦門・金門を根拠地として、日本・琉球・台湾・ベトナム・呂宋に至る海上貿易を展開した。六一年清が遷界令（東南五省の沿海民を三〇里内地に移し、また海上貿易を禁じた）を実施すると、台湾に移った。この遷界令によって銀の中国への流入は二〇年あまりにわたって減少した。成功の子鄭経は、三藩の乱のとき再び大陸に進出して沿海部を攻略したものの、乱の鎮圧後大陸から撤退した。そして経の死後鄭氏の海上勢力は消滅したのである（一六八三年）。

日本の銀山が盛んに開発されたころ、中南米においても銀山の開発が進められ、なかでも南米のポトシ銀山は有名であった。中南米の銀は、ヨーロッパ・インド洋を経由して中国に渡ったり、あるいは太平洋を横断しマニラを経由して中国にはいったりした。日本や中南米で産出する銀の世界的規模の流通は、銀が流入した地域の経済に多大の影響をもたらした。ヨーロッパでは価格革命が有名だが、中国ではそのような激しい変化は現れなかった。宋代以来ゆっくりと銀が社会に浸透し、一四三六年に税の上供に折糧銀が導入され、一六世紀に入ると徭役の銀納も行われるようになっていたとはいっても、依然として銅銭経済・実物経済が堅固だったからである。だが銀を受容する条件はすでに十分備わっていた。そこに大量の銀が海外からもたらされた結果、中国の経済事情は一変した。明末の一条鞭法・清初の地丁銀制という税制改革は貨幣の面からみると、いずれも銀納である。

ここで大量の銀流入の規模を見ておこう。日本や中南米の銀の中国流入は年間一〇〇トンから百数十トンと大まかに見積もられている。計算を簡略にするため一五〇トンの銀が流入したとみなすと、一五〇トンは約四〇〇万両で、明代における一両の銀の公定の銭額は七〇〇文であるから、毎年流入した銀は銭額でおよそ二八〇万貫となる。銭貨をもっとも多く鋳造した北宋時代で、一年平均二〇〇万貫、変法時期（一一世紀後半）で六〇〇万貫であった。多めに見て年間二八〇万両の銀流入は、北宋の一・五倍程度にすぎないとも言えるが、宋朝が財政を通して社会に放出したのとは異なり（官僚の俸給や物資買上げの支払、国庫での蓄銭も多い）、明代では海外から直接社会に流入したので、社会に与えた影響、それに対処した明政府の政策決定に与えた影響は強烈であった。

清朝は入関後四〇年をかけて、南方の勢力（南明・鄭氏・三藩）を制圧し、中国全土を直接支配のもとにおいた。一六八四年に遷界令を解除したので、再び銀が流入することとなったが、安定した政権のもとで経済も安定し、銅銭と銀が相互に独立して価値変動する銭銭二貨制が展開した。こうして清朝は一八世紀に最盛期を迎えることになる。

一六世紀半ばから一七世紀にいたる所謂明末清初期は、中国内部に農業生産の進展・商品経済の展開・王朝の交代にともなう政治的混乱があり、対外関係においては日中関係の変化、海上勢力の台頭・ヨーロッパ人の進出・大量の銀の流入などがあって、社会が大きく変動した時代である。一七世紀中国の多様な銅銭とその銭文は、このような社会変動の一端を反映したものであった。

【参考文献】
彭信威『中国貨幣史（第三版）』（上海人民出版社、一九六五年）
岸本美緒「東アジア・東南アジア伝統社会の形成」（『岩波講座世界歴史』一三、岩波書店、一九九八年）
岸本美緒「銀のゆくえ―近世の広域的銀流通と中国」（『歴史のなかの金・銀・銅―鉱山文化の所産』勉誠出版、二〇一三年）
林田芳雄『鄭氏台湾史―鄭成功三代の興亡実紀』（汲古書院、二〇〇三年）
宮澤知之『中国銅銭の世界―銭貨から経済史へ』（思文閣出版、二〇〇七年）
上田裕之『清朝支配と貨幣政策―清朝前期における制銭供給政策の展開』（汲古書院、二〇〇九年）

滅びし王朝の君主一族
——日本の植民地支配と朝鮮王公族

李昇燁（イ スン ヨプ）

周知の事実であるが、一九一〇年の韓国併合条約をもって、大韓帝国は大日本帝国に統治権を譲与し、一九四五年第二次世界大戦終戦まで日本の植民地として支配される。ならば、朝鮮王朝を受け継いだ大韓帝国が消滅した後、それまで君主として国を統治してきた「高宗（コジョン）」(1)、「純宗（スンジョン）」(2)皇帝、そしてその一族はその後どうなったであろうか。ここでは、植民地支配下の朝鮮における彼等の処遇や取扱について、当時の政治的脈絡から探ってみたい。

一　日本の韓国併合と皇帝一族の処遇問題

一九一〇年八月二二日、大韓帝国の総理大臣・李完用（イワンヨン）(3)と韓国統監・寺内正毅（てらうちまさたけ）(4)との間で「韓国併合ニ関スル条約」が締結され、同月二九日に公布された。すでに併合の方針は決まっていたものの、条約締結の直前まで日韓両方が詰め合った問題があった。それは外ならぬ「国の呼称」と「韓国皇帝の呼称」をめぐる問題であった。日本側は予め、「韓国」を「朝鮮」と改め、「皇帝」は「太公」とすることを決めていたが、韓国側の李完用首相がこの案に対して強く反発、それぞれ「韓国」・「王」とすることを主張して、併合条約の締結交渉は難航した。旧韓国の皇帝を「韓国王」と呼ぶ場合、まるで独立国の君主のように誤解される虞があったため、日本側としてこの案を飲むことはできなかったのである。

当時の桂太郎[5]内閣は、韓国併合条約の締結を速やかに済ませるため、ある程度の譲歩はやむを得ないと判断した。その結果、双方の折衷案として、国名を「朝鮮」と改め、皇帝は「王」とすることに合意し、併合条約の締結に至った。李完用は、総理大臣として併合条約に調印したため、今日にも韓国では「売国奴」・「賊臣」の代名詞になっている人物であるが、併合条約の締結過程を見ると、国の主権を外国に譲りながらも、最後まで君主の体面だけは立ててあげようとしたことが分かる。

この合意により、韓国併合と共に旧韓国の皇帝一族は「王公族」という身分になった。前皇帝の高宗は「徳寿宮李太王」、皇帝の純宗は「昌徳宮李王」として冊立され、親王たちは「公」として冊立された。併合に際して発布された明治天皇の詔書により、「待ツニ皇族ノ礼ヲ以テシ特ニ殿下ノ敬称ヲ用ヰシム」と規定され、いわば「準皇族」として待遇されるようになったが、これこそが紛議の火種であった。

日本によって付けられた新たな呼称は一見して、「～宮」と「～王」からなる日本の皇族の呼称を連想させる。たとえば、「東久邇宮稔彦王」[6]という皇族の名前を思い出してみると分かりやすい。しかし、「徳寿宮」や「昌徳宮」は彼等が実際住んでいる宮殿の名前で、日本皇室の「宮号」とは違う。また、李太王、李王の「李」が名ではなく、姓であることは言うまでもない。日本の皇族のように見せかけたが、その内実は全く異なるものであった。このような曖昧さは、後日彼等の法的身分をめぐって大きな紛議を醸すことになった。

二　王公族は皇族なのか、臣民なのか

戦前の大日本帝国には、大きく分けて二つの法的身分が存在していた。一つは皇族、もう一つは臣民である。公・侯・伯・子・男の爵位を持つ華族も含む臣民の身分が、戸籍法や民法など、帝国議会で制定された「法律」（植民地ではそれに準ずる「制令」・「律令」など）によって定められたことに対し、皇族の身分は「皇室令」という特殊な法令によって定められる。

宮内省は日本皇室の「皇室典範」に相当する「王公家軌範」を制定して李王家一族の身分事項を定めようとしたが、この法令の形式が問題になった。李王家の身分を「皇室令」で定めた場合、「万世一系」の天皇系とは血筋を異にする異民族を皇族の一員として認めることになり、天皇制の根幹になる理念と真っ正面から衝突せざるを得ない。また、「法律」によって身分を定めた場合、韓国併合の時に明治天皇が発布した詔書、つまり李王家に「相当ノ優遇」を与えるという約束を破ることになるのである。

結局、このジレンマを克服するために、変則的な便法が使われた。まず、帝国議会の議決で「王公族ノ権義ニ関スル法律」を制定、「王族及公族ノ権義ニ関シテハ皇室令ヲ以テ別段ノ規定ヲ設クル」ことを定めた後、皇室令として「王公家軌範」を制定したのである。これで李王家の身分に関する法律的問題はようやく決着を付けることになった。韓国併合からすでに一六年が経過した時点であった。

三　「内鮮融和」と朝鮮王公族

「内鮮融和」とは、「内地」（日本）と朝鮮が一つの国になったので、お互い融けあって調和するという意味である。一見すばらしいことばだが、願って併合されたわけでもない朝鮮人側からすると、言語道断に他ならない。実際には、日本の植民地支配に対する朝鮮人側の抵抗を抑えるためのスローガンとして唱えられた。併合後、朝鮮の王公族は、このような「内鮮融和」の手本として政略的に利用されることが少なくない。一九一七年に行われた李王・坧（純宗）の「天機奉伺」[7]もその一つである。併合条約によって朝鮮は日本帝国の一部になったが、それをより具体的な形で内外に確認させる必要があった。亡びし王朝の君主が、征服した側の君主を訪問して謁見の礼を行うことこそ、条約や詔勅の文書ではできない象徴的かつ視覚的な効果を持つものである。六月八日、京城（現・ソウル）を出発、釜山で軍艦に乗って下関まで航海し、下関から山陽線－東海道線を鉄道で移動して、六月一二日に東京に到着する長い道のりであった。至るところで熱烈な歓迎の行事が行われたが、これは純粋に李王を歓迎するというだけでなく、日本帝国の朝鮮に対する領有権を確認し、その君主であったものを優遇するという意味が込められていたものであろう。一四日には大正天皇に謁見し、翌一五日には皇居での招待宴が施されることで茶番劇のピークを迎えた。

李王の東京滞在は一週間あまりで終わり、六月二〇日には東京を出発、帰路に就く。途中に京都にも寄り、桃山御陵を参拝し、京都御所、二条離宮、金閣寺、桂離宮、修学院離宮などを遊覧する。明治天皇が眠っ

（二）（夕刊）大正六年六月二十四日　（日曜日）　京城日報

李王殿下東京御出發　六月廿日午後二時殿下御退京東京驛に向はせらる（下）東京驛ホームを上らせらるゝ殿下×の左（上）（東京支局撮影）

桃山御陵御參拜
李王殿下城南の山水を賞せらる

二十三日李王殿下には桃山御陵御參拜に就き御陵域は清掃せられ御陵前に御拜所御休所幄舍等を設け御陵の裝飾を爲せり仙石式部官園池掌典等奉仕し掌典祝詞を奏し退下す是より先李王殿下には九時自動車にて長樂館發桃山へ御着御陵前に參進拜禮あり續て昭憲皇太后陵にも拜禮ありしが雨後の桃山は緑滴る許り城南の山水風光繪の如くなるを賞されつゝ自動車にて御歸館遊ばれて李王世子殿下も御參拜ありたり午後は兩殿下共久邇宮邸御訪問三時王世子殿下は長樂館御立ち深草練兵場にてスミス氏の飛行御覽の豫定なり（京都にて中谷特派員發電）

李王殿下と記念の圖書
御手許金五千圓を東京市に下賜

李王殿下には御上京記念とし御手許金五千圓を東京市に下賜ありたるが二十二日の東京市參事會にて其受領を議決し之を圖書館基金に編入し其利子年額二百五十圓の範圍を以て圖書を購入し該書籍には李王殿下記念圖書と捺印し永遠に記念する計畫なりと（東京特電）

【図1】李王（純宗）の京都・桃山御陵参拝を伝えている記事。『京城日報』1917年6月24日付（夕刊）

ている桃山御陵（京都市伏見区所在）は、当時には多くの人が盛んに参拝に訪れていたところであるが、李王の場合にはもっと深い意味合いがあったわけである。それは韓国併合当時の両国の君主同士の関係であったからである。李王が朝鮮人全体の代表格となり、韓国併合の「偉業」をなしとげた明治天皇の霊前に挨拶を申上げることで、日本の朝鮮統治に悦服するという政治的な象徴性が濃厚なパフォーマンスであったと言える（図1）。

ちなみに、京都滞在中に李王が泊まったところは、西のタバコ王と呼ばれた京都の財閥・村井吉兵衛(むらいきちべえ)(8)の「長楽館(ちょうらくかん)」（京都市東山区円山公園内所在）であった（図2）。朝鮮とは色んな意味で縁があるので、少し言及しておく。村井は東亜煙草株式会社を設立して朝鮮・中国でも事業を展開する一方、朝鮮で広大な土地を買収して農場を経営した。李王が宿泊した長楽館は、村井の私設迎賓館（ゲストハウス）として建てられたものであるが、この建物の名付け親は、他ならぬ朝鮮植民地化の主役・伊藤博文(いとうひろぶみ)(9)であった。李王、そして朝鮮とは色々と因縁のある場所であるといえるであろう。

李王家が「内鮮融和」の象徴として利用されたもう一つの事例が、元・皇太子の李王世子(りおうせいし)・垠(ぎん／ウン)(10)と皇族の梨本宮方子女王(なしもとのみやまさこじょおう)(11)との政略結婚である。口先だけのスローガンではなく、結婚という行動で「内鮮融和」を実践し、日本と朝鮮は本当の一家になったのだという模範を見せるためのものであった。実は、この政略結婚は最初から順調には進められたものではない。二人の婚儀が公表されたのは一九一六年であるが、前述した「王公家軌範」をめぐる紛議が起り、結婚が遅延された。つまり、「皇室典範」では皇族女子の結婚相手として皇族と華族しか認めていなかったため、王公族である李王世子との結婚を成立させる法的根拠がなかったのである。この問題は、「皇室典範増補」を制定して、皇族女子は王公族とも結婚できるという条項を設ける便法で解決された。しかし、一九一九年一月に結婚式を予定して着々準備を進めていたところ、挙式を四日後に控えて李王世子の父親である李太王（高宗）が急逝してしまい、婚儀は急遽延期された。その後、李太王の喪期問題や婚儀再開の時期をめぐるトラブルが起るなど、紆余曲折の末、一九二〇年四月、やがて二人の結婚が成立することになった（図3）。

【図2】長楽館（京都市東山区円山公園内所在）。写真は、李王（純宗）の京都滞在の際に宿泊場所となった長楽館の三階和室（一般非公開）。1905年建築開始、1909年完成された洋館として、現在は（株）長楽館によってレストランとして運営されている

　政略結婚の犠牲になった方子女王は、戦後には夫と共に韓国籍を取得し、韓国に永久帰国した。韓国人・李方子となった彼女は、夫の垠に先立たれた後は、障害者福祉事業などに献身するなど、第二の祖国・韓国の地で余生を過ごし、永眠した。彼女の波乱に満ちた生涯は、日韓両国の近代史を象徴する悲劇のヒロインものとして多くの人々の

【図3】李王世子・垠と梨本宮方子の結婚写真（1920年）

心に響き、彼女を取り上げた数多くの伝記やノンフィクションなどが書かれた。近年のものとしては、二〇〇六年フジテレビにより「虹を架ける王妃」というドラマが製作され、菅野美穂が方子役、岡田准一が李垠役で、政治や歴史の波に翻弄された二人の人生を演じた。

ちなみに、戦前李垠夫妻が暮らしていた邸宅が今も残っている。東京都千代田区にある赤坂プリンス・クラシックハウス（旧・赤坂プリンスホテル旧館）と呼ばれる古い洋館がそれである。戦後の臣籍降下によって生活基盤を失い、経済的に困っていた李夫妻が自宅を売却し、ホテルとして使用されるようになったのである。二〇〇五年の夏、李垠・方子夫妻の一人息子である李玖[12]は、このホテル（新館）の一室で心臓麻痺で急死した。自分が生まれ育ち、今やホテルになっている過去の自宅で息を引き取ったのは、奇遇ともいえることであろう。

四　滅びし王朝の君主を何と呼ぶべきか

さて、日本統治下の李王家がすべての面で日本政府や朝鮮総督府の意図に従い、順応するばかりではなかった。朝鮮三・一独立運動後に発生した、李堈公(イガン)(13)の海外亡命未遂事件は、王公族による日本統治への積極的な抵抗の一例といえるであろう。ただし、このような積極的な抵抗以外にも、日本当局とは様々な葛藤を醸した。その主な理由は、朝鮮王朝旧来の典礼が日本の天皇制と衝突したからである。

たとえば、大韓帝国の初代皇帝であった李太王が死亡した時、李王家では朝鮮王朝の伝統に従って、君主の死後の呼称である「諡号(しごう)」の献上を求めた。しかし、日本政府、中にも宮内省としては、既に日本に併合されて王朝そのものが消滅した状況で、しかも独立国の君主に紛らわしい「諡号」を許すわけにはいかなかった。だといって、このような要求を無理に抑えようとすると、旧王朝に対する忠誠心を持つ朝鮮民衆を刺激することは勿論、日本統治に協力的な朝鮮の貴族階級までをも敵に廻してしまう虞があった。特に植民地統治の責任を負っている朝鮮総督府は、宮内省と李王家の狭間でなんとか折衷の道を探らなければならない立場であった。結局、日本政府は公式的には「諡号」を認めず、あくまでも「李王家の私儀」、すなわち一族内部の私的な呼称として黙認するという結論を下した。我々が今日、日本統治下で亡くなった大韓帝国の皇帝たちを「高宗」や「純宗」などと呼ぶようになった背景には、このような事情があったのである。

朝鮮王朝の旧慣と天皇制の名分が衝突した事例は他にも多くある。お墓の呼称をめぐっても同様の紛議が起った。李王家では李太王のお墓を「洪陵(ホンルン)」と命名したが、日本で「陵」という文字は天皇・皇后にしか使うことが出来ない呼称である。いわば「準皇族」に過ぎない李王家が「陵」の文字を用いるのは、当時の感覚から見れば「不敬」極まりないことだったであろう。また、李太王の国葬当時には、日本側の顔色を察してか、いったん「大王」という諡号を付けていたが、今度は「皇帝」に改めることを主張する運動が朝鮮の儒学者を中心に行われる。これらの問題に対しても、前述と同じように、公式的には認めず、「李王家の私儀」

として黙認することで決着した。

このように黙認路線で問題をなんとか乗り越えることができたが、更なる問題が発生する。李太王のお墓の前に建てる石碑にどのような内容を記載するかをめぐる問題であった。李王家は、「大韓高宗太皇帝洪陵」を主張したが、今度こそは宮内省側も強硬な姿勢を示した。呼称については、今まで「私儀」として黙認してきたが、多くの人の目に触れる碑石にそのような文字を刻むことは許せなかったのである。まるで独立国の君主と思わせるだけでなく、「皇帝」の文字を出せることは天皇に対する「不敬」でもあったからである。両者が対立する中で、色々の折衷案が提示された。併合前に皇帝であったことを明確にする意味で「前」の文字を入れて、「前大韓高宗太皇帝」とする案や、表面はそのままにして、裏面に韓国併合によって李太王として冊立されたことを記載して補足する案などが提示された。しかし、李王家や朝鮮貴族は、そのような折衷案は亡き君主の名誉を汚す（けが）ことだと思い、主張を曲げようとしなかった。このような理由で、李太王の洪陵には、だれのお墓なのかを示す碑石が建たないまま、四年近い年月が過ぎていった。この紛争に終止符を打ったのは、洪陵の参奉（チャンボン）（管理人）が無断で碑石を立ててしまう事件であった。いったん碑石を建てた後には、日本政府や朝鮮総督府としても手を出せなくなってしまった。碑石を建たせなかったことよりも、いったん建った碑石を倒せることになれば、朝鮮人側のもっと強い反発を招きかねなかったからである。結局、日本政府は現状を黙認すると共に、碑石の裏面に建立の日付を「大正」元号で記載することにした（図4）。

この事件は、今までは参奉個人の一存によるものであったと知られてきたが、朝鮮総督・斎藤実（さいとうまこと）[14]や、宮内省首脳部の牧野伸顕（まきののぶあき）[15]・倉富勇三郎（くらとみゆうざぶろう）[16]など、当時の関係者が残した記録を綿密に検討してみたところ、真相はそうではなかったことが明らかになった。葬儀後数年が経っても碑石を建てない現実に李王が非常に激怒したため、李王職（宮内省管轄下で李王家の業務を管掌する役所）の朝鮮人高官や朝鮮貴族が碑石を建てることを密議し、参奉の独断行動を装って実行したのである。朝鮮総督府はこのような動きを事前に探知しながらも、知らぬ振りをして傍観した。事件が起きた後、朝鮮総督府は李王家の陵墓は総督府の管轄外であるため、手を出せないという言い訳と共に、宮内省側に穏便な解決を促す。朝鮮統治の当事者である総督府としては、宮内省側が掲げる名分よりは、朝鮮統治の安定という実利を望んでいたからである。事態がここに至って、宮内省も打ち手がなくなり、既定事実を推認するしかなかった。当時の新聞に大きく報道され、今日も真実だと信じられている参奉の独断行動云々という「定説」は、李王家・李王職の専行、朝鮮総督府の幇助（ほうじょ）、宮内省の推認など、それぞれの責任を回避し、事件の内幕を隠蔽（いんぺい）するために掲げられた一つの偽装シナリオに過ぎなかったのである。

【図4】高宗洪陵石碑（韓国京畿道金谷所在）。裏面には日本の元号を用いた建立年度（「大正十二年三月十一日　立」）が刻まれたが、戦後に削られた

以上で日本統治下における李王家のことについて探ってみた。ここで取り上げたことは、かなり限られた事件・事項に止まっており、紙数の制限で言葉が足りなかったところも多かったであろう。李王家のことのみならず、近現代の日韓関係全般からいうと、非常に断片的なことに過ぎなかったかも知れない。ただ、このような話しを通じて、両国の間における歴史的事実

や連関について、その一部でも垣間見えたら嬉しく思う次第である。近現代の日本を理解するためにも、また韓国・朝鮮を理解するためにも、相互の連関を正しく把握することが要求される。歴史研究を志す若者と共に、歴史学の醍醐味である一次資料（史料）の発掘や解釈を通じて、日韓を含む東アジアの新しい歴史像を究明していくことができれば幸いである。

［註］

（1）高宗（李熙〔イヒ〕、一八五二～一九一九）　朝鮮王朝の第二六代国王、一八九七年国名を大韓帝国と改め、初代皇帝となった。一九〇五年第二次日韓協約により韓国の外交権が剥奪された状態で、一九〇七年、ハーグ平和会議に韓国の独立を訴える密使を派遣。この事件の責任を問われ、退位を強いられた。

（2）純宗（李坧〔イチョク〕、一八七四～一九二六）　高宗の長男として、大韓帝国の第二代皇帝。一九一〇年の韓国併合条約により統治権を大日本帝国に譲与した。

（3）李完用（一八五六～一九二六）　朝鮮王朝・大韓帝国の政治家。最初は親露・親米政治家として反日の立場であったが、日露戦争後に親日派に転身、総理大臣として韓国併合条約締結を調印した。

（4）寺内正毅（一八五二～一九一九）　軍人・政治家。「長州閥」中心人物の一人として、陸軍内で各種要職を歴任、一九一〇年韓国統監になり、韓国併合条約を締結した。韓国併合後には朝鮮総督となり、「武断統治」を行った。のち内閣総理大臣を歴任。

（5）桂太郎（一八四八～一九一三）　軍人・政治家。「長州閥」中心人物の一人。三度にわたり内閣総理大臣を歴任、日英同盟・日露戦争・韓国併合を指揮した。一九一三年の大正政変により内閣総辞職・下野した。

（6）東久邇宮稔彦王（一八八七～一九九〇）　日本の旧皇族・陸軍軍人。第二次世界大戦の敗戦直後に首相として内閣を組織し、戦後処理に当った。一九四七年の「臣籍降下」で皇族身分を喪失した。

（7）天気奉伺　「天皇の機嫌をうかがいたてまつる」、つまり天皇に謁見することを意味。

（8）村井吉兵衛（一八六四～一九二六）　実業家。東京の岩谷松平（いわやまつへい）と共に「タバコ王」とよばれた。東亜煙草株式会社の成功から、金融・印刷・化学・農場経営などにわたる財閥企業を築いた。のち昭和恐慌により破産した。

（9）伊藤博文（一八四一～一九〇九）　政治家。明治維新後、首相・枢密院議長・貴族院議長などを歴任。初代韓国統監となり、韓国植民地化を進め、高宗の退位を迫った。一九〇九年、ハルピン駅頭で朝鮮独立運動家の安重根（アンジュングン）に暗殺された。

(10) 李垠（一八九七～一九七〇）高宗の第七男子（英親王）、純宗即位後に皇太子に冊封された。韓国併合後には李王世子に冊立され、純宗の死後には昌徳宮李王・垠として李王家の当主となった。戦前は日本の陸軍中将として勤め、戦後には王公族廃止により身分を喪失。一九六三年に韓国国籍を回復して帰国した。

(11) 梨本宮方子女王（李方子、一九〇一～一九八九）皇族・梨本宮守正王の第一女子。一九二〇年、李垠と結婚して王公族に入籍したが、戦後の王公族廃止により身分を喪失。一九六三年、夫と共に韓国籍を取得、韓国に「帰国」した。李垠の死後には障害者福祉施設の明暉園と慈恵学校を設立・運営した。

(12) 李玖（一九三一～二〇〇五）李垠・方子の第二子として朝鮮王朝の家系を継いだ。戦後、アメリカに留学、アメリカ人女性と結婚して、アメリカ国籍を取得したが、一九六三年に韓国に帰国。事業の失敗や、李家一族との紛議などで韓国での生活に苦労し、日本で生活することが多かった。

(13) 李堈（一八七七～一九五五）高宗の第五男子（義親王）。韓国併合には李堈公として冊立された。一九一九年一一月、朝鮮独立運動団体の大同団と接触して国外脱出を図ったが、中国領内の安東で逮捕された。一九三〇年に隠居し、長男の李鍵（イゴン）（戦後日本に帰化、桃山虔一（ももやまけんいち）と改名）に家督を譲った。次男の李鍝（イウ）は、広島で陸軍中佐として勤務中の一九四五年八月、原爆投下により死亡し、（準）皇族のうち、唯一の戦死者になった。

(14) 斎藤実（一八五八～一九三六）海軍軍人・政治家。一九一九年、朝鮮総督に就任。以前の「武断統治」が三・一独立運動により限界を表したため、これを改めた「文化統治」という宥和策を施すことで植民地統治の安定を図った。のち、首相、内大臣を歴任。一九三六年の二・二六事件で青年将校により殺害された。

(15) 牧野伸顕（一八六一～一九四九）政治家・外交官。大久保利通の次男。文部大臣・農商務大臣・外務大臣・宮内大臣・内大臣などを歴任。昭和天皇の側近として影響力を発揮した。

(16) 倉富勇三郎（一八五三～一九四八）司法官僚・政治家。韓国法部次官、朝鮮総督府司法部長官として植民地法制・司法制度の基礎を作った。宮内省の高位職を勤める一方八、李王世子の顧問として王公族の問題に深く係わった。のち、枢密院議長を歴任。

〔図出典〕

【図1】『京城日報』一九一七年六月二四日付（夕刊）

【図2】筆者撮影

【図3】福岡県倉富家所蔵史料

【図4】筆者撮影

憶える歴史から考える歴史へ
――アテナイの民主政と陶片追放

井上浩一

はじめに

高校の日本史や世界史と、大学で学ぶ歴史学のいちばん大きな違いは何だろうか。ひとことで言えば、「**憶える歴史から考える歴史へ**」となる。高校の授業では、教科書に沿って重要な事項を憶えることが勉強の中心であった。これに対して大学では自分で調べ、考えや意見をまとめる、そしてそれを発表して先生や友人に聞いてもらう、ということが重要になる。「考える歴史」の核となる科目は演習（ゼミ）であるが、概論や特講などいわゆる講義科目でも、先生の話を聞くだけではなく、学生ひとりひとりが自分なりに考えることが求められる。とはいえ「考えましょう」といきなり言われても、どうすればよいのか戸惑う人も多いのではないだろうか。そこで一回生対象の入門科目「西洋史概論」を例にとって、大学の「考える歴史」とはどのようなものか紹介することにしたい。

今年度の「西洋史概論」は古代ギリシアの歴史を、遠い神話の世界からヘレニズムの成立まで、時代を追って詳しく学んでゆく。ただし、何年にどんな事件があった、誰が何をしたという事実を知るだけではなく、古代ギリシア史が問いかけるさまざまの問題について考えることがこの授業の目標である。
今日は第八回「アテナイの民主政と陶片追放」である。それでは始めることにしたい。

一　『アテナイ人の国制』と僭主政治

古代のギリシアにおいて高度な民主政治が行なわれていたことは古くから知られていた。哲学者のアリストテレスが『アテナイ人の国制』のなかで、その民主政治のしくみを詳しく紹介したからである。古代の著作家はアリストテレスを引用しつつ、アテナイの民主政を讃えたり、非難したりしていたが、肝心のその著作はいつしか失われてしまった。長いあいだ幻の書物だったのである。一九世紀の末になって、エジプトの砂漠から『アテナイ人の国制』を記したパピルスが見つかり、それによって古代ギリシアの民主政治の歴史やしくみが細かい点まで明らかになった。今日の授業では『アテナイ人の国制』を読み、ギリシアの民主政治について学ぶことにしよう。

アテナイの政治体制が、貴族政治、財産政治、僭主政治、そして民主政治と変化していったことは高校の世界史で学んだはずである。とりあえず要点だけ復習しておこう。……さて、耳慣れない言葉かもしれないが、僭主とは独裁者のことである。紀元前六世紀の半ば頃、アテナイでは貴族と平民の対立が激しくなり、かつ貴族たちはその内部で党派に分かれて争っていた。このような混乱を利用してペイシストラトスという人物がクーデターを敢行し、独裁政治を始めた。『アテナイ人の国制』一四章一節は次のように書いている。

ペイシストラトスはみずから身体を傷つけ、反対派によりこんな目にあったと称して民衆を説き伏せ、自分に身体の護衛を与えさせた。そこで「棍棒持ち」と呼ばれた輩を得、これをもって民衆に抗して立ち、前五六一／六〇年にアクロポリスを占領した。

親衛隊を使って民衆を弾圧し、独裁者になる。ナチスを思わせる手口といえよう。独裁というと、とんでもない人物が現れて暴政を行ない、人々を苦しめると想像しがちであるが、ペイシストラトスの僭主政治は必ずしもそうではなかった。アテナイの政治的な混乱を収拾し、経済を安定させたので、市民の生活はむしろ改善されたようである。アリストテレスも「ペイシストラトスは支配権を握ってから僭主的というよりはむしろ合法的に国事を司った」（『アテナイ人の国制』一四章三節）と記している。

前五二七年にペイシストラトスが死ぬと、息子たちが跡を継いだ。しかし父のような政治的力量がなかったのか、兄弟は次第に市民の反感を買い、弟は同性愛のもつれから五一四年に暗殺され、兄もまもなく国外亡命を余儀なくされた。こうしてほぼ五〇年に及んだ僭主政治は終わりを告げた。

二　クレイステネスの改革と陶片追放

僭主追放のあと、政治の主導権を握ったのはクレイステネスである。彼は民衆の支持を背景に実権を握ると、ただちに政治改革に着手した。有名な「クレイステネスの改革」で、これによって民主政が確立する。

クレイステネスがまず行なったのは評議会の改革である。よく知られているように、アテナイの民主政治の要は、すべての市民が参加する民会であった。現代の国会にあたる国家の最高機関である。いうまでもなく、実際にポリスを統治するためには、全員参加の民会とは別に、少数の人々で構成される執行機関が必要であった。その役割を果たしていたのが評議会である。評議会は長らく貴族勢力の牙城であった。民主政を確立すべくクレイステネスは、従来の評議会に代えて五百人評議会という新しい組織を設けることにした。

五百人評議会の特徴はなによりも構成員の決め方にあった。具体的に言うと、アテナイ市民のなかから抽選で毎年五〇〇名が選ばれた。重要な役職をくじで決めるとはなにごとかと思われるかもしれないが、市民なら誰でも評議会の議員になれるようにと、あえて抽選にしたのである。しかもなるべく多くの人が就任できるよう、生涯で二度しかなれないと定められた。

抽選で選ばれた五〇〇名の評議員は、五〇名ずつ一〇班に分かれて、それぞれ三五〜三六日の任期で当番評議員を構成する。当番評議員は今日の内閣にあたるもので、日常的な政務のほか、評議会や民会を招集する権限ももっていた。市民のなかから五〇人が順番に、各々一カ月余り大臣を務めたということになる。

当番評議員から、やはり抽選で一名が評議会の議長に選ばれた。評議会議長は内閣総理大臣に当たる役職であるが、民会の議長も務めた。つまり衆参両院の議長でもあった。内閣と国会の長を兼ねる評議会議長の任期はどれくらいだったのだろうか？　驚くべきことに、たった一日であった。アリストテレスは「一昼夜議長を勤め、これ以上の期間やまた一人が二度就任することは許されない」（『アテナイ人の国制』四四章一節）と述べている。できるだけ多くの人が最高の役職に就けるよう、毎日交代するというわけである。市民が評議会議長になる確率を計算してみるのも面白いかもしれない。計算のもととなる条件は、①一八歳以上のアテナイ市民は三万人（推定）、②評議員になれるのは三〇歳以上の市民、③評議会議長は一生に一度だけで、④任期は一日、の四点である。

このように特定の人物に権力が集中しないよう工夫されていたものの、それでもなお、再び僭主が現れるのではないかという不安はあった。クレイステネスはその点に配慮した改革も実施した。それが陶片追放の制度、今日の授業のテーマである。最初に、参考資料を読んでみよう。

陶片追放　アテナイ民主政で僭主出現防止のため行われた秘密投票。民主政にとって危険と思われる人物の名前を市民が陶器のかけらに書いて投票し、一人で六〇〇〇票以上を得た中で最多票数の者（一説には全投票数六〇〇〇票以上の中で最多票数者）が一〇年間国外追放される。……『角川世界史辞典』

陶片追放の手続きをもう少し詳しく説明しておきたい。まず、そもそも今年は陶片追放の投票を実施するかどうかを決める。当番評議員が「実施する」「しない」いずれかの原案を作成して民会に提案する。民会での挙手採決で、行なうべきだという意見が多数を占めた場合、全市民による投票が実施される。票がもっとも多かった者、すなわち市民から危険人物と判断された者は、財産や市民権を失うことなく、一〇年間アテナイから追放となった。当然、その間はポリスの政治に関わることはいっさい許されなかった。

陶片追放になるのは、投票数が六〇〇〇に達した時と伝えられている。ただし、それが六〇〇〇票以上集まった人のうちで、最多得票の者が追放となるという意味か、それとも投票総数が六〇〇〇を越えた場合に投票が成立し、もっとも票の多かった者が追放なのか、ふたつの学説がある。『角川世界史辞典』は前者の説をとっているが、補足として後者の説も紹介している。

三 陶片追放の光と影

クレイステネスの改革によってアテナイの民主政治は大きく前進した。このあと前四九二年からペルシア戦争が始まる。前四九〇年にはマラトンの戦いで、アテナイの市民軍団が無敵と言われたペルシア軍を破った。勝利を伝える伝令がマラトンからアテナイまで走ったという、四二・一九五キロのマラソン競技の起源となった逸話で有名な戦いである。マラトンの戦いの少しあと、四八八／七年に陶片追放がはじめてその機能を発揮した。追放されたのは、かつての僭主ペイシストラトスの親族であった。これ以降、陶片追放となる者が何人も出ることになる。

一般市民がペルシア戦争での活躍によって発言力を強め、陶片追放の制度もあったため、有力な政治家といえど市民の声を無視することはできなくなった。民主政治の確立である。政治指導者や将軍も市民のひとりに過ぎず、好き勝手な政治をしたり、市民に対して傲慢に振る舞うことはできない。市民は平等に政治参加し、支配する者とされる者に分かれることがない。そのような体制が確立したのである。

ペルシア戦争に勝利したあと、民衆派のすぐれた政治家ペリクレスが現れて、アテナイは黄金時代を迎える。民主政とともに文化も花開いた。いまもアクロポリスの丘に残るパルテノン神殿は、ペリクレスのもとで建てられたものである。

しかしながら陶片追放には影の部分もあった。政敵を打倒するために組織的な投票が行なわれたり、流言飛語や風評で、有能な政治家・将軍が追放の対象となったりもした。一例として、マラトンの戦いで活躍したアリステイデスの場合を見ておこう。アリステイデスは高潔な人物だったらしく、「正義の人」と市民の尊敬を集めていた。ところが評判が高くなると、それを妬む者も増えてきたようで、とうとう陶片追放の憂き目に遭うことになった。その様子を史料で確認しておこう。『プルタルコス英雄伝』の「アリステイデス伝」七章である。

田舎者丸出しの男がアリステイデスをただ行きずりの人と思いこんで、陶片を渡し、「ひとつ、これにアリステイデスと書いてくれんかの」と頼んだという。これにはアリステイデスもびっくりして、「アリステイデスは、あんたに、なにかひどいことでもやったのかね」と尋ねると、「いや、なんにもありゃしねえ。でえいち、おらあ、そんな男知りもしねえだが、ただ、どっこさ行ってもよ、『正義の人』『正義の人』って聞くもんでさあ、腹が立ってなんねえだからよ」と言った。アリステイデスは一言も答えず、陶片に自分の名前を書くと、そのまま男に戻したそうだ。

相手は読み書きができないのだから、何を書いてもよかったのに、頼まれた通り自分の名前を書いたアリステイデスは確かに「正義の人」に違いない。投票所が設置されたアテナイの広場(アゴラ)からは、アリステイデスという名前を刻んだ陶片も出土している。図版を見てほしい。頼まれて本人が書いた例の陶片だろうか?……このような想像をしてみるのも楽しい。

ペルシア戦争の最大の功労者テミストクレスも――有名なサラミスの海戦でペルシア艦隊を撃破した英雄――大いに名声を博したため、独裁者になるのではと危険視されて陶片追放となった。余談にわたるが、アテナイを追われたテミストクレスはどうしただろうか? なんと、かつての敵、ペルシア帝国に亡命して国王に仕えたという。大胆なものである。迎え入れたペルシア王も大したものというべきであろう。

民主政時代のアテナイでは、たとえテミストクレスのような国家の最高功労者といえど、市民の意向によって追放される可能性があった。民主政最盛期の指導者ペリクレスも含めて、有力な政治家は陶片追放の存在をつよく意識していたようである。『プルタルコス英雄伝』の今度は「ペリクレス伝」七章を読んでみよう。

ペリクレスは若い頃おそろしく民衆を敬遠した。というのは、その姿格好が僭主ペイシストラトスとそっくりだと思われたからであって、彼の声が快く、舌がよく廻って速いのを見てとったずい分のお年寄連中は、両者の類似にはっと驚いたものだ。富もあり、家柄も立派だし、きわめて有力な友人もいたので、陶片追放の餌食になるのを恐れて政治には全く手を出さなかった……。

ペリクレスの晩年に、アテナイは宿敵スパルタとの長期にわたるペロポネソス戦争に突入した。アテナイの歴史は新しい段階に入り、陶片追放も戦争中の前四一七年を最後として、実施に移されることはなくなった。

四　陶片追放、是か否か？

以上、アテナイの民主政治について陶片追放に焦点を当てて勉強してきた。残った時間で、いつものようにミニ・レポートを書いてもらうことにする。今日の課題は「陶片追放、是か否か？」である。陶片追放を良い制度だと思うなら「是」、悪いと思うなら「否」と回答し、そのあと、そう考える理由を書いてほしい。良い面も悪い面もあり、二者択一で答えるのは難しいかもしれないが、あえてどちらかを選択してもらう。どう判断すべきか見当もつかないという人は、アテナイの歴史だけではなく、身近な問題も合わせて考えてみてはどうだろうか。たとえば、大学の授業について学生が投票して、つまらない授業をしている教員は「陶片追放！」、これなら是か否か、どちらだろう。先生が緊張感をもって、授業が改善される可能性もあるが、あまり授業に出ていない学生が、単位を落とされた恨みで投票して、良い先生が辞めさせられるという予感もする。「井上先生、大丈夫かな？」……ともかく回答用紙を配ることにする。

提出されたミニ・レポートは一八三通、そのうち是が九〇名、否が九一名であった。どうしても決められないという回答が二通あって、結局、どちらも過半数に達しないという劇的な結果となった。しかも、是とした人も否と答えた人も、自分とは違う意見にも一理あると悩んでいるようである。賛成派と反対派で対抗討論会をすれば、双方から寝返りが続出して面白かったかもしれない。一票だけ否が多かったのは、「正義の人」アリステイデスの追放を紹介したのが影響したためだろうか。いろいろな事例をさらに調べてみれば、各自の見解がまた変わるかもしれない。ものごとを判断するのには知識が必要である。考える歴史のためには憶える歴史も必要である。勉強することはまだまだある。

プリントでは是と否に分けて代表的な意見を紹介している。それぞれの意見がよくわかるよう、文章が変なところも、あえてそのまま掲載した。ただし、名前・学籍番号は伏せて男女別のみ記している。性別不明の人もいるが、是否に男女差はほとんどなかった。

「陶片追放、是か否か?」受講生の意見

(1) 是・賛成・必要である

男　陶片追放「是」。理由、現代の日本におけるリコール制度に似ているので是です。直接民主制の一つですし、国民(市民)の意見によって選ばれるので、悪い者は追放するべきだと考えます。国民の意思が尊重される重要な方法だと思います。

女　陶片追放は是だと思う。なぜなら六〇〇〇票集まる人なら、何かしら人々に良く思われていないということだから。気に入らない人を書くこともできるけれど、それでも六〇〇〇票を集める人なんて、そんなに多くはないと思う。追放されてもアテネの近くに住んだらいいし、財産も没収されず置いと

けるのだから、処刑などよりはましだと思う。

？　アテナイの民主政を象徴する代表的なものであり、アテナイの民主政が発展した最も主要な原因でもあるので、私は陶片追放という仕組みは、素晴らしいものであったと思います。しかし、これもまた民主政の弱点だと思うのですが、民衆が扇動されてしまい、政治闘争の手段になってしまっているような気がします。つまり、陶片追放において重要なのは、その重要性を理解する民衆の教育にあったのではないでしょうか。

女　陶片追放にはメリットとデメリットの両方がありますが、私は賛成します。でも、これは第三者から見た意見で、自分が実際に追放する側や、される側になった時、考え方や意見は変わって来ると思います。この制度の中で最大のメリットは、自分の行動・発言がものすごく重要であり、責任をとらなければならないという危機感を常に持っているというところです。

(2) 否・反対・すべきでない

女　陶片追放について私は否だと考える。確かに独裁者の発生は防げるかもしれないが、アリステイデスのように「正義の人って言われているからイラつく」とうわさのみで判断され、一〇年間も戻ってこれないのは制度として間違っていると思う。本当にその人が独裁者になる可能性があるのかは、判断するのが難しすぎるし、人はみんな独裁者になる可能性を誰しも持っているのだから。

男　陶片追放は否である。理由は愚かなる民衆に権利を与え、有能な人材を独裁者として追い出す事になるからだ。私が思う限りでは、こんな事をしている国はすぐに滅びる。

女　私は陶片追放に対して否です。理由としては、やはりアリステイデスのように邪魔だからとかなんとなく等の意見も含んだ冤罪のようなもので、本当に町のためになる人や、今まで町のために尽力してきた人を追放してしまうという事は、町や市民のためによくないし、それが続けば誰も町のために努力しようと思わなくなるからです。私達の身近な大学で考えても、授業にまじめで厳しい先生が追放されたら学校のためにも生徒のためにもなりませんが、楽をしたい生徒からたくさんの票を集めてしまい、追放される可能性が高いと思います。

男　陶片追放に私は反対です。たしかに独裁者を出さないようにするには効率が良いです。しかし悪用すれば政敵や人気者を排除するシステムにもなります。民主政とは様々な意見があってもいいのに、人が排除されるたび一つの主張が消え、民主政から遠ざかってしまうようにも思います。

おわりに

友人の意見を参考にして、さらに考えてみることが大切である。紹介できなかったが、「みんなで寄ってたかって、ひとりの人を陥れようというのは現代のいじめのようだ」という独特の理由で否とした人もいた。陶片追放のようなことを実施している国はすぐに滅びる、という意見もあった。確かにアテナイはペロポネソス戦争に負けた。また民主政がアテナイを滅ぼしたという説も古くからある。しかしすでに話したように、陶片追放の制度はペロポネソス戦争の時代まで一〇〇年近く機能していた。その間にペリクレス時代という最盛期もあったから、陶片追放がアテナイの盛衰にどのような影響を与えたのか、これもまた、簡単には答えが出ない問題である。

歴史をしっかり勉強し、人の意見も聞いて、自分の考えをまとめてゆく、**「考える歴史」は面白いと感じてもらえただろうか？** 最後に、さらに勉強したい人のために参考文献を挙げておく。

［参考文献］

アリストテレス『アテナイ人の国制』（村川堅太郎訳、岩波文庫、一九八〇年）
伊藤貞夫『古典期アテネの政治と社会』（東京大学出版会、一九八二年）
橋場弦『丘の上の民主政』（東京大学出版会、一九九七年）
同『賄賂とアテナイ民主政』（山川出版社、二〇〇八年）
村川堅太郎編『プルタルコス英雄伝』（全三巻、ちくま文庫、一九八七年）
澤田典子『アテネ民主政――命をかけた八人の政治家』（講談社、二〇一〇年）

＊本章は佛教大学歴史学部の授業を再現したものですが、実際の授業は「です」「ます」という口調で行っています。

近世ドイツにおける「家」の生き残り作戦
――お葬式パンフレットを読み解く

塚本栄美子

お葬式パンフレットとは何だ、と思われた読者もいるだろう。これは昨今の終活で目にする商用の葬儀パンフレットなどではない。葬儀に参列してくださった方がたに配布されるという点で、今の日本で見られる会葬礼状に近いものである。だが、そのヴォリュームについてはかなりの差があり、そこに記載された情報は近世ドイツを生きた人びとの多様な側面を伝えてくれる。本章では、その内容を一緒にみていくことで、彼らの価値観の一端に触れてみたい。

一　お葬式パンフレットの流行――宗教改革のあとで

故人を悼む思い、あるいは死にゆく人が死後に残される人びとの記憶にとどまりたいと願う気持ちは、古今東西身分を問わず変わらないものである。しかしながら、誰もがその思いを何らかのかたちに残すことが

Fig. 1. Daniel Bretschneider, *Proces vnd Ordnvng des Begenknvs Warhafftige Abcontrafactvr* ... (Dresden, 1585). Herzog August Bibliothek, Wolfenbüttel, Sondersammlung.

【図1】ザクセン選帝侯アウグストの追悼説教本の表紙

できたか、と問われれば、答えは否である。少なくともヨーロッパ社会では、墳墓・霊廟・教会内のエピタフ、寄進教会堂などを残すことができたのは、ときの権力者や有力者たちだけであった。

ところが、中世後期の活版印刷術の進展と紙の価格の低下が、それ以外の人びとにもチャンスをもたらすことになった。本章で扱うパンフレットは、もともと一六世紀後半の神聖ローマ帝国内の各領邦宮廷に共通して見られた「印刷された祝祭本」の流れを汲む。諸侯の婚礼や、悲しむべきことではあるが新しい君主の誕生を告げる先代の葬儀を機に、その宮廷の威信をかけて作成されたのである。図1にあるザクセン選帝侯アウグスト（一五二六～八六）の豪奢な葬儀本はその好例である(1)。もちろん、市井の人びとが、こうした図版入りの豪華なものを注文し作成することは無理であった。だが、会葬者や教区の人びと、あるいは遠方の知人たちに配布する程度のものなら、宮廷に仕える下級貴族や都市の有力者・上層市民にも手の届くものとなったのである(2)。

こうした流れを加速させたのが、宗教改革であった。葬儀の際に、死にかかわる説教が行われ、故人の死を嘆き、死者を悼み、遺族を慰める話がなされることは近世にはいるまでも珍しいことではなかった。だが、その在り方は時代をおって変遷し(3)、宗教改革をさかいに大きく変わった(4)。周知のように、ルターは、カトリック教会の教義の根幹ともいえる「とりなし」とそれを前提とする「善行」、そしてそうした教義を人びとに受け入れさせることになった「煉獄」の思想を否定した。結果として、生きているうちにどのようにして善行を積み「よき死」を迎えるのかを説いた中世の往生術は意味を持たなくなった。しかし、だからといって人びとの死への恐怖がなくなるわけではない。そこで、ルターは「死への準備についての説教」のなかで、死や罪への恐怖をいたずらに煽るのではなく、死を永遠の命への扉として新たに意味づけたのである。徹底した信仰義認を前提に、キリストの贖いにより罪を赦されたものにとって、死はこの世における苦しみからの解放を意味し、必ずしも忌むべきものではないとしたのである(5)。

こうして神学者たちから示された死生観の転換は、当時の人びとにとって理想論にすぎなかった。というのも、煉獄の否定は肉体の死の瞬間に魂の行き先が確定してしまうことを意味し、カトリックの教えのように生者、とりわけ遺族がその決定に関与することができなくなったからである。彼らは、自らの祈りや善行という働きかけが故人の煉獄からの解放に繋がると考えることで慰めも得ていたのである。結果、当時のルター派教会は、新しい死のとらえ方の啓蒙と遺族を慰める新しい方法の提示という難題を抱えることになった(6)。

その解決策として着目されたのが「お葬式パンフレット」であり、主な役割を果たしたのが前半部分の「追悼説教」であった。そこでは、故人の人柄や人生にちなんだ聖書の箇所から説教が組み立てられ、死に対する姿勢や救済観を含む、あるべきキリスト者の姿が語られた。そのうえで、後半の「経歴」部分で、その体現者として故人を称えるべく、その人生が再構成され、遺族を慰める言葉が紡がれていった。そこに友人たちの哀歌や弔辞などが付け加えられて小冊子に仕立てられ、隣人や知人たちの手に届けられるという習慣が発達したのである。結果として、聖人ではなく、そこに描かれた「神に喜ばれる徳」と「世俗の名誉」を兼ね備えた身近なヒーローたる故人が新しい教会のメッセンジャーとしての役割を果たしたのである。

実際、ドイツ語圏の図書館・文書館に残されている、この種のパンフレットは、二五万〜三〇万と推計され、その多くが一六世紀半ばから一八世紀半ばのプロテスタント圏、とりわけルター派地域で作成されたものであることがわかっている[7]。カトリックのものもないではないが、数においては改革派を含むプロテスタントのものが圧倒的で、その作成・配布の慣習は、基本的に近世プロテスタント文化として成立したといえる。なお、この史料群はドイツ語でLeichenpredigten（追悼説教の意）と呼ばれ、以降では「追悼説教パンフレット」と呼びたい。

以上、宗教文化の一環としてパンフレット作成の意義をみてきたが、いくら信仰心が篤かったとしても、一部が二〇〜二〇〇オクタヴで発行部数も一〇〇〜三〇〇部程度であったことから、その作成にともなう遺族の金銭的負担は相当なものであった[8]。それゆえ、追悼説教パンフレットは、社会的に何らかのメリットをともなっていなければ、慣習といえるほどまでにブームになることなどなかっただろう。そこで以降では、後半の「経歴」部分に着目しながら、そのメリットとは何だったのか、について考えていこう。

熱心に追悼説教パンフレットを作成し配布したのは、下級貴族たちであり、彼らのものがその典型であった。ここでは、例として、ブランデンブルク選帝侯フリードリヒ・ヴィルヘルム（一六二〇～八八、位一六四〇～八八、以下、大選帝侯）の軍事顧問を務めたエルンスト・ゴットリープ・フォン・ベアステル（一六三〇～八七）のものをみていこう[9]。

二　下級貴族の出世術　人脈と軍功が身を助く

それによると、彼の父方の家系は、曾祖父や祖父の代にはアンハルト、ベルンブルクなど北東ドイツの中小領邦の宮廷に仕えていたが、父の代にはブランデンブルク選帝侯の宮廷で役職を得、同領内で御領地官まで務めるようになっていた。したがって、エルンストは恵まれた環境に生まれ、同領内での将来を約束されていたように思われる。ところが、彼は生後半年の間に相次いで両親を失い、アンハルト侯顧問であった、父方の叔父によって養育された。これにより、エルンストはいったんブランデンブルク選帝侯領を離れ、領内での地歩を失った。経歴部分は、その彼が再び同領邦に戻り重責を担う役職を全うして亡くなるまでの「成功物語」として描かれている[10]。そこには、当時の人びとが成功に繋がると考えていた要素が盛り込まれていた。

ひとつは、宮廷社会との接点であり、宮廷ネットワーク内での人脈である。彼の場合、早くも八歳でアンハルト＝ベルンブルク侯クリスティアン二世（一五九九～一六五六）の小姓に出され、宮廷社会での人生が始まる。エルンストは、侯に仕えている間、侯とともにドイツの各領邦宮廷はもちろんのこと、フランスやオランダなどヨーロッパ各地を歴訪した。そのなかで、彼は、官吏としての資質を磨き、宮廷社会で生き抜く人脈を築きながら、人間的にも成長していったとされる。このときに得た信頼と経験は、実際に彼の人生を助けたようである。というのも、侯の父はプロテスタント同盟の中心人物でファルツ選帝侯の懐刀だったからである。そのつてであろうか、エルンストは帰国後「天性の器用さと特別な才能ゆえに」ファルツ選帝侯の娘でブランデンブルク選帝侯ゲオルク・ヴィルヘルム（一五九五～一六四〇、位一六一九～四〇）の妃であったエリザベート・シャルロッテン（一五九七～一六六〇）に仕えることになり、ブランデンブルク選帝侯宮廷に関与するようになった[11]。

その後ほぼ一〇年間、彼はカンマーユンカーとして宮廷に忠誠を尽くした。この職は、地方行政・統治にかかわる職で、宮廷の心臓部である選帝侯侯室のなかでカンマーヘルに就く前に経験する重要な通過キャリアであった[12]。実際エルンストは、一六六二年に内膳長、七五年にはそれと同格のシュロスハウプトマンに任じられ、七八年までベルリンの宮殿建設の一切を任されており、着実に宮廷内の出世階段をのぼっていった[13]。内膳長とは、選帝侯侯室の重要な官職のなかで二つ目のランクに相当する官職である。最高ランクにある侍従長や兵部長は格式ある貴族しか就任できなかったため[14]、父親の後ろ盾もなく生粋の地元貴族でもなかった彼にとっては、これ以上もない社会的上昇であったといえる。

こうしたエルンストの成功物語を彩ったもうひとつの要素は、軍隊内でのキャリアであった。選帝侯の信任を得た彼は、宮廷での役職のほかに、近衛歩兵連隊大尉に任命され、一六五九年のシュテッティン攻囲戦にも参加したと記されている。軍隊でのキャリアの始まりである。その後も、勇敢さと誠実さが評価されて、近衛歩兵連隊中佐となった。選帝侯の信頼の厚さは、エルンストが独断で西方から帰還した際にも、それを非とせず正しい判断として評価し、選帝侯妃ドロテア（一六三六～八九）の近衛歩兵連隊の編成にかかわらせたことにも表れている。さらに、スウェーデン軍のブランデンブルク選帝侯領への侵攻にも果敢に立ち向かい、スウェーデン領ポンメルンへの足掛かりを得、シュテッティン近郊での駐屯や攻防に大きく貢献した。結果、選帝侯妃つき近衛歩兵連隊大佐に任じられるほどであった。このように、宮廷人としてだけでなく、戦役においても誠実さと根気強い勇気を示した彼を、選帝侯は称え高く評価した。七八年にはアルト・シュテッティンの司令官に任じ、その後長らくその地域の統治を任せた。さらに、エルンストは、八〇年にはプロイセンに派遣され同地の司令官に任じられた。そして、すぐさまベルリンに帰還を命じられた彼は、軍事顧問という要職を与えられた。そのうえ、八一年にはマクデブルク副総督、翌年にはマクデブルク総督にまで上り詰めた。最後には、八四年少将の職が与えられ、最期までその職にとどまったとされる(15)。

以上のように、追悼説教パンフレットにみられる彼の経歴は、一七世紀の宮廷社会においては理想的なキャリアであった。と同時に、フォン・ベアステル家が、相続にともなう分割・統廃合を繰り返す中小領邦から(16)、より安定したブランデンブルク選帝侯領へと移動し、その礎を築こうとしている姿も垣間見られる。三十年戦争を経験し宮廷の存亡自体も危ぶまれるなかに身を置いていた下級貴族らが常に生き残るための選択を迫られていたことを考えると、パンフレットに描かれたエルンストの成功物語は、遺族がその荒波を乗り切るうえで有利に働くと思われる、家門の情報を周囲の人びとに知らしめる格好の機会であった。そして、その情報として同時代の人びとに重視されたのが、「宮廷ネットワーク内での人脈」「領邦君主の信任」および「軍での功績」だったのである。

三　近世ドイツ版「白い巨塔」?　――コネと旅

次に、一六九七年にブランデンブルク選帝侯フリードリヒ三世（一六五七～一七一三、位一六八八～一七一三、一七〇一以降は、プロイセン王フリードリヒ一世でもある）の侍医として亡くなった、マルティヌス・ヴィリキウス（一六四三生）の追悼説教パンフレット（図2）をみてみよう(17)。

その経歴部分も、両親の説明から父方と母方の祖先についての語りで始まる。それによると、彼は、ハンブルクで有名な臨床医と、同地の著名な商人の娘との間に生まれた。ここで注目すべきは、父方の祖父にかかる記述である。マルティンと同姓同名の祖父（一五八三～一六三七）について、ハンブルクの聖カタリナ教会の牧師であり同市の名士であった、と軽く言及している程度である(18)。だがこの人物、実はもう少し語るべきことがありそうな人物であった。というのも、彼はかつてブランデンブルク選帝侯ヨハン・ジギスムント（一五七二～一六一九、位一六〇九～一九）のもとで宮廷説教師を務めたほどの人物だったからである(19)。彼は、一六一三年選帝侯のカルヴァン派改宗にともない宮廷を去り、ハンブルクで一介のルター派牧師へと戻りその生涯を閉じた。幼少のときに父と母を相次いで亡くしたマルティンは、ハンブルクの市長でもあった、母方の祖父に育てられることになるが(20)、その祖父から父方の祖父の出世について聞かされていなかったとは考えにくい。にもかかわらず、詳しい経歴は語られず、宮廷とつながる華々しい経歴については敢えて口を閉ざしている。祖父が当時の選帝侯に離反したという記憶は、のちの選帝侯の侍医を顕彰する場ではふさわしくなく、これから安定した家門を築こうとする子孫たちにもプラスではなかったからであろう。

これに対して、妻マリア・ヘレナ（一六四七〜一七二二）の父ディートリヒ・コーネルディング（一六一一〜八四）については詳細に語られている。とりわけ、彼が、先代の大選帝侯の侍医でもあり、のちに孫であるプロイセン王フリードリヒ・ヴィルヘルム一世（一六八八〜一七一三、位一七一三〜四〇）の妃となるゾフィ・ドロテア（一六八七〜一七五七）の祖父、リューネベルク侯ゲオルク・ヴィルヘルム（一六二四〜一七〇五）の侍医および顧問を務めた人物であったことに言及されている。さらに「一六七七年、故人（マルティン）は、今のブラウンシュヴァイク＝リューネベルク侯から、善意で特別な恩寵と恵みを与えられ、そのうえにブランデンブルク選帝侯顧問、および選帝侯家の侍医に選任され、承認された」とあることから[21]、義理の父親のつてで、かつて選帝侯家を裏切った聖職者の孫マルティンが、再び選帝侯家の信用を得るところまで上り詰めたことがわかる。

もう一つの注目すべき点は、医学・医術を修めるにあたって市民版グランドツアーともいえる旅を経験している点である。具体的にみていくと、イェーナからライデンをはじめとするオランダ各地、その後イン

J. N. J. (15)
Das Auge GOttes
über seine Kinder/
Bey dem seeligen Ableben
Des Weyland
Hoch-Edlen/ Vest- und Hochgelahrten Herrn/
Hn. MARTINI
WILLICHII,
Gewesenen berühmten Doctoris Medicinæ,
Churfürstl. Brandenb. Rahts und vieljährigen
getreuen Leib-Medici,
nachdem Derselbige am 4. Januar. dieses 1697. Jahres
in Christo seelig entschlaffen/
dessen erblichner Cörper auch am 13. selbigen Monat
in sein Erb-Begräbniß eingesetzet war/
Sonntags darauff
am 17. Januar.
aus dem 18. Verse des 33. Psalms
bey Volckreicher Versammlung
in der Peters-Kirche zu Cölln an der Spree/
in einer Predigt fürgestellet
von
Frantz Julius Lütkens.
Cölln an der Spree/
Druckts Ulrich Liebpert/ Churf. Brandenb. Hof-Buchdrucker.

【図2】マルティンの追悼説教パンフレット表紙

グランドへ渡りロンドン、オックスフォードなどを経て、フランスに至りアンジェ大学で医学博士を取得したとされる。その後さらに、ニュルンベルクやアウグスブルクなど神聖ローマ帝国内を回り、シュトラースブルクで帰途についたとされる。追悼説教パンフレットには、その道中、リューネベルク侯国のツェレへ向かい、その地で医師としての職を得た、と記されている(22)。

ブランデンブルク選帝侯領の宮廷官吏に関する研究を行ったバール氏によれば、マルティンの名は残念ながらライデン大学の登録者名簿にはなかった(23)。しかしながら、パンフレットのなかでは「オランダへ赴き、そこで有名な大学に足を運んだ。高尚な医師たちとも知り合い、とりわけ非常に有名なシルヴィウス正教授のもとライデンでなお三年ほどを過ごし、並外れた熱心さで自らの医学の基礎を築き、そのうえに大きな成果をあげていった」(24)と、かなり具体的にその時の様子が語られている。ここでは、彼がライデン大学に在籍したか否かは問題ではなく、この記述にこそ意味があったと思われる。というのも、ブランデンブルク選帝侯領にかかわる人物の追悼説教パンフレットでは、こうした遍歴の旅の立ち寄り先として、領内のフランクフルト・アン・デア・オーデル大学を除けば、ライデン大学がもっとも多く、その経歴こそが当領邦においては上流社会で一目置かれるための重要な要素であったと考えられるからである。とりわけ医学部については、一六四〇年以降法学部に次いで多くの人物が立ち寄り先として挙げている(25)。マルティンについて、ことの真偽はともかくとして、その記述が読者に与える効果を十分に意識して記述が選ばれたのは確かであろう。

経歴の記述にみられる以上のような作戦が実際功を奏したのか、成人した子どもたちのうち五人の娘たちはいずれも、リューネベルクもしくはブランデンブルク宮廷の要職にある人物と結婚し、うち二人は医師であった。唯一の息子も、医師となり、一七六五年には貴族に叙されている(26)。マルティンの死亡時に嫁ぎ先が決まっていたのは二人の娘だけだったこと(27)を考えると、経歴部分の記載事項は、まさに遺族たちのために世間に記憶しておいてもらいたい、当時の社会において一目置かれるためのアピールポイントだったのである。そのためには、語らない戦法や少々の脚色は厭わなかったのだろう。

おわりに

日本でも佐々木博光氏が近世ブラウンシュヴァイク公国の財団に関する研究で追悼説教パンフレットを史料として用い、興味深い指摘をしている。慈善の徳目として福祉や教育支援を目的とする助成財団への遺贈や財団発起人としての善行が語られるのは、安定した上層の貴族というよりも、社会的上昇過程にあった市民階級や、「親族間で内紛を抱えていたり、新参者であったり、とにかく地域貢献を顕示したい、いささかわけありの貴族」たちの追悼説教パンフレットであったという(28)。

本章で取り上げた追悼説教パンフレットの主人公はともに幼くして両親を失い、後ろ盾のないなか社会的上昇を遂げた人物のものであった。そこにみられる近世ドイツ社会は、安定した世襲社会などではなく、むしろ非常に流動的な社会であった。社会的上昇のチャンスもあれば、下降の危険とも背中合わせの世界である。そこで、成功者を出した家門は、その由緒正しさや故人の名誉だけでなく、宮廷ネットワークとの接点やそのなかでの人脈、そして役職や職業を担うにふさわしい鍛錬の場と人脈を保証されていることを顔見知りの人びとに記憶されている必要があった。こうした要素のアピールの場として、追悼説教パンフレットの作成・配布という慣習は、その成否はともかくとして、絶好の機会を提供するものであり、「家」の生き残りを託された、近世特有の世俗文化でもあったといえる。

【註】

（1）Bepler, Jill, 'German Funeral Books and the Genre of Festival Description. A parallel development', in Flood, John L. & Kelly, William A.(eds.), *The German Book 1450-1750*, London 1995, pp.145-160.

（2）Lenz, Rudolf, *De mortuis nil nisi bene? Leichenpredigten als multidisziplinaere Quelle unter besonderer Beruecksichtigung der Historischen Familienforschung, der Bildungsgeschichte und der Literaturgeschichte*, Sigmaringen 1990, S.17.

（3）Bibza, G., *Die Deutschsprachige Leichenpredigt der frühen Neuzeit in Ungarn* (1571-1711), Berlin 2010, S.17-21.

（4）Moore, Cornelia Niekus, *The Lutheran Funeral Biography in Early Modern Germany*, Wiesbaden 2006, p.19.

（5）ルター「死への準備についての説教」（一五一九年）、『ルター著作集 第一集 一』福山四郎訳、聖文舎、一九六四年、五七六－六〇四頁（五七七－七八頁は徳善義和氏の解説）。

（6）大角欣哉「（第二章）一六―一七世紀における音楽と死をめぐって」大角、深井智朗著『憶えよ、汝死すべきことを 死をめぐるドイツ・プロテスタンティズムと音楽の歴史』日本キリスト教団出版局、二〇〇九年、九〇－一一六頁。大角氏は、追悼説教を「往生術」と「慰めの書」の双方の機能を持つものと評価している。

（7）マーブルク私文書研究所で中心的な役割を果たしたルドルフ・レンツによりシンポジウムの成果が数次にわたりまとめられ、追悼説教パンフレット研究の基本書となっている。Lenz, R.（Hrsg.）, *Leichenpredigten als Quelle Historischer Wissenschaft*, Bd.1（Köln, 1975）, Bd.2（Marburg, 1979）, Bd.3（Marburg, 1984）und Bd.4（Stuttgart, 2004）.

（8）Bibza, *op. cit.*, S.22.

（9）Thülmeyer, Wilhelm Friedrich, Der Hochgeachtet Todt der Frommen/ Bey dem Hoch= Adelichen Leichen=Begängnüß Des Weyland Hochwürdigen Hochgebornen Herrn/ Hern Ernst Gottlieb von Börstel ... Cölln an der Spree, 1687（以下、LP auf Ernst と略す）。筆者は、ヴォルフェンビュッテルのヘルツォーク・アウグスト図書館所蔵のもの（HAB Xa 4°1:2（27））とベルリン中央州図書館付属ベルリン市図書館のグラウエン修道院ベルリン・ギムナジウム・コレクション所蔵のもの（GKl PSS VIII/54 2°）を閲覧。なお、もとのテキストにはページが付されていない。そこで、以下では、複数の追悼説教パンフレットがひとつの巻にまとめられている、前者のXa 4°1:2につけられた通しのページを記すこととする。なお、史料についての詳細は、拙稿「近世ドイツにおける「紙の記念碑」――ブランデンブルク・プロイセンのある軍人」『歴史学部論集（佛教大学）』四号、二〇一四年、四一－六二頁。

（10）LP auf Ernst, S.886-927.

(11) LP auf Ernst, S.888f.
(12) Bahl, P., *Der Hof des Großen Kurfürsten. Studien zur höheren Amtsträgerschaft Brandenburg-Preußen*, Köln/Weimar/Wien 2001, S.48-52.
(13) LP auf Ernst, S.889-892.
(14) Bahl, *op. cit.*, S.46f.
(15) LP auf Ernst, S.890-892.
(16) たとえば Schrader, Franz, Anhalt, in: Schindling, A. & Ziegler, W.（Hrsg.）, *Die Territorien des Reichs im Zeitalter der Reformation und Konfessionalisierung. Land und Konfession 1500-1650. Bd. 2 Der Nordosten*, Münster 1991, S.88-101.
(17) Franz Julius, Das Auge Gottes über seine Kinder/ Bey dem seeligen Ableben Des . Hn. Martini Willichii, Gewesenen berühmten Doctoris Medicinae. Churfürstl. Brandenb. Rahts und . Leib-Medici nachdem Derselbige am 4. Januar. dieses 1697. Jahres in Christo seelig entschlaffen . Cölln an der Spree Berlin 1697. 筆者が閲覧したのは、ベルリン国立図書館所蔵（Stabi. Ee710-50（15））のもの。以下、LP Martini Willichii（1697）と略す。
(18) LP Martini Willichii（1697）, Personalia, S.a.
(19) Bahl, op. cit., S.620.
(20) LP Martini Willichii（1697）, Personalia, S.a の裏面。
(21) LP Martini Willichii（1697）, Personalia, S.a2 の裏面。
(22) LP Martini Willichii（1697）, Personalia, S.a の裏面と S.a2。
(23) Bahl, *op. cit.*, S.620.
(24) LP Martini Willichii（1697）, Personalia, S.a の裏面。
(25) Bahl, *op. cit.*, S.221-228.
(26) *Ibid.*, S.620.
(27) LP Martini Willichii（1697）, Personalia, S.a2.
(28) 佐々木博光「近世ブラウンシュヴァイク公国における財団・基金の歴史――財団・基金の宗派・地域史に向けて」『史林』第九八巻、二〇一五年、一－三六頁。引用は三四頁。

［図出典］
【図1】Bepler (1995), p.149, Fig.1
【図2】Stabi. Ee710-50, Nr.15, Titelblatt

良い就職先は良い成績から？
――一九世紀中葉オックスブリッジにおける大学教育の葛藤

水田大紀

はじめに

「就職氷河期」という言葉をご存じだろうか。小学館の『デジタル大辞泉』によれば、「日本のバブル経済崩壊後、大規模な就職難が社会問題となった時期。特に、平成五年（一九九三）ごろから平成一七年（二〇〇五）ごろまでを指す。長期的な景気の冷え込みを氷河期（氷期）に例えたもの」とされるが、一般的な理解としては「就職難の状態を俗にいう語」（『大辞林 第三版』三省堂）である。

昨今、日本では多くの大学がこの「就職氷河期」に備え、就職を目指す学生たちのキャリア教育に力を入れている。では、学生の就職活動は大学教育において、どのように意義づけられるものなのか。この問いを解くための一助として、今回は社会改革が進行した一九世紀中頃のイギリス、特にオックスフォード、ケンブリッジ両大学（以降、オックスブリッジ）を舞台に、条件の良い就職先を得るため、学生たちが自身の学力とプライドをかけて挑んだ優等学位試験に注目し、特に学生たちの試験に向けた私的営為と大学（教員）

側の思惑とのズレについて検討していく。

一　優等学位の尊重

優等学位試験とは、オックスブリッジにおいて、各専攻分野（例えば古典や歴史、数学など）で、最終的な卒業単位を獲得するためのコースを「普通学位」と「優等学位」の二つに分け、特に後者では、試験毎に学生の成績を記録、序列化ののち、公表することで、学生に学業の鍛錬度合いを競わせた制度である。これは両大学において、形骸化した口頭での卒業試験に対する反省から現れてきたものであり、後には官僚任用の公開競争試験制度の原型になったとされている(1)。

そもそも優等学位試験は、一八世紀中頃からケンブリッジ大学で始まったセニット・ハウス試験、または優等卒業試験と、一八〇〇年にオックスフォード大学で開始された優等学位試験を源流とし、主に一九世紀前半にかけ、その制度面での整備が行われた。優等学位試験は、通常、学期の終りに実施され、総計で五日半にわたる筆記試験と、その解答を踏まえた上で試験担当教員が行う口頭試問からなっていた。

確かにこの試験制度は、直接的に経済的報酬に繋がるわけでも社会的地位を確約するものでもなかった。しかし、優等学位を取得した学生は社会的に優秀さを認められ、しかも、その後の就職に際しても最高級の推薦になると考えられた。そのため、優等学位試験は徐々に学生に認知され、受験者数を飛躍的に増加させていった(2)。

また、優等学位試験は官僚任用試験だけでなく、ヴィクトリア時代のイギリス社会に広く受け入れられていった様々な近代的競争試験制度のモデルとなった(3)。実際、多くの教育団体や職業組合、例えばイギリス技術協会、ロンドン商工会議所が、資格検定や採用選抜などの意図で筆記の公開競争試験を実施するようになっていた。またオックスブリッジに代表される地方試験も一八五八年に始まり、各地で定期的に公開競争試験が開催されるようになった(4)。

この優等学位試験では、後にクラマーと総称された、試験対策に特化した「家庭教師」たちが活躍し始めていた。クラマーたちは学期ごとに学生たちと契約を結び、一学期一教科あたり一四ポンドで毎日一時間(週六日)ずつの指導(集団なら二時間)を、また長期休暇中には三〇ポンド、クリスマス休暇には一〇ポンドでの集中指導を、学内外で請け負った。その様子は「試験が商船〔大学〕の船長〔教授や指導員〕たちと水夫〔学生〕たちの為に確立されるや否や、現れたのは学生をクラムすることを商売にする人々の一団であった」と表現された(5)。

ここでいうクラムとは、受験勉強において「詰め込み(暗記)学習」することである。『オックスフォード英語大辞典』によれば、クラム、またはその名詞形であるクラミングとは、「試験や特別な目的のために人を比較的短期間で、それも真に勉強するためではなく、むしろ目指している一時的な目的のために情報を記憶に蓄積する方法で指導、準備すること」とされている。また、それを指導するクラマーについては、「試験などの為に学生を『クラム』する人物、試験の為に学生が『クラム』される制度、また学生が試験のために『クラム』された機関、場所」とある。ヴィクトリア時代のイギリス社会において、クラマーたちは試験対策などに活躍し、試験科目の知識を学生の脳に詰め込もうとする「ギャングども」とみなされた(6)。

一八五〇年代、オックスブリッジの優等学位試験においてクラミング指導を行っていたのは、「私設指導員（Private Tutor）」（以下、PT）であった。彼等は個人的な契約のもとに、学生が求める水準の教育を指導した家庭教師であり[7]、一九世紀後半には彼等もクラマー同様の存在に捉えられた[8]。そして最終的には、「〔PTの〕助力なしで優等学位を取ることはとても稀であり、私が大学に着任して以来、特に数学の優等学位に関してそのようなケース〔助力なし合格〕を聞いたことがない」[9]といわれる程、彼らは学生の間に定着していった[10]。

もともとPTは「標準紳士製造工場」において、学生との間に個人的契約を結び、学校での生活指導、学習指導に従事する教員やチューターのことを意味していた[11]。彼らは試験制度と関係なく、学生の在学期間中の相談相手や宗教的訓告、個別教育、読書会や勉強会での教導責任者の役目を果たした。また同時に、彼等はそれぞれの学校に所属、もしくは学校を通じて学生の指導を依頼される存在であった。

オックスブリッジにおいて、PTがクラマーとして必要とされるようになったのは、試験制度の整備の進み具合に比べて、教育組織の革新、つまり試験に対応した指導体制をなかなか確立できなかったためである。つまり大学教育では、受験を目指す学生たちの要望に足るだけの指導を行うことができなかったのである。ゆえに、優等学位取得競争が激化していく一八三〇～四〇年代以降、この問題を解決するため、PTはそれまでとは違った試験対策を行う専門家としての役割、つまりクラマーとしての性格を帯びることになったのである。

クラマーとしてのPTに対する関心も、一八五〇年代当時から両大学の教育関係者の間では高かった。これを示す史料がオックスブリッジに関する調査委員会の報告書である。これは、一八五二～五三年にオックスブリッジの教員やチューターを調査対象に、大学教育の現状を調べるためにまとめられた（以降『ケンブリッジ報告書』、『オックスフォード報告書』と略。また両方を指す場合は『両報告書』)。特に『ケンブリッジ報告書』では、総計一六の質問が委員会より出され、その中でPT、もしくは個人指導(Private tuition)に関わる質問が約半数の七つを占めている。また回答は任意であるにもかかわらず、ほとんどの回答者がこれらの質問に対し、何らかの意見を返していることからも、PTに対する教育関係者の関心の高さがうかがわれる。

この『ケンブリッジ報告書』の中で、同大学のフェロー兼チューター、ヒルドヤードは「〔PTに〕類似したものが一八四七年には多数存在」し、「これはほぼ完全にクラミングをする組織であった」と証言している[12]。またオックスフォードのフェロー、パティスンは「試験制度の副次的な効果がクラムの需要を創出しているのであり、その為に〔講義への〕出席率の低下を生んでいる」と指摘する[13]。彼の同僚トゥイスも、「PTは型通りの思考様式によって、学生をクラミングするための単なる機械へと変えてしまう。また学生は試験のある学校で、自身にとって益がないだけでなく時に有害でさえある、PTそっくりの思考様式を再生産してしまっている」との批判的な証言を残している[14]。

二　教員によるPT批判

トゥイスの証言のように、クラミングに対しては当時、かなりの批判があった。それは一八五〇年代のオックスブリッジにおいて、クラミングが優等学位試験の利点を損なわせるものと捉えられたからである。このことを『両報告書』に登場する批判にそって検証してみよう。

『両報告書』では大学教育の現状を調査するため、教育現場に直接関わるフェローやチューター、教授らを対象に、学生の教育期間や在学中の支出、講義の有用性、休暇期間中の行動などといった教育の現状に関わる問題についてアンケートが課された。『両報告書』における教育関係者、すなわち試験を実施する側のクラミングへの関心の高さは既にみた通りである。これは調査を命じた議会にとっても同じであったろう。教員の数的、能力的不足といった教授組織の不備に関するものを除いて、『両報告書』ではクラミングに、主に二つの批判が寄せられている。それは「資金力」によって生じる不公平さと、学生の「主体性」欠落の問題である。

第一に「資金力」が問題になったのは、学生本人の「実力」にかかわらず、富裕な者やパトロンを持つ者が試験において有利になるためである。富裕な受験生は、圧倒的な資金をもとに優秀なPTを学内外から何人も雇用して試験に臨むことができ、「実力」でない高評価を受ける可能性が大きいと考えられた。すなわち「PTの指導において明白な害悪となっているのは、ほとんどの場合、一部の裕福な学生だけが彼等の助けを借りることが出来ることである。（中略）彼等の指導は知力の滋養や人格の形成というよりむしろ試験を尊重しているに過ぎない」⑮のであり、PTの存在は「貧しい学生にとっての過酷な重荷」⑯として批判された。この当時、PTに支払う指導料金は学生やその家族にとって大きな負担となっており、平均的にみても在学期間中に必要な全費用の約四分の一を占めたといわれる⑰。競争試験制度は本来、学生同士に切磋琢磨させ、その中から才能ある人物を発掘すると同時に、コネ・カネによる不公平をなくすことを目的としている。このことを考えると、「試験がPTにより左右される」⑱ような事態は、試験の目的を損ね不公平を助長するものと捉えられたといえる。

第二には、クラミングにより学生の「主体性」が欠如してしまうことが批判されている。この批判については、『オックスフォード報告書』のブラウンの証言から引用しよう。彼によれば、教員にクラマーが嫌われる理由は、学生が彼等の指導を受けることで、以下のような問題を引き起こすからであるとされる(19)。

(一)試験で問われること以外、なんら興味関心を持たないようになる。

(二)分からない問題にぶつかった時、PTが即座に解答を教えてしまうので、学生が彼等に完全に頼りきり、自力で問題を解決しようとする貴重な習癖を身につける機会を失う。

(三)PTが学生に適していると判断した偏った情報しか得られなくなる。

とりわけ(二)の問題については、『ケンブリッジ報告書』でも指摘されている。例えば、PTの存在が「教育を阻害し、本来なら、公的で責任ある教育が果たすはずの〔学生への〕影響を、私的で無責任な教育のそれへすげかえ、(中略)自身の力で困難を乗り越えねばならない学生から、湧き上がる健全で知的な鍛錬の機会を奪い去る」とされている(20)。

ここで危惧されているのは、試験対策に偏重した知識のみを追い求め、しかもクラマーからそれらの知識を解答として簡単に与えられてしまうことで、学生が自己を鍛錬し、判断能力を養成する機会が失われることである。つまりクラミングは、学生が「実力」を伸ばす機会を喪失させ、結果的に「人格的に未熟で、勉強以外の物事に無知な若者を作り出す」ことで、学生が試験を受ける利点を減ずるものと考えられたのである(21)。

加えてこの問題は、「人格形成」の場としての大学教育という点からも批判された。従来、チューターやフェローたちは大学組織内で学問的教育者としてだけでなく、道徳的な訓育者としても振る舞わねばならなかった[22]。ところが、PTは彼等と違い、学生の品位や倫理観に責任を負うことはない。また大学の講義への出席率低下が嘆かれる中で、PTの指導に頼り切る学生の存在はその危機感を助長するものであった。これはPTとの勉強を学生たちが重視するあまり、チューターが学生を倫理的に指導しようとしても、時間が不足するという状況を作り出したのである。

上記の点をまとめると、調査に協力した大学の教育関係者たちからは、本質的に優等学位をめぐる競争試験制度の効果、または利点が薄れることへの危機感が感じられる。つまり『両報告書』の回答者たちは、真に「実力」による平等な試験とそれに基づく優秀な人材の育成および選抜を達成するために、良い就職先を求める営為の前段階として、大学教育（および学生がそれにきちんと参加すること）こそが重要であると考えていたのである。彼らにとって競争試験は、学校での教育の総体的な成果を計る場として実施されるべきであり、決して知識の有無だけを確認する場ではなかった。この意味で、クラミングは大学側の思惑を阻害する最大の悪弊だったのである。

おわりに

良い就職先を得るための学生たちの念望や行為は、制度実施側の思惑を越え、過熱化していった。状況に当惑する教員たちを尻目に、学生たちは自身に足りない学力を埋めるため、主体的にPTを選択し、受験に備え、自らの手で輝ける未来を掴み取ろうとしていった（無論、そのためには財力や情報網といった、家族、またはパトロンの助力が不可欠ではあったが）。

大学の教員たちは、学生たちの行為に戸惑いや批判の色を隠せず、彼らの取り組みへの軌道修正にあたった。しかし、やがては教員たちもこの動きに対応していく。一八五三年、議会に官僚制度改革についての報告書が調査委員会より提出された。この調査委員会に積極的に協力したのが、両大学の教員たちであった。その調査の中で、彼らは官僚を公開競争試験制度で選抜、任用することで、有用な人材を確保することが可能と主張した。彼らが調査に協力した目的は、財力やコネを持たないために将来の展望が開けず、苦しんでいる優秀な学生たちのために、良い就職先を確保することであった。結局、官僚全体に対する選抜試験の実施は一八七〇年代を待たねばならなかったものの、その意味で、教員側もまた、学生たちの優等学位試験に対する熱情を何とか汲み取ろうと尽力したといえる。

しかし同時に、一八七〇年代に入ると社会改革では根本的に解決できない問題やその行き過ぎた効果、例えば社会福祉の問題や功利主義の無批判な流通、「役に立つ学問（実学）」の横行などによる社会問題が顕在化し始める[23]。例えば、一八五〇年代以降、小説により社会的な矛盾を告発しつづけたディケンズは、彼の作品の中で、科学主義を万能と信奉して「事実」の学習・暗記に励み、教員の資格を取って社会階梯を上った（と思い込む）人々を悪役として登場させている。彼等は共に、「ガリ勉」のために頭でっかち、野心の固まり、精神的には未熟のまま成長した人物として描かれる。彼等はディケンズにより、「マクチョーカムチャイルド」、「ヘッドストーン」といった象徴的な名前を与えられ、批判の矢面に立たされた[24]。社会改革に対する批判が現れてきたのは、功利主義や科学主義、社会ダーウィニズムといった思想潮流に支えられた「進歩」や「競争」が、「最大多数」に入れずに無能、無用の烙印を押された、多くの人々を切り捨てるものであったためである。それにより相対的に、改革以前の価値観を賞揚し、再評価する雰囲気が生み出され、急激な変革には歯止めがかかりはじめるのである。

［註］

（1）単に官僚任用の公開競争試験制度の先例を求めた場合、中国の科挙が最も早い例としてあげられよう。科挙の情報はヴィクトリア時代のイギリスにも伝わっており、当時から既に起源や先例として言及されることもあった。例えばG. Birdwood, *Competition and the Indian Civil Service* (London, 1872), p. 8 や *B. P. P., 1854, XXVI* (1715, Papers of the Re-Organization of the Permanent Civil Service), p. 47, 回答者：The Dean of Charlisle. しかし概して、それらは少数の意見であった。

（2）受験者数の増加については、藤井泰「近代イギリスのエリート教育システム―パブリック・スクールからオックスブリッジへの学歴経路」橋本伸也ほか編『エリート教育』（ミネルヴァ書房、二〇〇一年、二三一六七頁）五三頁を参照。

（3）優等学位試験成立の詳細については、安原義仁「オックスフォード大学優等試験制度の確立」（『大学史研究』第二巻、一九八一年、四一―五七頁）、大中勝美「オックスフォード大学における近代史優等学位試験の成立」（『教育学研究紀要第一部』第四〇巻、一九九四年、七一―七六頁）を参照。

（4）地方試験とはオックスブリッジが主催し、各地の若者の学力を統一的に把握するために行われた試験制度であり、年に一回、二種類の試験が実施された。それは初等教育の学力を測る目的で行われた一五才以下の少年を対象にしたものと、受験者が就職や進学に十分適した学力および教養の持ち主であるかを判断するための一八才以下の若者を対象としたものである。特に後者では、成績優秀者には準学士号が贈られた。詳しくは、香川正弘「イギリス地方試験制度の成立」（『佐賀大学教育学部研究論文集』第三〇集第一号（I）、一九八二年、一九―四一頁）を参照。

（5）*B.P.P., 1852, XXII* (1482, Royal Commission to Inquire into State, Discipline, Studies and Revenues of University and Colleges of Oxford, Report, Evidence, Appendix［以降 *Oxford*］), p. 89 (117).

（6）Birdwood, *Competition and the I.C.S.*, p. 12.

（7）船川一彦『一九世紀オックスフォード―人文学の宿命』（Sophia Univ. Press、一九九九年）二二頁。一八五〇年代にクラミングを担った者の多くは院生や卒業生であり、彼等は自らの経験を踏まえて、学生に優等学位試験の対策を伝授した。院生たちがＰＴになった理由は、高等教育を受け、専門的知識を身につけた学生の就職先が少なく、また年功序列的に順番待ちをしている二、三年の食い扶持を稼ぐためであったとされる。See *B.P.P., 1852-53, XLIV* (1559, Royal Commission on State, Discipline, Studies and Revenues of University and Colleges of Cambridge, Report,

Evidence. Appendix [以降 *Cambridge*], p. 177 (397), J. G. Mould.

(8) For example, see Private Tutor, *A Few Words about Private Tuition* (Cambridge, 1852), p. 11.

(9) *Cambridge*, p. 213 (433), A. H. Wratislaw.

(10) S. Rothblatt,'The Student Sub-culture and the Examination System in Early 19th Century Oxbridge', Lawrence Stone (ed.), *The University in Society: vol. I, Oxford and Cambridge from the 14th to the Early 19th Century* (Princeton, 1974, pp. 247-303).

(11) 浜渦哲雄『英国紳士の植民地統治』(中公新書、一九九一年)、七三－八二頁参照。「標準紳士製造工場」は浜渦による造語である。彼によれば「標準紳士製造工場」とは、ジェントルマン教育課程を通じて均質な「ジェントルマンらしい」価値観を付与する場、つまりパブリックスクールやオックスブリッジなどの総称である。

(12) *Cambridge*, p. 165 (385), J. Hildyard.

(13) *Oxford*, p. 48 (434), M. Pattison.

(14) *Ibid*., p. 157 (543), T. Twiss.

(15) *Oxford*, p. 195 (581), B. Price.

(16) *Ibid*., p. 168 (554), W. C. Lake.

(17) *Cambridge*, p. 162 (382), W. N. Gunson.

(18) *Oxford*, p. 213 (599), A. H. Clough.

(19) *Ibid*., pp. 8-9 (394-95), R. W. Browne.

(20) *Cambridge*, p. 204 (424), W. Whewell.

(21) *Oxford* , p. 89 (117).

(22) 船川『一九世紀オックスフォード』九七－一二六頁。

(23) 小池滋『英国流立身出世と教育』(岩波新書、一九九二年)一三〇－五九頁。小池によれば「ヴィクトリア朝イギリスの繁栄、経済と科学技術の目覚しい発展をもたらした原動力が、国民の実利的な思考と空理空論より目で見て手で触れることのできる事実を尊重するという精神にあった」のであり、それを支えたのが「事実信奉の思想」と実地教育を経て作られた「実学」であったという。ディケンズは、「実学」や事実信奉を過度に重視する若者たちの知識偏重を、危機感と恐怖をもって描き出した。

(24) 「子供を罪人のように、事実の詰め込み作業という単調な仕事で窒息させる」との意。『ハードタイムス』の登場人物。「ヘッドストーン」は「石頭」、融通のなさを示す。こちらは『われら共通の友』に登場。C. Dickens, *Hard Times* (1854), *Our Mutual Friend* (1864-65). 各解釈は小池『英国流立身出世と教育』一三六頁より。

足で探し究める

――歴史文化学の学問領域

昭和の家族事情
――「嫁・姑問題」の背景を探る

八木　透

はじめに

私事で恐縮だが、筆者の両親はともに大正二桁の生まれで、戦後まもなくの時期に、いわゆる見合いで知り合って結婚した。見合いといっても正式なものではなかったようで、近所の世話好きの人に紹介されて、それが縁で結局結婚にまで至ったと聞かされた覚えがある。父の家は、もとは京都四条新町で江戸時代から続いた老舗の白生地問屋であったが、戦時中の混乱期に店は潰れ、母と結婚したときの父は、祖母、すなわち筆者の母から見れば姑と二人きりの暮らしであった。その当時、母と一人息子だけの家に嫁いだ女性にどのような境遇が待ちうけているかは、若い世代の読者諸氏にもある程度想像はつくだろうが、それは相当な苦難の連続であったようだ。まして母は東京生まれで、商社マンの家庭に育った女性であり、一方祖母は、明治期には京都の老舗問屋のお嬢様として育った女性である。そこには絵に描いたような、嫁と姑との確執の日々が待ち受けていた。

今は、祖母も両親もすでに他界してしまった。仏様になった先祖の悪口を今さら言うつもりはないが、嫁と姑の確執というものがいかにすさまじかったかは、筆者の幼い頃の記憶とはいえ、いまだに脳裏にはっきりと焼きついている。そんな状況の中で、何もできずに手をこまぬいて傍観していた父も、何と無力な存在であるかと思った覚えがある。今になって冷静に考えてみると、筆者の家族は、自分が当時考えていたほど特別な家族だったわけではなく、どこにでもある、ごく一般的な嫁と姑の関係だったのだろう。これは自分が結婚し、子どもを持つ立場になってようやくたどり着いた結論である。

それにしても、日本においては、なぜ嫁と姑のような確執の避けようのない家族関係が当たり前に存在するのだろうか。筆者は子どもの時からずっとこの疑問を抱いてきた。そしてできるならば、その謎を解いてみたい、「嫁・姑問題」の歴史的・社会的背景について解明してみたい。そんな淡い望みを抱きつつ、大学へ入学して以来、ずっと民俗学の研究に没頭してきた。しかしこの謎解きはそう容易いものではなかった。ようやく真相がおぼろげに見えてきたのは、研究を始めて二〇年以上が経過した頃だった。

一　専業主婦の誕生

嫁と姑の仲が悪いのは、考えてみれば一軒の家の中に生い立ちや価値観の異なる他人の女性が複数いるわけだから当たり前であって、家事全般から日常生活に至るすべてにわたってぶつかることが多いのは当然なのかもしれない。特に都市のサラリーマン家庭のように、嫁と姑が二人とも専業主婦であった場合には、その関係はさらに悪化する可能性を秘めていた。しかし同じように二世代の夫婦が同居する場合でも、たとえば漫画のサザエさん一家のように、二人の主婦が母と娘である場合は例外である。その意味では、少なくとも家庭の平和だけを考えると、婿養子あるいはそれに準じた家族が理想だといえるのかもしれない。

「サザエさん」の中で描かれる家族は平和で、家族内の諍いは微塵も感じられない。かつてこの家族が種々の話題を集めた理由はその構成メンバーにある。この一家は磯野家の父母と子ども、その長子であるサザエさん夫婦と子どものタラオちゃんの計七人で構成されている。問題はサザエさんの夫のマスオさんは決して婿養子ではなく、姓はフグ田である。つまりフグ田一家が、妻の生家である磯野家で同居しているという点が一番の特徴である。このような、一見「婿養子婚」の形をとりながら、実際には姓の異なる二組の家族が同居するという家族形態は、一九八〇年代には「マスオさん現象」とよばれるようになった。それは、かつての結婚したら夫の親と同居することが当たり前であった家族慣行が終焉を迎え、特に都市部においては、夫婦と子どもだけのいわゆる核家族が定着しつつある時期に相応している。つまり、当時の「家つき、カーつき、ババ抜き」という女性たちの願望が常識的に叶えられるようになった時期でもある。何よりも、婿養子ではなく、妻の生家で親夫婦と同居するという居住方式の利便性が多くの人たちの目を引いたのだろう。

有体にいうと、経済面や子どものためには親夫婦と同居することが望ましいが、されとて夫の親との同居を潔しとはしない世代の夫婦にとって、サザエさんの家族は一つの選択肢として注目されたのである。しかし考えてみれば、サザエさん一家の平和を支える一つの条件は、夫たちが外で働き、妻たちは家事に専念するという、いわゆる性別役割分業が貫徹されている点にあるのであり、その意味における批判があることも見逃してはならないだろう。

二　嫁の天国としての隠居慣行

戦後の一九六〇年代後半になると、若い世代の夫婦は親元から離れて別居することが一般化し始める。いわゆる核家族の誕生である。それでも「スープの冷めない距離がよい」ともいわれ、また少し後には「二世代住宅」が人気を博するなど、お互いのプライバシーを守りながら、親夫婦と共存してゆくというライフスタイルが注目されてくる。この問題を民俗学的に考えてみると、日本の地域性が浮かび上がってくる。日本には、昔から親子二世代の夫婦が決して同居しないという地域が広く存在していた。それは伊豆諸島・志摩半島・瀬戸内海沿岸地域など、主として西南日本の諸地域に広がっている。そこでは伝統的に、親夫婦と子ども夫婦が同じ屋根の下で同居しないという慣習が見られた。民俗学ではそれを「隠居慣行」とよぶ。

たとえば伊豆八丈島では、長男の結婚が決まると両親は隠居屋の準備を始め、やがて嫁の引き移りとともに母屋を長男夫婦に譲って自分たちは同じ屋敷地内の隠居屋へ移る。そしてその後は、親が病気にでもならない限り普段から食事も別々に取ることが当たり前となる。しかし決して親と息子夫婦の仲が悪いわけではなく、島の若者たちはとても親孝行である。また子どもたちも皆お年寄りを大切にしている。このような家族の間では嫁と姑の諍いは起ころうはずがない。その意味で、隠居慣行の存在する地域は「嫁の天国」だといえるだろう。

伊豆諸島ではどの島でも隠居慣行が盛んであり、嫁が婿の両親と同じ家屋で同居するという例はきわめて稀である。このような親子二世代の夫婦が同居をしないことがこの地域の家族制の大きな特徴なのである[1]。日本には地域によって、親子関係をもっとも重視するような家族と、夫婦関係をもっとも重視するような家族の、二種類の異質な家族が見られる[2]。嫁と姑の諍いは前者の家族において発生しやすいのはいうまでもなく、上記の隠居慣行は後者の家族に相当する。そして隠居慣行の目的は、一つの家族の中に複数の婚入女性が存在する状況を回避することだったと考えられよう。このように日本の家族の形態は決して一つではなく、それぞれの地域で生活する人々が理想とした家族のあり方は異なっていたのである。

三　大衆化する「近代家族」

本小論の主題である「嫁・姑問題」をはじめとして、近年の家族を取り巻くさまざまな社会問題について民俗学からアプローチする時、有効な展開をもたらす可能性の一つとして、「近代家族」をめぐる議論をあげることができる。一九八〇年代以降に家族の社会史的研究、主として歴史人類学や歴史社会学の領域から生みだされた新しい家族概念が「近代家族」である。ここでいう「近代家族」の概念は、基本的にはフランスの社会史学者であるフィリップ・アリエスが、一九六〇年に著した『アンシャン・レジーム期における子供と家族生活』において提示した新たな家族概念を指しており[3]、日本で戦前から戦後の時期に多くの社会学者たちが提示した、いわゆる家父長制家族と対峙する、新しい民主的な家族という意味の「近代的家族」とは基本的には異なった概念である。

夫は外で賃金労働者（サラリーマン）として働き、月に一度の給金を家庭にもたらす。妻は家庭にいて家事と育児に専念する。夫婦は強い愛情によって結ばれ、子どもは両親の愛を全身に受けながら成長してゆく。このような家族の姿は、多くの日本人がイメージする理想的な家族像ではないだろうか。しかし実は、このような日本の家族像は近代になって創出された家族の姿であり、特に戦後になって大衆化した日本家族のイメージである。これこそが、まさに「近代家族」とよばれる家族の姿である。

欧米の「近代家族」論をいち早く日本に紹介した落合恵美子は、「近代家族」の特質を次の8点に整理しているので、まずその内容を紹介しよう(4)。

①家内領域と公共領域との分離
②家族構成員相互の強い情緒的関係
③子ども中心主義
④男は公共領域、女は家内領域という性別分業
⑤家族の集団性の強化
⑥社交の衰退とプライバシーの成立
⑦非親族の排除
⑧核家族

「近代家族」をめぐる議論は、これまでの家族研究の盲点をみごとに指摘したのみならず、現代社会において問題視されているさまざまな家族病理に関して、その解決策を模索する上でも有益であると考えられている。何よりも、これまで多くの日本人がその本質に対して疑問を投じてこなかった家族のあり方、すなわ

ち夫婦や親子の関係、出産観、育児観、子ども観、家族を取り巻く心的環境、親族や近隣とのネットワークの実態などは、ほとんどが「近代家族」としての家族形態に起因する問題である。その意味では「嫁・姑問題」もまた、「近代家族」と切っても切れない関係にあるものだといえる。

四 「近代家族」と家族問題

「近代家族」における妻の立場の特徴、換言すれば、戦後の都市サラリーマン家族における妻の立場は、「上昇婚」志向による婚家での嫁の地位の低さと、そして何よりも、嫁が労働力ではなくなり、賃金労働者家庭に無業の女性として入ってきたことだと考えることができるだろう。ここでいう「上昇婚」志向とは、女性たちが、自らの生家よりも少しでも社会的・経済的に高位の家族に嫁ぎたい、あるいは娘を嫁がせたいと志向する傾向を指す。このような志向は戦前にも存在したが、戦後の高度経済成長期において、特に都市のサラリーマン家族の中で顕在化したと考えられる。その結果、実は、夫の暴力からなかなか逃れられない妻たちを出現させた。それが、「DV」、すなわち「ドメスティック・バイオレンス」という家族問題である。このような社会現象はほぼ例外なく「近代家族」において起きた問題である。「DV」は、「近代家族」の「家内領域と公共領域の分離」という特性と、「プライバシーとしての家族」という理念の中から、基本的には否定されるべき暴力、特にジェンダーを背景とした暴力が表面化したものと考えられる。すなわち、公的領域から隔絶された家族内において、性別役割分業を所与のものと理解し、「男の役割と女の役割」を明確に差異化するような「ジェンダーバイアス」[5]を持つ男性たちによって起こされるひとつの現象だということができる。そしてそこには潜在的な「男性優位観念」が蔓延っていることは想像に難くない。

一方、本稿の主題である「嫁・姑問題」もまた「近代家族」の産物だと考えられる。その背景には、先述した「上昇婚」志向の結果たる、婚家における嫁の地位の低さが見え隠れしているといえるだろう。社会学者の上野千鶴子は、「嫁・姑問題」発生の一番の要因は、専業主婦の大衆化によると分析する。すなわち、明治期の平均的な家族周期や平均寿命から考えると、嫁入り後、舅の死までは平均六年、姑の死までは平均一〇年、嫁は三〇代半ばまでには主婦の座に就いたという[6]。

このような上野の分析は、明治期までの特に農山漁村の家族を想定してみると、より鮮明に理解できるだろう。すなわち農山漁村では、他家から嫁いでくる嫁は少なくとも無業の女性ではなく、あくまでも労働力の担い手であった。一昔前の農山漁村の仕事は、嫁や年寄りはもとより、子どもたちも含めた家族全員が役割を分担して働かなくては成り立たないものであったことは想像できるだろう。ましてそこには、電気冷蔵庫や洗濯機、炊飯器などは存在しない。すべてを手作業で行っていたのである。そのようなくらしの中で、嫁と姑が仮に意見が合わずにぶつかったとしても、喧嘩している暇などなかったはずである。さらに、その時代は皆が子沢山であった。子どもが貴重な労働力だったのだから、子どもの数は多いに越したことはない。四人や五人兄弟姉妹など決して珍しくはなかっただろう。つまり、嫁は嫁いで間もなく妊娠し、出産して子育てに専念しているかと思えば、すぐに次の子をお腹に宿す。このような毎日において、姑も子育てを手伝わずにはおけなかったに違いない。このようなくらしの中で、果たして戦後の都市サラリーマン家族のような、嫁と姑が毎日のようにぶつかり合うという、そんなゆとりがあったとは考えられないだろう。この点は若い読者諸氏も、きっと想像できるのではないかと思う。

以上のように考えてみると、「嫁・姑問題」が顕在化し、家族問題として表面化する背景には、ひとつには専業主婦の誕生、すなわち都市サラリーマン家族における性別分業に依拠した家族のあり方が大きな要因だったと考えることができよう。要は、嫁が労働力ではなく、専業主婦つまり無業の女性として夫の家族の中に組み込まれたことが主要因だといえるのである。さらにもう一つの要因は、さまざまな家電製品の発達によって、女性たちの労働が著しく軽減したこと。さらにいえば、子どもの数が減ったことなども、要因のひとつだといえるかもしれない。そのように考えると、「嫁・姑問題」とは、実はある特殊な条件下においてのみ表面化した家族問題だということがおわかりいただけるだろう。つまり、戦後の都市サラリーマン家族における「近代家族」の大衆化による「専業主婦」の一般化と、高度経済成長に伴う家電製品が発達する中、まだ二世代の家族が同居し、台所やトイレを共用していた時代に顕在化・表面化したのである。そのような時期は、長く見積もっても、三〇年か四〇年もあったかどうか。つまりごく限られた時期の現象だったのである。筆者は、ちょうどそんな時期の真只中に、たまたま幼少時代を過ごしたことになるのである。

むすびにかえて

「嫁・姑問題」の時代的背景を追及してゆくと、戦後の高度経済成長期における「近代家族」の大衆化と、家電製品の発達がその主要因であったとする、ちょっと皮肉な結果に辿りついた。なぜ皮肉かといえば、その時代は経済が常に上向きで、今年より来年は必ずお給料が上がる、失業などありえない、そしてくらしが目を見張る勢いで豊かになっていった時期だからである。「近代家族」が当たり前に存在していた時代は、まさに日本の家族が幸せな時代だった。しかしもはや時代は変化した。特に都市部においては、「近代家族」は一九九〇年代に入る頃から音をたてて崩れ始めた。それは出生率の低下と離婚率の上昇によって象徴的に現れている。さらに、二〇〇八年のリーマンショックに代表されるように、経済的な不安と雇用の不安定な時代に突入し、今日の日本家族は、新たな姿を求めて果てしなき旅を続けているといえるだろう。

介護問題や極端な高齢化・少子化が進む今日、私たちは過去の幸せだった家族の姿を追い求めることをいったんは止め、来る時代に見合った家族のあるべき姿を模索してゆかなければならない。その時、これまでの民俗学の膨大な資料の蓄積が大いに役立つのではないだろうか。

［註］

（1）竹田旦『民俗慣行としての隠居の研究』（未来社、一九六四年）、八木透『婚姻と家族の民俗的構造』（吉川弘文館、二〇〇一年）を参照のこと。
（2）上野和男「家族の構造」（『日本民俗文化大系第八巻　村と村人』小学館、一九八四年）。
（3）フィリップ・アリエス『〈子供〉の誕生』（みすず書房、一九八〇年）。
（4）落合恵美子『近代家族とフェミニズム』（勁草書房、一九八九年）。
（5）「ジェンダーバイアス」とは男女の性に対する偏見を意味する。
（6）上野千鶴子『近代家族の成立と終焉』（岩波書店、一九九四年）。

一寸法師は、なぜ「法師」なのか
——魅惑の神話・伝承学の世界へ

斎藤英喜

「むかし、むかし、あるところにお爺さんとお婆さんがいました……」。お馴染みの昔話の出だしのフレーズだ。桃太郎、一寸法師、あるいは浦島太郎など、彼らを主人公とした昔話は、どこかで聞いたり読んだりして、知らない人はいないだろう。

こうした昔話や伝説などのルーツを探ろうとするのが「神話・伝承学」である。その出発点は、柳田国男（一八七五〜一九六二）の民俗学のなかにある。昔話や伝説のもとにあるのは、『古事記』などの神話であったことを究明しようとする視点だ。

もちろん神話・伝承学は、柳田国男の「民俗学」をそのまま継承したものではない。二一世紀の現代に通用する、新しい学問として作り出されたものである。それはどんな学問なのか。

そこで誰もが知る有名な昔話の主人公に登場してもらおう。その名前は「一寸法師」。一寸（三・三センチ）の背丈しかない一寸法師は、持ち前の知恵で鬼を退治して、手に入れた打ち出の小槌を使って立派な青年となり、めでたくお姫様と結婚する。日本人ならみんな知っているメジャーな昔話だ。

しかしあらためて素朴な疑問に突き当たる。一寸法師の背丈はなぜ「一寸」しかなかったのか。そしてなぜ彼は「一寸法師」、つまり法師＝お坊さんと呼ばれるのか。その謎を解き明かすことを通して、神話・伝承学がどんな学問なのかを紹介していこう。

一　一寸法師のルーツは

子供に恵まれないお爺さん、お婆さんが住吉明神（すみよしみょうじん）に祈願したところ、ひとりの子供を授かった。だが、その子はいつまでたっても成長せず、背丈は一寸のままであった。やがて一寸法師と名付けられた子供は、針を刀に箸を櫂（かい）、お椀の船に乗って都に出ていく。そこで仕えた貴族の家のお姫様を強暴な鬼から救い出し、また鬼が持っていた、なんでも望みをかなえてくれる「打ち出の小槌」で背丈を延ばし、立派な青年となった彼は、お姫様と結婚し、幸せな暮らしを送った……。

これが一般的に知られている「一寸法師」のストーリーだろう。だが、この誰もが知る一寸法師の物語には、じつは多くの謎が秘められている。そもそも、なぜこの昔話の主人公は「一寸」の背丈しかない、と語られるのだろうか。

日本の昔話には「一寸法師」のほかにも背丈の小さな主人公が少なくない。たとえば青森県では母のあくと（踵（かかと））から生まれた「あくと太郎」、岩手県の脛（すね）から生まれた「すねこたんぱこ」、新潟県佐渡島（さどがしま）に伝わる親指から生まれた「豆助」、ほかに岐阜県の「指太郎」や島原半島の「豆太郎」などなど、挙げると切がないほどだ(1)。あるいは「桃太郎」も、桃から生まれた小さな子供というバージョンもある。また平安時代に作られた『竹取物語』のかぐや姫も、竹の中から小さな姿で発見されたと語られている。
こうした小さな姿の主人公の昔話、物語について柳田国男は「小さ子譚」と命名し、さらに日本神話には「小さ子神」の系譜があることを明らかにした(2)。そうした小さな姿の神は、『古事記』に登場するスクナビコナだ。こんなあらすじだ。

出雲で国作りを進めているオホクニヌシは、あるとき海の彼方から芋のような小舟に乗って、ヒムシ（蛾の一種）の皮を衣服にしてやってくる小さな姿の神を見つけた。その神の名前は、誰にもわからなかったが、蟇蛙のタニグクが案山子のクエビコが知っているだろうというのでクエビコに聞くと、これはカムムスヒの神の子供でスクナビコナというと教えてくれた。カムムスビに確かめてみると、たしかに自分の指のあいだから零れ落ちた子どもだ、これからはオホクニヌシと兄弟となって、一緒に国作りに励みなさいという。こうしてオホクニヌシとスクナビコナは協力して国作りをしたが、その後、スクナビコナは常世の国に帰っていった。

ここには海の彼方の異郷から、普通とは異なる姿の神が訪れて、この世に幸いをもたらして、やがて去っていく…、という信仰のかたちを見ることができよう。柳田国男の弟子筋にあたる民俗学者、国文学者の折口信夫（一八八七〜一九五三）は、そうした異郷から来訪する神を「マレビト神」と呼んだ(3)。スクナビコナには「マレビト」のイメージも重ねられているのである。
どうやら一寸法師をはじめとして、小さな姿の主人公たちのルーツには、スクナビコナのような海の彼方から寄り来る小さ子神があったらしい。実際、一寸法師は、住吉明神から授けられた「神の申し子」(4)であった。「一寸」の背丈は、彼が小さ子神の系譜に連なることの証明であったのだ。

二　動物が会話する神話世界

ここで『古事記』のことが話題となったので、もう少し『古事記』の神話世界を紹介しておこう。神話・伝承学にとって『古事記』の神話を理解することは不可欠だからだ。

いま見たスクナビコナが登場する神話は、出雲のオホクニヌシが主人公で「出雲神話」と呼ばれる。『古事記』は奈良時代初頭、和銅五年(七一二)に、稗田阿礼が口で語り伝えた神話、伝承を太安万侶が書き記して、元明天皇に献上した本である(5)。上・中・下の三巻だて。上巻は、神々の活躍する「神話」で、中巻は神の子孫となる神武天皇から応神天皇、下巻は仁徳天皇から推古天皇までの七世紀前期までの時代を描く。

ところで『古事記』が作られてから八年後の養老四年(七二〇)には『日本書紀』が舎人親王によって編纂される。『日本書紀』は陰陽説、儒教など中国思想や漢字の文飾表現を重視することにたいして(6)、『古事記』はヤマトの口伝えの神話・伝承を伝えることが主眼となっている。そうした「語り」の要素がもっとも強いのが、オホクニヌシを主人公とする出雲神話であった。

ここで出雲神話の魅力はすべて紹介できないけれど、先ほどのスクナビコナが登場する場面をもう一度見てもらおう。海の彼方から来た正体不明の小さ子神の素性を明かしていくのは、タニグク(蟇蛙)やクエビコ（案山子）であった。彼らはふつうに言葉を発して、オホクニヌシと会話している。またオホクニヌシの少年時代のエピソードでは、稲羽（いなば）の白ウサギを助けた話が有名だ。このときもオホクニヌシはウサギと会話している。また彼が「根の堅州国（ねのかたすくに）」という地下世界で先祖神のスサノヲから試練を受け、危うく焼き殺されそうになったとき、助けてくれたのは根の国の動物・ネズミであった。「内（うち）はほらほら、外（と）はすぶすぶ」という火除けの呪文を教えてくれたのだ。

「神話」をファンタジーやメルヘンと見るならば、動物たちがふつうに会話することは、なんら不思議ではないように思えよう。しかし『古事記』を読むと、動物たちが喋って、活躍する神話は、オホクニヌシを主人公とする「出雲神話」の場面に限られているのだ。イザナキ・イザナミの国生みの神話やアマテラスが活躍する高天原の神話では、動物たちが会話するシーンはまったく出てこない。動物が喋るのは出雲神話の特徴なのだ。それはまさに口で語り伝えられた、より古層の神話世界を「出雲」が伝えていることの証拠となろう。動物たちと人間とがふつうに言葉を交わしあい、さらに動物から知恵を授かるというアニミズムやシャーマニズム(7)の世界を伝えるのが、『古事記』の出雲神話であったのである。ちなみに『日本書紀』には、動物たちの活躍する出雲神話はカットされている。「中国」帝国を世界基準（グローバリズム）とする『日本書紀』にとって、語りを重視する「出雲神話」は、古臭い、過去の遺物でしかない、というわけだ(8)。

三 「化け物」としての一寸法師

さて、ふたたび「一寸法師」の話題に戻ろう。柳田国男が提示した「小さ子譚」の系譜を知ることで、一寸法師が、なぜ「一寸」しかなかったのか、その理由は見えてきた。小さい姿は、主人公が神の系譜に連なる「英雄」の証明であったのだ。

そこで、もうひとつの疑問。なぜ「法師」＝僧侶と呼ばれるのか。一寸法師が僧侶になったとか、出家した話はない。なのに、なぜ「法師」なのか。

その謎を解く鍵は、昔話の「一寸法師」のもっとも古いバージョンにあった。「一寸法師」のもっとも古い姿を伝えるのは、室町時代に作られ、後に「御伽草子(おとぎぞうし)」と呼ばれていく短篇小説集のなかにある。大枠のストーリーはよく知られる昔話の同じなのだが、しかし昔話にはない、次のような場面が描かれていた。概要を紹介しよう。

生れてから背は一寸だったので、やがて「一寸法師」と名付けた。だが年月がたって、十二三歳になるまで育てても、背丈はいっこうに伸びない。そこで両親がつくづくと思ったことに、「この子は普通の子どもではない。化け物に違いない。わたしたちは、前世にどんな罪を犯したので、こんな化け物を住吉明神から授かってしまったのだろうか。浅ましいことだ」と、なんとも不憫なことだと思い、両親が

「あの一寸法師めをどこぞへやってしまおう」と言うと、それを聞いた一寸法師は「親から化け物と思われるなんて、口惜しいことだ。もうどっかに行ってしまおう」と思った。

昔話では「一寸」という小さな姿は、「小さ子神」に連なる証しであった。だが室町時代の御伽草子版「一寸法師」では、彼の小さな姿から、普通ではない「化け物」と罵（ののし）られる。それを知った一寸法師は親に見捨てられる前に、自分から家を出て行く。一寸法師は「家出少年」であったわけだ。一方、両親のほうは、こんな「化け物」を住吉明神から授かったのは「前世」の罪の報いではないかと思う。その考え方は、いうまでもなく仏教の教えにもとづく。「一寸」という小さ子神の系譜の証しは、御伽草子版では、前世の罪の報いであったと否定的に述べられていくのである。

もちろん御伽草子版でも結末は、ちゃんとハッピーエンドで終る。一寸法師の両親がじつは貴族の出身であることが明かされ、姫君とのあいだには若君も誕生し、彼の一族は「末繁盛」に栄えていく。それはすべて住吉明神が守ってくれたから、と締めくくられるのである。なんともご都合主義の結末だが、神への信仰と仏教の教えとがうまい具合に調和していくことがわかるだろう。こういう信仰の姿は、中世独特なもので「神仏習合（しんぶつしゅうごう）」という(9)。

しかし、それにしても、一寸法師はなぜ「法師」なのか。そこで浮かんでくるのは、この物語を語り伝えた者たちの姿だ。

四　「捨て子」の鎮魂を語る法師たち

たしかに物語の結末は「めでたし、めでたし」となるのだが、あらためてこの物語が作られた時代の現実を想像してみよう。背丈が「一寸」しかなく、親から「化け物」と罵られ、家を出て行く子供。その姿には、中世の村社会の厳しい現実が反映されているのではないか。「一寸」という姿は、実際には身体に障害を負った子供のことで、彼らは労働力となりえないので家から捨てられて、結局は野たれ死んでいった……。そうした憐れな捨て子たちの魂は鎮魂してあげないと、怨霊となって村社会に災いとなってしまうだろう。

そこで不具の子として捨てられた彼らはじつは神から授けられた子供であり、鬼退治をして幸福を得るという物語の主人公になる。その物語によって、捨て子たちの魂は鎮められていく。「一寸法師」をはじめとして、小さな姿の主人公たちの物語には、社会から差別を受け、共同体から追放されていった不遇の子ども＝捨て子たちの魂を鎮めていくモチーフがあったのだ。

そうした物語を語り伝えたのは誰か。差別され、追放された不遇の捨て子たちの魂を鎮魂する物語を語るのは、やはり社会のなかで差別されていく盲人の法師たちであった。たとえば滅亡した平家の鎮魂を語った「琵琶法師」のような人たちだ[10]。そして彼らは、差別される自分たちの姿を自らが語る物語の主人公に投影していく。主人公と語り手は同一化されるのだ。そう、もうわかってきただろう。一寸法師の「法師」とは、彼らの物語を伝えた語り手たち＝法師の投影であったのだ。

たんなるおとぎ話だと思っていた「一寸法師」の背景には、なかなか奥深い問題が潜んでいたのである。
さらにもうひとつ、敵役の「鬼」に注目してみると――。

五　鬼が主人公の物語

「一寸法師」にせよ、「桃太郎」にせよ、そこに登場する鬼たちは主人公に退治される敵役、悪役だ。たしかに「鬼」といえば、人を食らう、恐ろしい怪物のイメージが思い浮かぶ。しかし、鬼の側が主人公として語られる物語があった。大江山（おおえやま）の酒呑童子（しゅてんどうじ）だ。

都のお姫様を誘拐し、貴族たちを恐怖のどん底に陥れていた酒呑童子は、帝から派遣された源頼光（みなもとのらいこう）ら武将たちに退治される、まさにワルモノとしての鬼だ。しかし、酒呑童子は最初からワルモノの鬼ではなかった。室町時代に作られた御伽草子版「酒呑童子」では、その出生はこう語られていく。母親のお腹に三三ヶ月留まり、生まれたときには髪の毛が肩まで伸び、歯も上下とも揃い、抱き上げた乳母に話しかけた。化け物と恐れられた子は、山に捨てられてしまうが獣たちに育てられ、やがて酒呑童子と呼ばれる鬼になっていく……。

すぐに気がつくだろう。「酒呑童子」に語られる鬼の出生譚は、「一寸法師」の物語の背景にある捨て子たちの鎮魂の物語と裏表の関係にあることに。鬼という怪物と怪物を退治する英雄も、その出生には共通するような、社会の暗黒の現実があったのだ。そしてこのような英雄と倒される怪物との共通性は、神話・伝承学では「両義性」という言葉で説明していく。怪物と英雄とがじつは似たもの同士で、英雄が「怪物」を退治する物語は、自分のなかにある怪物と共通する「異常性」を克服することを意味したというロジックである[11]。昔話や伝説に出てくる鬼たちの物語を、こうした視点から捉えなおしていくことも、神話・伝承学にとって不可欠なテーマとなるだろう。

六　「中世神話」の世界へ

室町時代の「酒呑童子」の別バージョンでは、酒呑童子は伊吹大明神という神と人間の女性とのあいだに生まれた子どもという話がある。これも伝説などによく出てくる「異類婚姻譚」のパターンだ[12]。さらにその伊吹大明神という神様は、もと出雲の国に住んでいて、ヤマタノヲロチと呼ばれていたが、スサノヲに追われ、伊吹山（滋賀県）まで逃げてきて山の神として祀られた……、という展開もある。酒呑童子はヤマタノヲロチの息子であったというわけだ。

スサノヲに退治されるヤマタノヲロチとは、『古事記』『日本書紀』の古代神話で有名なエピソードだ。それがなんと中世に語られる「酒呑童子」と結び付けられてしまうのである。これは古代神話のヤマタノヲロチの後日譚ともいえなくない。あるいは古代神話のパロディかもしれない。

しかし、中世という時代にあっては、こんな古代神話の後日譚やパロディ、二次創作みたいな話が溢れかえっていた。たとえば『古事記』のなかでは「不具」の子どもとして流されてしまう捨て子のヒルコが、中世になると西宮神社に漂着して、エビス神になったという話がある。エビスさんといえば有名な商売繁盛の神だ。エビスは、なんと親に捨てられたヒルコのその後の姿であったというわけだ(13)。

それにしても、流された捨て子のヒルコがエビスになるなんて、そんな後日譚はどこに伝えられていたのか。これが意外なことに『源平盛衰記(げんぺいじょうすいき)』や『太平記(たいへいき)』など、メジャーな古典作品であった。そして神話・伝承学では、こうした古代神話の後日譚、パロディなどを「中世神話」と呼ぶ。仏教で解釈し、語りなおされた神話である。そこでは、アマテラスやスサノヲ、オホクニヌシといったお馴染みの古代神話の神々も、現代からは想像もつかないような変貌した姿で再登場してくるのである(14)。スクナビコナ=小さ子神にルーツもつ一寸法師もまた、中世神話の主人公といえよう。

神話はけっして古代だけの独占物ではなかった。神話を「古代」という枠組みから解き放っていくとき、これまで知られていなかった魅惑的な神話が広がっていく。その未知なる世界へのナビゲーターこそ、「神話・伝承学」である(15)。

[註]

(1) 柳田国男監修『民俗学辞典』(東京堂出版、一九五一年)、朝倉・井之口・岡野・松前共編『神話伝説辞典』(東京堂出版、一九六三年)参照。

(2) 柳田国男『桃太郎の誕生』(角川文庫、一九五一年)。

(3) もともと「マレビト」は、遠くから来る客人を意味した言葉。これを折口信夫は、季節を定め遠い海の彼方や山の向こうから来訪する神の訪れの信仰を示す用語として使った。折口信夫「国文学の発生」(『折口信夫全集』第一巻、中央公論社、一九九五年)。

(4) 「神の申し子」とは、特殊な能力をもつ子どもを神から授けられたという物語のパターン。これは共同体から「家」という観念が分離して、家に子どもがいないという危機を乗り越えるために語られることが多い。中世特有の語りともいう。古橋信孝『神話・物語の文芸史』(ぺりかん社、一九九二年)参照。

（5）ただし近年では、『古事記』が和銅五年に成立したことを記す序文は、平安時代初期に付加された「偽作」ではないか、という説が出ている。三浦佑之『古事記のひみつ』（吉川弘文館、二〇〇七年）などを参照してほしい。

（6）『日本書紀』が陰陽説で作られていることについては、神野志隆光『古事記と日本書紀』（講談社現代新書、一九九九年）を参照。

（7）「アニミズム」とは万物に霊魂が存在し、人間と樹木、動物たちが共に生きている世界と考えられる。その後、社会が複雑になると、誰もが霊魂と交渉することができなくなると、特殊な能力をもって霊の世界と媒介する者が登場してくる。これが「シャーマン」である。後にシャーマンが権力を独占して「シャーマンキング」＝王となっていくと考えられる。

（8）こうした『古事記』『日本書紀』の読み方は、斎藤英喜『古事記　成長する神々』（ビイング・ネット・プレス、二〇一〇年）で詳しく論じたので参照してほしい。

（9）「神仏習合」の思想は、古代に仏教が渡来した時点で始まったとも考えられるが、神々は仏の仮の姿で、衆生を救済するために神の姿をとってこの世に顕れたという「本地垂迹説」などによって中世に思想的に体系化された。なお、神仏習合の信仰は、明治維新以降の政府の政策による神仏分離、廃仏毀釈によって表面的には失われていった。この点については、伊藤聡『神道とはなにか』（中公新書、二〇一二年）参照。

（10）「平家」を語る琵琶法師の実像については、兵藤裕己『琵琶法師』（岩波新書、二〇〇九年）を参照。

（11）この点について、小松和彦は「英雄は、彼の出自、彼の過去、もう一つの彼の否定として、鬼など怪物を退治する。退治することによって社会に迎えられ、英雄となるのである。」と述べている。小松『神々の精神史』（講談社学術文庫、一九九七年）を参照。

（12）「異類婚姻譚」には、蛇婿入り譚、鶴女房譚、蛤女房譚、狐女房譚など、多様なバリエーションがある。異類が男性の場合は、その子どもが英雄となるパターンが多く、女性が異類の場合は子どものことが語られない事例が多い。これは父系社会の反映とも考えられる。ただし有名な陰陽師の安倍晴明は、信太の狐神を母とする伝説があるように、女性が異類で、その子どもの活躍が伝えられるケースとなっている。古い母系社会の姿ともいえる。

（13）また別バージョンでは、流されたヒルコは龍宮城に行って、龍たちに育てられた。その後アマテラスと再会するが、「おまえは親に捨てられ、龍神に育てられた子であるから、下主を守る神となれ」と言われ、「津の国の西宮」の支配を任されたという展開もある（『古今和歌集序・聞書三流抄』『神道集』など）。なぜ龍神に育てられた神は「下主」なのか。仏教の教えによれば、龍宮城は、煩悩にまみれた衆生が苦しむ世界とされるからだ。「浦島太郎」では、絵にも描けない美しい龍宮城は、仏教の教えでは、龍たちによって欲望が掻き立てられる苦しみの世界として否定されるのだ。しかし、そうして煩悩にまみれた存在こそが、仏の悟りの境位に達せるというように、反転させていく。そうした教えを説いたのが『法華経』であったのだ。

（14）中世神話の変貌する神々については、斎藤英喜『読み替えられた日本神話』（講談社現代新書、二〇〇六年）、同『アマテラス―最高神の知られざる秘史』（学研新書、二〇一一年）、同『荒ぶるスサノヲ、七変化―〈中世神話〉の世界』（吉川弘文館、二〇一二年）などを読んでほしい。

（15）神話・伝承学の最新の入門書として、斎藤英喜編『神話・伝承学への招待』（思文閣出版、二〇一五年）という本を紹介しておこう。

郷土玩具にみる地域の歴史と植民地・戦争の記憶
——文化人類学の視点から

鈴木文子

一　戦前の「韓流」

二〇〇〇年代初め、ドラマの大ヒットから「韓流」が起こったことはよく知られている。しかし、これは、日本が初めて遭遇した「韓国」ブームというわけではない。戦前の趣味家といわれる人々にも、ある種の「韓流」があったのである。

「趣味家」とは、モノ蒐めをする、いわゆるコレクターのことである。明治の初め頃より趣味家の会があらわれ、当初は、上層階級の道楽だったのが、大正中期には、一般人にも広がったといわれる(1)。切手や絵葉書、駅弁のかけ紙、果ては、髑髏(どくろ)グッズのコレクターもあらわれた。夏目漱石と姻戚関係にあった三田平凡児がその人である(2)。また、趣味家の代表的蒐集品に郷土玩具がある。海外から流入するブリキやセ

【図1】『版芸術』

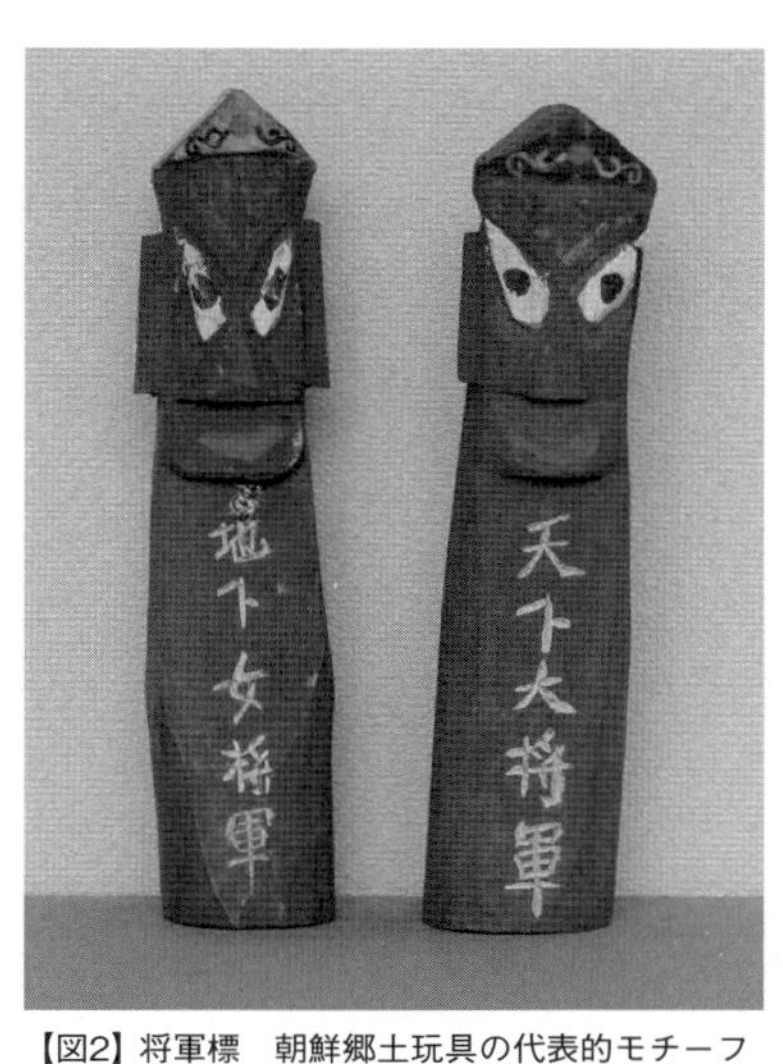

【図2】将軍標　朝鮮郷土玩具の代表的モチーフ

ルロイドのおもちゃに対し、土や紙製の素朴な玩具に郷愁を抱いたことが、蒐集の契機といわれる(3)。明治維新以降、近代国家形成の中、都市化が進み、懐かしむ対象となる「郷土」という観念も創られていった。

この趣味家たちは、美しい版画や挿絵を用いた同人誌を交換し、コレクションを紹介しあったりした。また、尾崎清次『朝鮮玩具図譜』(一九三四)、料治熊太『版芸術　朝鮮土俗玩具集』(一九三六、図1)清永完治『朝鮮の郷土玩具』(一九三九)、胐健之助『朝鮮玩具図譜』(一九四二)など当時植民地であった朝鮮半島の玩具集も次々と出版された。外国玩具専門誌として有名な山内神斧の『寿寿』(フランス語で人形を指すJou Jouから命名)一九二〇年版に掲載された韓服の起き上がりこぼしが朝鮮玩具を掲載した最初のものではないかと思われる(4)。「天下大将軍」「将軍標」などと呼ばれた「チャンスン(朝鮮半島の道祖神)」の人形は、埼玉県の高麗神社(朝鮮半島系の神社)で一九二〇年代には厄除けの護符として販売され(5)、今日では日本の郷土玩具として玩具辞典でも紹介されている(図2)。そして、これ

【図3】李朝の武官

らはいずれも、明治の開国以降、日本から「海外」へさまざまな形で移動した人々によってもたらされたものである。

本稿では、郷土玩具というモノの移動、履歴を通して、庶民のなかにみられた植民地観や戦争観を考える。

二　板祐生コレクション

日本は、日清戦争（一八九四～一八九五）で台湾を、日露戦争（一九〇四～一九〇五）で樺太（現サハリン）、朝鮮半島、中国の関東州（遼東半島南部）への支配権を得ていく[6]。戦争による領土拡大とともに、人々もその土地へ移動していった。一九四五年、日本が敗戦を迎えたあと、海の向こうから帰還した人は、軍人を含め約六六〇万人いたといわれる。当時、日本の本土を「内地」、植民地は「外地」とよばれた。明治の終わりから鳥取県西伯郡の山村で教員をしていた趣味家、板祐生（一八八九～一九五六）のもとに集まっていた品々は、そのような内地と外地を往来した人々が眺めていた「時代の風景」をよく現わしたものだった。

図3は、朝鮮へ渡った尋常小学校の同級生、O．K．から、一九一六年一〇月二二日に送られた葉書である。絵葉書は李朝時代（植民地以前の朝鮮最後の王朝）の武官で、珍しい異国の風景に対する印象が書かれている。このほか、冬の凍った漢江（現韓国ソウルにある河）での洗濯風景、当時「満州」と呼ばれた中国

東北部における飴売りや床屋など、いわゆる「風俗絵葉書」がある。また、「内地」では想像もつかないほどりっぱなレンガ造りの台湾の学校を写した官製記念絵葉書など、植民地に関する千枚を超える葉書類やポスターなどが、今日彼の遺品を集めた「祐生出会いの館」（鳥取県西伯郡南部町）に保存されている。また、祐生は、その人が現地へ至るまでの船や列車の切符、時刻表、客船の食事メニューなど、当時の世相を知りうるあらゆる「がらくた」(7)を集めていた。

戦前は学校の卒業式、地域の出来事も絵葉書となった（図4）。日露の戦勝でわく近隣の町、松江の提灯行列や、一九〇五年の第二次日韓協約（乙巳保護条約）以降、人質となって渡日した李朝の末裔李垠が米子を訪問した際の絵葉書もある（図5）。祐生の日記には、一九一〇年七月二〇日、生徒をつれ、彼を歓迎する行列に参加し万歳三唱を行ったこと、皇太子が朝鮮服であらわれたことが記されている。写真機が高級品であった時代に、絵葉書は人々の記念写真の役割も果たしていたのである。

【図4】第1回国勢調査記念絵葉書。左から台湾、朝鮮、南洋諸島、右は樺太、日本、アイヌも別途描かれているのが興味深い

【図5】李垠皇太子米子巡遊記念

「祐生コレクション」が重要なのは、後世の人によって無造作に集められたものではなく、その多くを当時現地へ出かけて行った近隣の人々から直接入手しているという点である。一人の人物が生きた時代、見ていた世界を反映し、その収集の背景となる地域の歴史や文脈を知ることができるコレクションは大変珍しく価値がある。

三　海を渡った人々

それでは、どのような人々が海を渡ったのだろう。祐生が勤務したH小学校の校長、I．M．は、一九一〇年、植民地になったばかりの朝鮮の慶尚南道統営の校長として赴任し、一九三一年に帰国するまで朝鮮の地方都市で教鞭をとっていた。野菜売りや民俗絵葉書を送った尋常小学校の同級生K．M．は、朝鮮の釜山に一九〇九年には居住し翌年には仁川で働いていた。一九一六年原住民が写る絵葉書や主要産業であった唐黍工場の資料などを送付しているM．Y．は、台湾総督府の役人で、一九二〇年代には、朝鮮総督府へ移り、戦後の混乱のなか、「満州」で病死した。一九一八年、近隣集落のS．Y．はカナダのバンクーバーに居住しており、彼の住所は、サケ缶詰工場の労働者として日本人移民が多く居住していた地域である。また、同じく同級生のT．D．は一九一六年、アメリカのバークレーにおり、留学生として宗教学を修め、後に日本の大学教員となっている。祐生周辺の人々の移動は、明治維新以降の北米移民、日清戦争後のアジア諸国への侵出と、日本の移民の軌跡の縮図でもあった。

このような海外居住者は、一九〇八年から一九四五年までの日記の住所録に記載されているだけで、六五名いる。大別すれば趣味家仲間と地元の人で、後者は、さらに二種類のタイプに分けられる。ひとつは職を求めて「外地」や海外へ移動した人々、もうひとつは、軍人、兵隊として朝鮮や中国にいた人々である。日露戦争直後には軍艦に乗船し、アメリカで演習に参加していた教え子もいた。庶民には、海外旅行は容易ではなかった時代だが、一八七三年（徴兵令発布）以降、二〇歳以上の男性は、軍隊を通して朝鮮半島や中国の都鄙を訪れた人も少なくない。日中戦争開始後、一九三九年の住所録に記されている外地滞在者は九名いたが、いずれも兵士として海を渡った人々である。

四　通信文化と植民地情報

一方で、祐生がこのように海外の情報、風景を入手できたのは、日露戦争時に発達した郵便制度、それらに伴う記念絵葉書ブームがその背景にあった。現在観光地へ行けば当たり前のようにある写真絵葉書は、「日露戦役（せんえき）記念」シリーズが大流行したことが、その普及の要因といわれる。また、私製葉書制度（一九〇〇）により葉書を自由に作成することも可能となり、絵葉書流通に拍車をかけた(8)。それらは、販売もされたが、軍事郵便制度（一九〇四）の拡大で、兵士から家族へも送付され、一般の人々が海の向こうの戦争を身近に感じる道具ともなった。日露戦争時の軍艦や、旅順口砲撃（図6）の様子などがそのまま写真絵葉書となり、テレビはもちろん、新聞さえまだ一般的ではなかった時代に、「リアルな戦争」を伝達し、勝利に沸く人々

【図6】日露戦役記念絵葉書

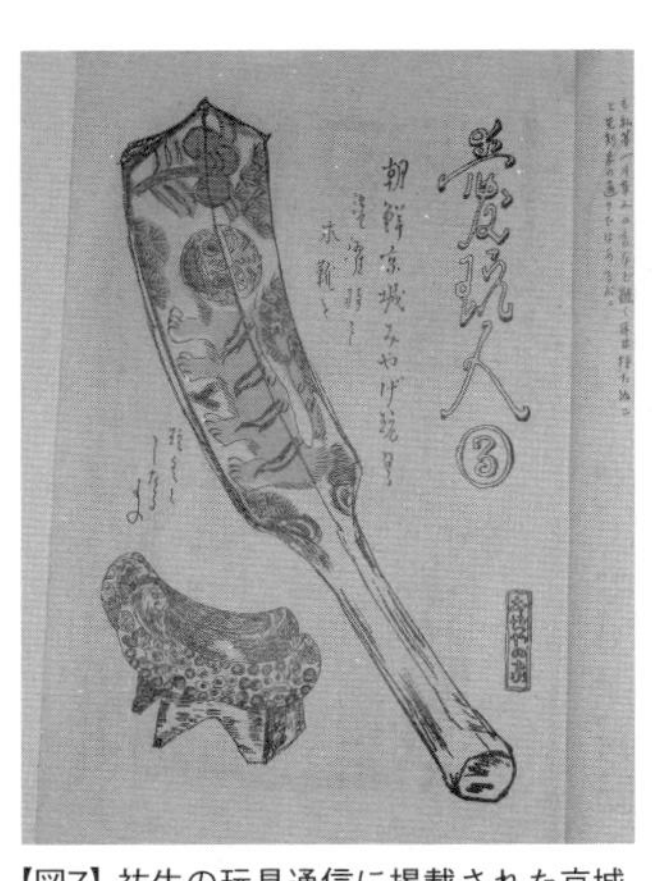

【図7】祐生の玩具通信に掲載された京城（ソウル）みやげ。砧と雨靴の玩具

を更に熱狂させたのである。

また、最初に述べた珍しい海外の玩具については、祐生は県外に居住した趣味家仲間から主に得ていた。彼らの共通点は、版画や絵が得意なこと、また非常に筆まめで、現代のメールやＳＮＳに匹敵するぐらい頻繁に情報を送信しあっているという点である。彼の日記に残された通信欄をみると同一人物と数日間毎日書簡の授受を繰り返していることに驚かされる。趣味家たちが「自刻自刷」する版画や絵付きの通信も、視覚的に世界の風景を伝達するメディアとなっていた（図7）。祐生のような山村居住者も、その中で海外や植民地の風景を知ることができたのである。

五　祐生の関心と無関心

ところで、祐生のコレクションを詳細に分析していくと、彼の収集には斑（むら）があることもわかる。「外地」でも樺太に関するコレクションは少なく、朝鮮、台湾、満州が圧倒していた。これは提供者である地域住民の移動状況によって、入手が困難だったとも考えられるが、関心があれば、自ら注文し、購入もしていたので、やはり彼の関心の反映ともいえる。特にそのような視点から、日記を戦争との関係でみてみると、日露戦争以外、第一次大戦、満州事変までは戦争そのものへの言及は少なく、淡々とした毎日を送っている。また、歴史的には大事件であった満州事変についてはほとんど言及がなく、彼の教え子や西伯郡の人が多く徴兵され従軍した日中戦争についての写真や記述は多くみられる。時代をさかのぼって、入手困難だとされる日露戦役シリーズや珍しい尼港（にこう）事件（一九二〇年）(9)の絵葉書がある。彼の同級生たちが多く入隊していた頃で、地元の部隊が派遣されてもいた。憧れの連隊長が故郷に凱旋した際は、似顔絵付きで日記にその感激を記している。

これらの事からわかることは、祐生にとって、身近な人の出征や死を体験するまでは、いくら映像（絵葉書）があったとしても、それは心から関心を持てる出来事ではなかったということだ。今日私たちが、メディアを通して見る風景からは、真の戦争を実感できないことと同じことなのかも知れない。

六　世界から東亜への縮小——玩具集の変化

趣味家と戦争との関係は、玩具集の変化にも見られる。蒐集家たちは、当初西欧の玩具に対し、江戸趣味に回帰していたといわれるが、玩具集をみていると一概にそうともいえない。清水晴風による郷土玩具のバイブルといわれた『うなゐの友』（一八九一〜一九二四）には、全十篇いずれも海外の玩具が含まれていた。

しかも東洋だけではなく、色鮮やかな肉筆画のドイツ製木製猪（第一巻）など西欧の玩具もある。淡島寒月による『おもちゃ百種』（一九一六）には、海外の玩具が四割近くをしめ、米国製の人形や「ハンガリーの木彫人形」もある。黎明期の趣味家のまなざしは、西洋＝近代、東洋＝前近代といった進化論的二分法とも異なる、どの世界にもある懐かしい「故郷」に向けられていた。しかし、満州事変をすぎると趣味家の雑誌からは、欧米の玩具は影をひそめ、さらに「日本郷土玩具協会」は、一九四二年には「日本民族玩具協会」に改称する。すなわち、個別の地域に存在していた土俗玩具が、「日本民族」という国民国家の玩具として位置づけられたのである。台湾、朝鮮、支那支部の玩具も含め、西澤笛畝は『大東亜玩具史』（一九四三）を上梓し、愛玩家の視線は、世界から大東亜共栄圏へ縮小していく。

日中戦争勃発時、祐生と親交が深かった久留米の趣味家で、軍医として従軍していた小野正男は、戦禍の中、廃墟と化した上海の民家で、黙々と玩具を物色し、「どの位慰められ、又心から楽しんでいるか判りません。」（『土偶志』一九三八年二月号）と同人誌に戦場の模様を投稿している。惨状を横目に現実逃避であったかもしれないが、「純真」で、童心を尊ぶといわれた玩具蒐集家は、帝国主義の一翼を担い、戦争へ向かっていったのである。

七　地域に残される歴史・残されない記憶

ところで祐生が居住していた鳥取県西伯郡やその近隣地域は、植民地や戦争時どのような状況にあったのだろう。日本では第二次大戦以外、国内で戦争を体験することはなかったが、山陰地方は身近に戦争を感じられた数少ない地域のひとつであったろう。日本海海戦の際には、砲弾も響き遺体も多く流れついたという。一方、西伯から二六キロ程離れた境（現境港）は一八九六年、「満鮮（満州・朝鮮）貿易」をめざす外国貿易港として承認され、一九世紀末からは、朝鮮へ向かう日本海航路も複数開通していた(10)。台湾の最初の鉄道工事（台湾縦貫鉄道）を請負（うけおい）（一八九六年）、金山王となって、祐生が蒐集を始める明治末ごろには、成功し帰国していた木村久太郎（一八六七～一九三六）などもいた(11)。つまり、日清戦争以降、早くから人々の視線は「外地」に向かっていたということである。しかし、鳥取県は全国的にも決して朝鮮・台湾などの植民地移住者が多い県ではない。一九四二年の『朝鮮総督府統計年報』では朝鮮居住の鳥取出身者は全国で三二位である。つまり祐生の周囲で起こっている海外との人、モノ、情報の往来は、当時の日本のなかでは、それほど珍しい状況ではなかったということである。この人々の足跡は、祐生の日記、地元に残されていた公文書、学校の同窓会誌、軍隊の記録、遺族やムラの方へのインタビューなどから明らかとなった。

このように各地を歩くと、植民の記憶ともいえるモニュメントに遭遇することがある。先の李垠皇太子（イウン）巡行記念碑は、大阪心斎橋の繁華街近くの小学校や長野の博物館にも残されている。しかし、これまで原爆や反戦運動以外、地域社会と戦前の記憶、特に一般の人々と植民地とのかかわりは、あまり語られることがなかった[12]。大陸への移住者とは反対に、植民地時代に日本に渡ってきた朝鮮半島の人々の記録、在日コリアンの集住地は、鉄道や道路建設など地域の開発と関連することが多いが、その歴史が県史や市町村史で、記述されているものはどれ程あるだろうか。趣味家たちの「韓流」だけでなく、身近にあった朝鮮半島がいつの間にか見えない歴史になっているのである。歴史認識を考える際、どのような記録や記憶が歴史となってきたのか、その過程を追うことも重要である。

筆者が専門とする文化人類学では、文献資料だけではなく、フィールドワークを通して得た、あらゆる資（史）料（口述資料、映像資料も含む）を利用し、具体的な生活の脈略から課題を考察していく。文化人類学は、もともと異文化理解の学問として知られている。伝統的には、非産業化社会（例えばアフリカの部族社会）や、小規模なコミュニティー（村落社会など）における長期の住み込み調査を通し、文化理解の一助を果たしてきた。しかし、近年では、歴史的変化も注視し、自明のものと思われる文化が生成した過程や、記憶の創られ方にも関心をもって研究している。歴史人類学という分野もあり、これまでのマクロな政治経済の歴史に対し、個人の行動、思考、感情と結びついたミクロな歴史にも注目している。

個々の社会的ネットワークや人々が遭遇する情報、風景をつなぎ合わせることで、普通の人々が遭遇し、経験した植民地や、平凡な日常のなかで人々が向かっていった戦争の実感を私は知りたいと思っている。

【註】

(1) 斎藤良輔「日本郷土玩具―その歩みと系譜」(斎藤良輔編『郷土玩具辞典』東京堂出版、一九七一年)二六頁。趣味家集団の嚆矢には、「竹馬会」(一八八〇創立)、「集古会」(一八九六)などがあった。なお、本論は、拙稿「山陰から見た帝国日本と植民地―板祐生コレクションにみる人の移動と情報ネットワークの分析を中心に」(『国立民族学博物館調査報告』六九号、二〇〇七年、七五―一一六頁)、および「玩具と帝国―趣味家集団の通信ネットワークと植民地」(『文学部論集』九三号、二〇〇九年、一―二〇頁)に加筆修正したものである。

(2) 三田や趣味家たちについては、山口昌男『内田魯庵山脈〈失われた日本人〉発掘』(晶文社、二〇〇一年)に詳しい。

(3) 郷土玩具の歴史については、斎藤良輔、前掲論文一九―五〇頁参照。

(4) 料治熊太は、日本の著名な版画家の一人。『版芸術』は彼が編んだ代表的な版画雑誌。尾崎、清永、朏は、各々医師、朝鮮在住の商人、京都の貿易商で趣味家の世界では著名な玩具蒐集家たちである。

(5) 高麗神社との関係は、朏健之助「郷土玩具のなかにある朝鮮文化」(『郷玩サロン会報』一四号別冊、一九七二年、一―一二頁)参照。祐生は大連博覧会(一九二五)みやげとして、満州滞在の友人から木彫のチャンスン人形を寄贈されている(図2)。以下、すべての映像資料は、「祐生出会いの館」より提供して頂いた。感謝申し上げる。

(6) 本論では、一九四五年以前の事象を扱うため、樺太、朝鮮、満州など今日では不適切な表現も、当時の記述にのっとり表記することをお断りしておく。

(7) 趣味家たちは、自らのコレクションが世間からは無用の長物であることを自嘲的に表す名称をその同人誌や趣味家の会につけたりした。先の三田平凡寺の「我楽他宗」がその代表的存在である。

(8) 郵政省編『郵便百年史』(吉川弘文館、一九七一年)

(9) シベリア出兵中の日本軍が、一九二〇年三月ロシアのニコラエフスク(尼港)で、一般人とともに、捕虜となるが、五月末日本軍来襲を知ったパルチザンによって殺害された事件。

(10) 境港市編『境港市史』上巻(一九六八年)。

(11) 深田豊市『島根鳥取名士列伝後編』(博進館、一九〇六年)一―一六頁、野村愛正編『木村久太郎翁』(行政学会印刷、一九三八年)。

(12) 朝鮮に渡った日本人を、自叙伝などを使って網羅的に描いた先駆的研究に高崎宗司『植民地朝鮮の日本人』(岩波新書、二〇〇二年)、日本人の移動を扱った木村健二『在朝日本人の社会史』(未来社、一九八九年)などがあるが、日本の地方史、特に生活史から半島や植民地との関係を扱ったものは見当たらない。

【図出典】

【図1】料治熊太編『版芸術』八月号、白と黒社、一九三六年
【図2~6】祐生出会いの館提供
【図7】板祐生『愛玩人』第三冊、一九三七年、祐生出会いの館提供

魏志倭人伝の文化史

門田誠一

一　中国の歴史書としての魏志倭人伝

遣隋使や遣唐使を送って日本と中国との国どうしの交渉が展開する飛鳥時代以前で、倭や倭人に関して、中国で記されたもっともまとまった記述が魏志倭人伝である。ただし、魏志倭人伝という名の書物があるのではなく、魏・呉・蜀という三つの国が争い、曹操や劉備・関羽などの英傑たちの登場し、劇画や人形劇にもなって、よく知られる『三国志』の一部分であり、魏書の東夷伝とされ、中国からみて東に居住した人々として記されている（『三国志』魏書東夷伝倭人条）。

『三国志』そのものは、三国時代より後の西晋という時代に陳寿という人物が書いた歴史書であり、三世紀頃の日本列島について二〇〇〇字程で記されている。

魏志倭人伝の内容に対して、古くは江戸時代から注目されており、明治時代以降に考古学や古代史の研究が成立して以降、様々な意見が出されている。しかしながら、魏志倭人伝に記された国々、とくにそれらの中心であったとされる邪馬台国がどこにあったかという問題に興味や関心が集中してきた。けれども、魏志倭人伝はもともと中国人が記した歴史書であり、最近では執筆者および中国の立場に戻って、もう一度『三国志』のなかで魏志東夷伝の内容を位置づけ、その信ぴょう性や史料としての限界を明らかにしたうえで、改めて細かな内容を吟味する必要があることが強調されてきている。そのような考え方にもとづいて、魏志倭人伝に記された倭人の風習や生活についての記述を中国の考古学資料や文献からみなおして当時の中国人の目に映った倭人を考えてみよう。

二　魏志倭人伝に記された倭と倭人

魏志倭人伝に記された倭人の習俗でとくに特徴的なものとして、ここではいれずみのことを指す「文身（ぶんしん）」、髪形を示す「被髪（ひはつ）」、食器である「籩豆（へんとう）」、食文化を示す「生菜（せいさい）」、建物の一種である「邸閣（ていかく）」などをみていこう。

（一）身体習俗

倭人の姿に関しては「倭では、男子は成人も子供もみな顔や体に入れ墨をしている。…夏王朝の六代の王小康の子が、会稽郡に封ぜられたとき、断髪して入れ墨し、海中にひそむ蛟龍（みずち）の害を避けたという。今、倭の水人は海中に潜って魚や蛤を捕え、体に入れ墨して大魚や水鳥から身を守ってきたが、後にはやや飾りとなった」と記されている。実際の文章では「文身」と記されるが、倭人の男性の間では、大人も子供もされていたとなっている。これに関しては、弥生時代や古墳時代の土器などに表された人物の顔などに

【図1】現代の入墨（中国海南島・リー〔黎〕族）

実際に入れ墨らしきものが表現されていて事実とみられている。いっぽう、中国の親孝行に関する書物（『孝経』）では「人の身体はすべて父母から恵まれたものであるから、傷つけないようにするのが孝行の始めである」とされており、身体を傷つける入れ墨（図1）は親不孝の最たるものとなる。倭人伝には倭人たちは、水にもぐった時に、龍にかまれないために、一種の魔除けとして、入れ墨をしていたと記されているが、これは同時代の中国では親不孝の極みと考えられた。このことから倭人の文化が同時代の中国の道徳や倫理観とは大きく異なるものとされていたことがわかる。

（二）髪型

魏志倭人伝の一般的な現代語訳では「男子はみな冠をかぶらず、木綿の布で頭をまき」、婦人は「お下げや髷（まげ）を結っている」とされている。しかし、とくに婦人の髪型に関する実際の表記は「被髪」となっており、これはたとえば「羌胡（きょうこ）は被髪で、左前の着物を着て、漢人と雑居しているが習俗は異なり、言語が通じない。」（『後漢書』西羌伝）として使われている。この羌とはチベット系の民族であり、漢人すなわち漢民族の祖先とは異なる民族の特徴として「被髪」が取り上げられている。これは髪を束ねず、被り物をつけないこととされており、倭人も羌と同じく異民族の特徴的な髪型をしていたとみられていたことがわかる。

これとは反対に、「賤しい人でも必ず冠をかぶり、履は高貴な人も必ず足にはく」（『韓非子』）とあるように、古代の中国では冠と履をつけることが必要であり、髪を切らずに束ね、裸足ではないことが社会的に必要とされた習俗であったことがわかる。

ところが倭では男子は髪を木綿のようなもので巻き、婦人も髪を束ねず冠を着けていなかったと記されており、また倭人伝に「人々は裸足で生活し、家屋を立てるが、父母兄弟はそれぞれに居所を異にしている」と、中国の風習とは違うことが記されている。

【図2】頭髪を剃られる罪を表した墓の石製部材
（山東・諸城涼台孫琮墓画像石・1世紀頃）

すでにふれたように中国では髪は身体の一部であり、これを損なうのは人間として重大なことであった。実はこのことは魏志倭人伝を含む『三国志』を編纂した陳寿がもっとも痛切に感じていた。蜀の人である陳寿の父が魏との戦い（街亭の戦い）で敗れた時、将軍である馬謖が作戦の不備で斬罪されると、馬謖の参軍であった陳寿の父も、これに連座して頭髪を剃られる罪（被髡）を受けるという恥辱を蒙った（『晋書』陳寿伝）（図2）。父母から受けた身体の一部である髪を失うということは、当時の社会人としては大きな恥辱であり、このような現実に直面した陳寿は倭人の髪についても、現実感をもって記述していたと思われる。

(三) 食物

魏志倭人伝にみえる具体的な事物や事象を対象とする字句のうち、倭人の生活文化の一面としては、「倭の地が温暖であるため冬も夏も生の菜の類を食べる」という内容がある。この部分は倭の気候風土を反映した生活の一端とみられている。「生の菜を食べる」ことに関しては、編纂当時の中国の思想や文化が規範となっている。たとえば、中華の周辺の民である蛮夷戎狄はそれぞれの居所・食事・衣服・用品・器具などが備わっているとし、これらの民は互いに言語が通ぜず、嗜好が異なることを述べたなかで、風俗としては南蛮の人々の額への文身や歩行方法、北狄の人々の被髪や皮衣などをあげ、食事作法に関して東夷・南蛮は火食せず、西戎(せいじゅう)と北狄(ほくてき)は粒食しないとしている(『礼記』王制)。ここでは火食すなわち食物に火を通さずに食べたり、粒のまま食べないのは中華世界の周辺に住む五方の民として括られ、方位に応じて夷狄戎蛮と類型化される異民族である人々の食事作法であり、これを中華の民と対比的に述べている。逆に言えば火食(かしょく)し、粒食することが中華の食事作法であることが、この記述の前提となっている。

火を用いずに生のまま食した頃は疾病が多く、聖人が燧(すい)(火打ち石)によって火を起こしてから、民はこれを用いるようになり、聖人は王となったとする(『韓非子』五蠹)。ここでは火食以前の獣のような暮らし方が聖人による火の発見により人間としての文化的生活に変容したことが示されている。加熱調理を動因として人が火を使用することになったという理念としての火食であり、これを行うことによって礼俗を行う倫理的、道徳的な存在としての人となるのである時代は下るが五世紀頃に丘傑という人が一四歳の時に母を亡くし、それからは火を通した食物を口にしなかった。その後、年を経て母が夢に出てきて言った。死を止めるには分別あるのみで、どうしてこのような苦しみを味わうかというと、お前は生の菜を食べて、毒にあたったので、神棚の前にある三丸薬を取ってこれを服しなさい、と言った。丘傑は驚いて起き、母の言葉どおりに瓶をみつけると、そのなかには薬があり、これを飲むとたちまちオタマジャクシ（科斗子）数升を下した、という。ここでは丘傑が生菜を食した結果、腹中でオタマジャクシが多数発生したというのであるから、生菜は食材の生食であることを示している。これは魏志倭人伝の生菜に対して、加熱を経た熟菜（じゅくさい）に対するものと解する例証となる。さらに生菜を食すれば腹中にオタマジャクシが生ずるとあるから、蔬菜の類を指すことは確実である。

これらを参照すると、中国の儒教的な生活習慣からみると、「生菜」の語は倭人がこのような礼俗とは異なる倭人の生活の一面を象徴した語であると考えられる。

(四) 食器

倭人の食文化として、「倭の地は暖かく、冬も夏も生野菜を食べる。人々は裸足で生活し、家屋は立てるが、父母兄弟はそれぞれに居所を異にしている。朱・丹を体に塗るのは、中国で白粉を用いるようなものだ。飲食には高杯を用い、手づかみで食べる」とある。実際の文章では高杯に「籩豆」という難しい語が使われている。この語の意味として、後漢代の辞書には「木豆はこれを豆といい、竹豆はこれを籩といい、瓦豆はこれを登という」（『爾雅』）とあって、豆は木製、籩は竹製であったことがわかる。

また、中国古代の儀礼的な集まりでは、「賓客が初めて席につく時には左右に正しく居並び、籩豆が置き

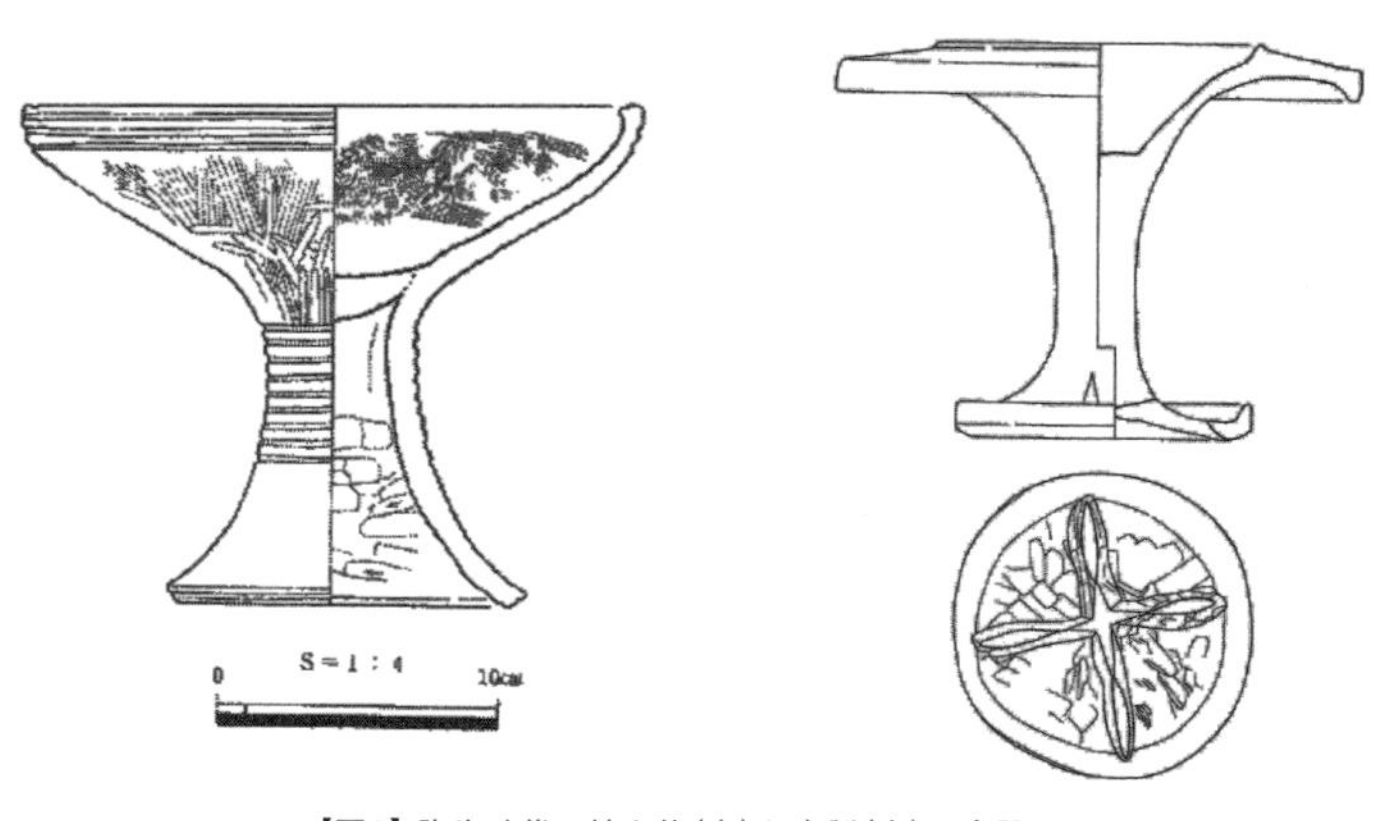

【図3】弥生時代の焼き物（左）と木製（右）の食器

ならべられており、そこには肉などが盛られている」（『詩経』小雅・賓乃初筵）とあり、籩と豆という二種類の食器が必須であったことがわかる。

同じ東夷では中国の東北部に住んだとされる夫余という民族は「飲食には皆、俎（食物を載せるまな板状のもの）と豆を用い」るとされ、沿海州あたりにいた挹婁は「東夷は飲食にはおおむね皆俎豆を用いているが挹婁だけは、俎豆を用いず、法や習俗は綱紀がない」されており、倭人が「籩豆」の二種類を用いていたことは異なっている。

魏志倭人伝の冒頭には「夷狄の邦といえども、俎豆を用いた正式な祭祀の儀礼が備わっており、中国に礼が失われた時、四方の異民族にそれを求めることもありえよう」とあって、倭では儀礼に必要な籩と豆が両方とも使われていることから、まさにここで述べられた中国の正式な儀礼が行われていたと同時代の中国では認識されていたことがわかる。

実際の出土遺物としては、弥生時代には焼き物と木製の高坏があり、食物を盛り、また、備える器物として、用いられていたことがわかっている（図3）。両者はほぼ弥生時代を通じて共存したことから、当然ながら用途や機能の違いが想定される。ただし、弥生時代でもその早い頃には木製品が多く、なかば以降には焼き物の高杯が増加するとみられており、魏志倭人伝の時点では木製高坏の流行時期は過ぎているが、土器の高坏と併存している状況であることは間違いない。このように倭人が焼き物と木製品と高坏を併用している、という伝聞があり、それが魏志倭人伝に礼儀が備わった国として記述されることになった可能性がある。

(五) 建物

魏志倭人伝の倭国の社会を記した部分には「租税などを収め、そのための建物(倉)がたてられ、国々には物資を交易する市がある」とあり、ここに記された租税などを収めるための建物として「邸閣」の語が用いられている。「邸閣」というと一般的な語感としては、立派な邸宅のように思われがちだが、『三国志』に出てくる「邸閣」という語の使われ方を調べた結果、大規模な軍事的倉庫であり、用途としては食料の貯蔵や戦争に使う道具・資材などの収納と考えられていて、交通・軍事上の要地や政治・経済の中心地等に置かれていた。このことはすでに八〇〇年近く前の元という時代に李冶(りや)(一一九二～一二七九)という学者が指摘しており(『敬斎古今黈(とう)』)、その後、日本の東洋史学者がさらに詳しく論じている。

倉庫というと日本の弥生・古墳時代の遺跡では多くの高床式倉庫が発見されており、魏志倭人ではこれを「邸閣」と考える場合がある。しかしながら高床式倉庫は穀物などを湿気から守るためには有効であるが、はしごを上らなければならず、戦争に用いる重い道具を収納するには不向きである。このような「邸閣」を考える場合にも、同時代の中国の考古資料が参考になる。たとえば、三国時代の前の漢代には明器といって、墓にミニチュアの器物を収めることがある。そのなかには倉庫を小さくしたものもあり、そのうち高床式建

【図4】漢代の国家的倉庫（京師倉）の復元図

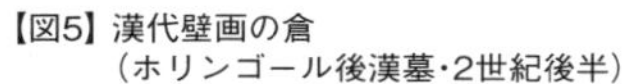

【図5】漢代壁画の倉
（ホリンゴール後漢墓・2世紀後半）

物は中国南部や南西部の温暖で湿潤な風土や亜熱帯性の地域などの夏季に高温となる地域で出土する傾向があり、その他の地域では地面に直接建てた倉庫の明器が出土することが普通である。

また、漢代には国家が食料を備蓄する倉庫（京師倉）があったが、この実物が発掘されており、東西六二・三メートル、南北二五メートルという大規模な建物が七八・四万平方メートルの敷地に何十棟も建てられていたことがわかっているが、これらは高床式ではない（図4）。

漢代にはレンガのような部材で建物や墓が造られたが、それらの一部に図像が表現されていることがあり、そこに表された穀物倉も屋根に空気抜きのある平地式の建物で、多高床式ではない。また、後漢代の墓の壁画のなかに当時の建物が描かれていることがあり、傍らに墨で書いた文字があり、倉庫であることがわかる例がある（図5）。これらも高床式ではない普通の建物である。これらのことから魏志倭人伝の「邸閣」も高床式の倉庫ではなかったと考えられる。

三　魏志倭人伝と考古学研究の意義

ここでは中国の考古学資料や史書・文献を用いて、『三国志』を編纂した当時の中国の文化や価値観から、魏志倭人伝の内容を検討した。歴史学は当時の認識や価値観を客観的に調べて事実を探求することにあり、過去の遺跡・遺物や記録を現代の認識から判断したり、解釈することとは異なる。とくに魏志倭人伝の研究では、このことが置き去りにされていることが多いことから、基礎的な研究が必要と考え、その具体的な事例を簡潔に示した。

あわせて、現在のような情報過多の社会にあっても、肝心な判断は今にいたる歴史に裏づけられた文化によることが多い。ここであげた例としては、親や祖先に対する孝という考え方がある。親孝行を世界すべてに共通する考え方だと思っている人がいるが、これは中国で生まれた儒教の考えに基づき、それが広まった漢字文化圏に特有の思想である。いっぽう、世代や信仰のあり方によっても異なるが、一般的にキリスト教文化では労働は神の与えた罰であると捉えられる。それはアダムとイブがエデンの園で禁断の木の実を食べ、その罰として男性のアダムは生涯食べ物を得るために苦しみ、すなわち労働を、そして女性のイブは出産という苦しみを与えられたからで、労働は人間のもつ罪に由来する。

このように一般的と思われることでも、地域や文化によって大きな考え方の違いがあり、現在の国や地域の文化のもとになっている固有の考え方を明らかにすることは、考古学・歴史学の大きな役割である。その意味で中国の編纂物である『三国志』も、当時の認識と価値観によって、まず検討する必要がある。そのことによって、異なる考え方に基づく記述を客観的に分析するという思考の方法が磨かれることになる。このような物事の捉え方は時代が流れ、社会が変化しても必要とされる。また、土地や海域などの領有権や集団の帰属などに関しては、現代社会の問題であっても古代や中世の歴史との関係が論じられる。親孝行や労働が罪とみなされる一部の例をあげたが、これに限らず、科学や技術の進展した現代社会であっても、物事に対する様々な判断や価値の認定は、地域や集団の歴史や文化に基づいてなされることがほとんどである。考古学・歴史学は特定の時代や対象を研究しているようにみえるが、これらの点から実際には人間が暮らしていくうえで、集団か個人かにかかわらず、常に必要なものごとの捉え方を追求し、錬磨する学問といえる。

〔参考文献〕＊魏志倭人伝に関する既発表の論文

門田誠一「卑弥呼に下賜された金八両の意味—漢魏代の黄金使用との相関的検討」(『歴史学論集(佛教大学)』六、二〇一六年)

同「魏志倭人伝にみえる生食習俗の検討—中国古代の礼俗との対比」(『歴史学部論集(佛教大学)』五、二〇一五年)

同「魏志倭人伝にみる黄幢の史的風景」(『鷹陵史学』四〇、二〇一四年)

〔図出典〕

【図1】徐家林「黎族婦女文身図案浅報」(『瓊州学院学報』一五–六、二〇〇八年)〔中国語文献〕

【図2】任日新「山東諸城漢墓画像石」(『文物』一九八一年第一〇期)〔中国語文献〕

【図3】財団法人鳥取県教育委員会・国土交通省鳥取工事事務所編『青谷上寺地遺跡3(本文編)』(財団法人鳥取県教育委員会・国土交通省鳥取工事事務所、二〇〇一年)

【図4】陝西省考古研究所編『西漢京師倉』(文物出版社、一九九〇年)〔中国語文献〕

【図5】内蒙古自治区博物館文物工作隊編『和林格爾漢墓壁画』(文物出版社、一九七八年)〔中国語文献〕

禹余糧石と禹余糧山

——岡山県倉敷市二子地区

植村善博

はじめに

皆さんは約四〇〇〇年前、古代中国の禹王（名は文命）をご存じだろうか？　禹は洪水を頻発して人々を困窮させた黄河の治水を成功させ、国土開発を進めた英雄、人民のために善政をおこない、酒を断ち政務に専念した聖人君主、として人々から敬愛された人物である。黄河や長江の流域には彼を祀る禹王廟や禹王遺跡が多数存在し、治水神として広く信仰されてきた。この中国生まれの治水神・禹王が日本の淀川や木曽三川、利根川などの河岸地域を中心に治水の神として信仰されてきたのだ。大脇・植村編（二〇一三）は禹王の廟、彫像や肖像画、禹の文字を刻んだ石碑などの禹王遺跡五七件を記載し、その意義を明らかにした。また、大阪府島本町、岐阜県海津市、神奈川県酒匂川、大分県臼杵市では現在も禹王祭などの祭礼や儀式が地元の人々により継承、実施されていることは注目される。

この研究は、①中国起源の禹王信仰と禹王遺跡が日本のどこに、いつから、いかなる形態で分布している

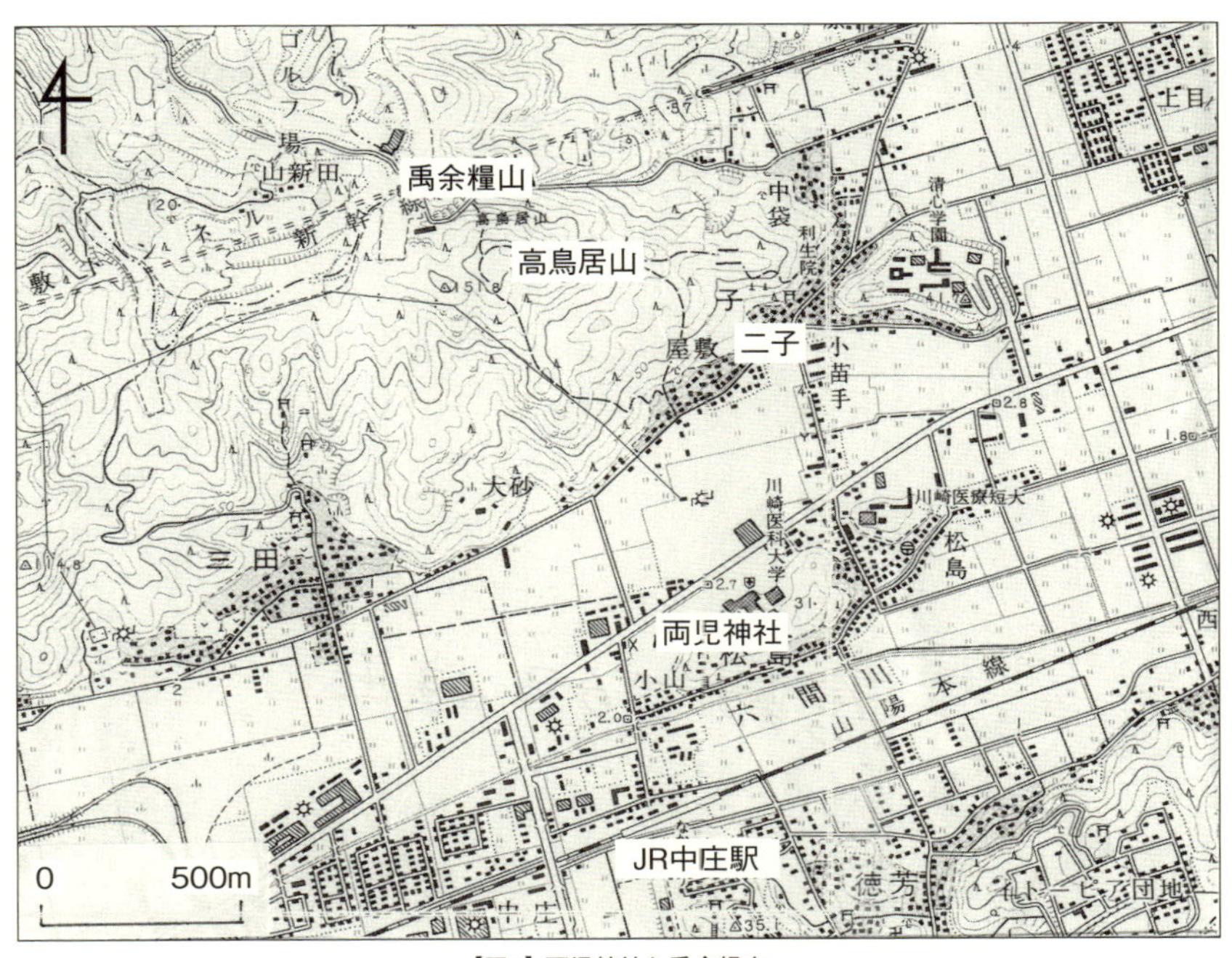

【図1】両児神社と禹余糧山

のか、②禹王信仰が地域にいつ、どのようなプロセスを経て定着し現在に至っているのか、を地理的、歴史的視点から明らかにすることを目的としている。今回紹介する岡山県倉敷市の禹余糧石（うよりょうせき）はこれまでのものとは全く異質な薬石として受容された禹王信仰であり、禹余糧山は日本で数少ない文化財的な禹王地名の事例である。

一　両児神社の禹余糧石

山陽本線中庄駅から北へ徒歩約一五分で倉敷市松島の両児（ふたご）神社に着く（図1）。宮山とよぶ小丘に位置する本社は二子、松島、栗坂三地区の産土（うぶすな）神で、また藺草（いぐさ）の神として信仰されている。祭神はイザナギ、イザナミ、天照、月夜見、応神の各大神である。もとは五坐八幡宮と称し、現位置の北方約一・二キロメートルにそびえる高鳥居山の山頂付近に鎮座していた。その起源は山下の二子集落に神功皇后が滞在したことによるといい、平安期万寿年間（一〇二四～二八）に海中の島であった松島に遷座した。近世には万寿庄一一カ村の産土神、総鎮守として崇敬されたが、明治八年に両児神社と改名して今日に至っている。

両児神社には昭和八年一月に二子の坪井藤八氏により奉納された禹余糧石が大切に保管されている。禹余糧石と墨書された木箱に直径三四センチ、縦二二センチ、厚さ一六センチの褐色卵形の石塊が収納されている（図2）。表面はなめらかでどっしり重く五キロほど、鉄質の外殻は〇・五センチの厚さをもつ。

【図2】両児神社奉納品の禹余糧石（上）、その表面と内包物（下）

禹余糧石とは古代中国の伝説上の帝王禹が浙江省会稽山において食料の計算をおこなった際、余った食料を捨てたものが石化したといわれ、漢方薬として重宝される薬石である。益富（一九五八）によると、禹余糧は中国後漢末の『神農本草経』に初めて記載されるという。『本草綱目』石部第十巻には禹余糧および太一余粮の記載があり、その特徴や効能が述べられている。太一とは大道の師、すなわち禹の師がこれを服したことに由来すると記す。禹余糧石は固い殻をもつ球～卵型自然石で、その殻内に包含される粘土質物質を禹余糧とよんで薬石に用いる。正倉院御物には禹餘粮と大一禹餘粮

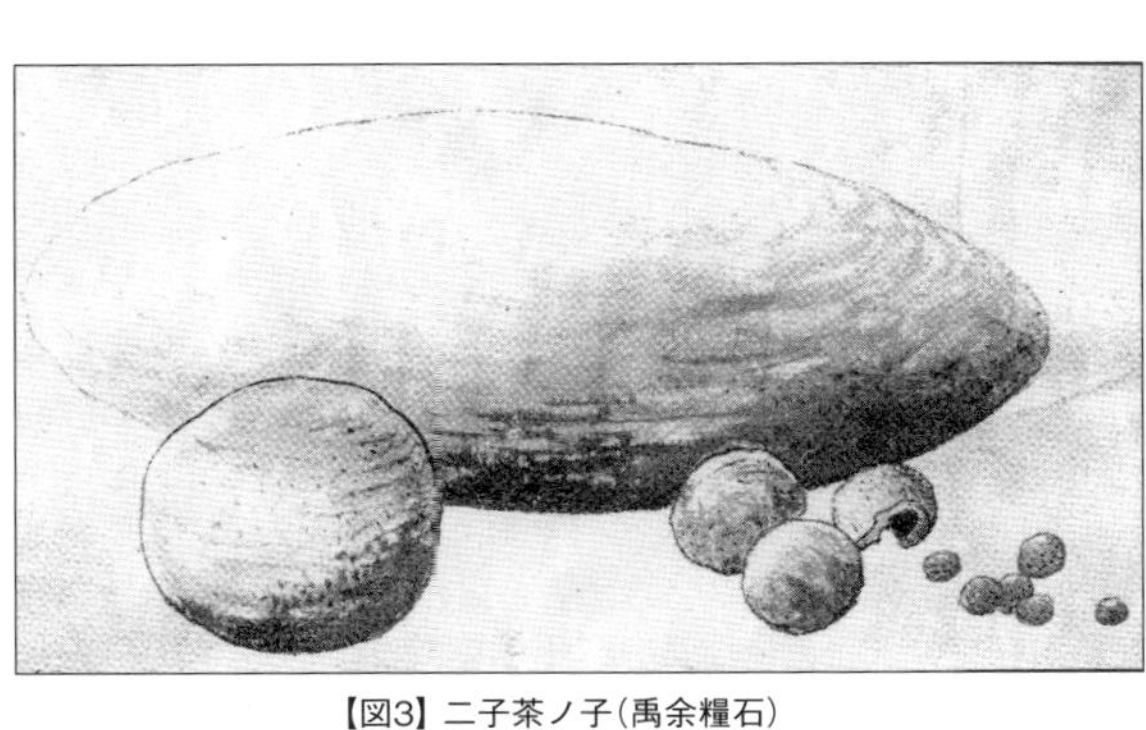
【図3】二子茶ノ子(禹余糧石)

とが記載されている。益富(一九五八)は両者の混同を指摘し、本来の定義に従って赤色、紫色のものに限って大一余糧とよぶべきだと主張している。実際に殻を割らないと包含物の色は判断できないから、一般には禹余糧とよぶのが望ましい。益富(一九六七)や益富地学会館の展示によると、禹余糧石内部の白粘土の成分は含水珪酸アルミニウム(加水ハロイサイト)で慢性下痢、腸内出血を止める効果があり、赤紫色の大一余糧は上気、血閉、湯下に効能があるという。『本草綱目』は「久しく服すれば寒暑に耐え、飢えず、身を軽くし、千里を飛行し得て神仙となる」と記す。これは禹余糧が延命長寿の漢方薬として神仙思想に取り入れられた結果と考えられる。

さて、両児神社奉納品の禹余糧石は二子集落の北方にそびえる高鳥居山頂付近から産したものと推定される。岡山県(一九二五)はここから産する黒色球状の石を地元では昔から二子茶ノ子(団子)といって名物とされてきたこと、殻を割って内部の粘土をなめると長く飢餓に耐えると地方の人は信じてきたことを記す(図3)。このような伝承は近世中期以降、当地でしばしば発生した大飢饉に際して広まった可能性が高いと推定する。岡山県下では延享年間や天明三〜七年間に飢饉や飢餓のため農村での逃散、年貢減免願、強訴などが頻発している(岡山県史編纂委員会二〇〇一)。また、同県下に広く分布する地神碑の建立と信仰には江戸中期以降の飢饉により疲弊した農村復興を希求する地域上層の知識階級が大きく関与したと推定されている(正富二〇〇一)。禹余糧石も飢饉への対応の象徴だと推定されるが、その名

【図4】大正期の禹余糧山のスケッチ（上）と現在の景観（下）（2015年8月）

がいつ、どのような経過によって命名されたかは不明である。

禹余糧石の外殻は淡水中の酸化鉄が砂などに吸着して球~卵形に成長した湖成鉄に起源するとされてきた。しかし、益富（一九五八）は水中成因説を否定し、地下水が浸透しやすい砂礫層において、地下水中の酸化鉄が粘土粒の表面に吸着、成長して球形の外殻が形成されると述べている。これは地層が隆起して丘陵を構成するようになって以後の続生作用による陸生説であり、筆者もこれに賛同する。二子地区にはかつて三〇センチ程度のものが産したが、大正期には数センチ以下のものがほとんどであったという。両児神社の禹余糧石は直径三四センチの大きく見事な卵型の美品である。一カ所に穴があり、殻内を充填する白色の粘土が観察され、禹余糧だと断定できる（図2）。二子でも稀に見る大型の美しい禹余糧石が産したことから、両児神社へ奉納されたのであろう。

二　二子の禹余糧山

倉敷市中心部から北東約五キロメートルに高度一五二メートルの

【図5】昭和40年代のゴルフ場建設による地形破壊

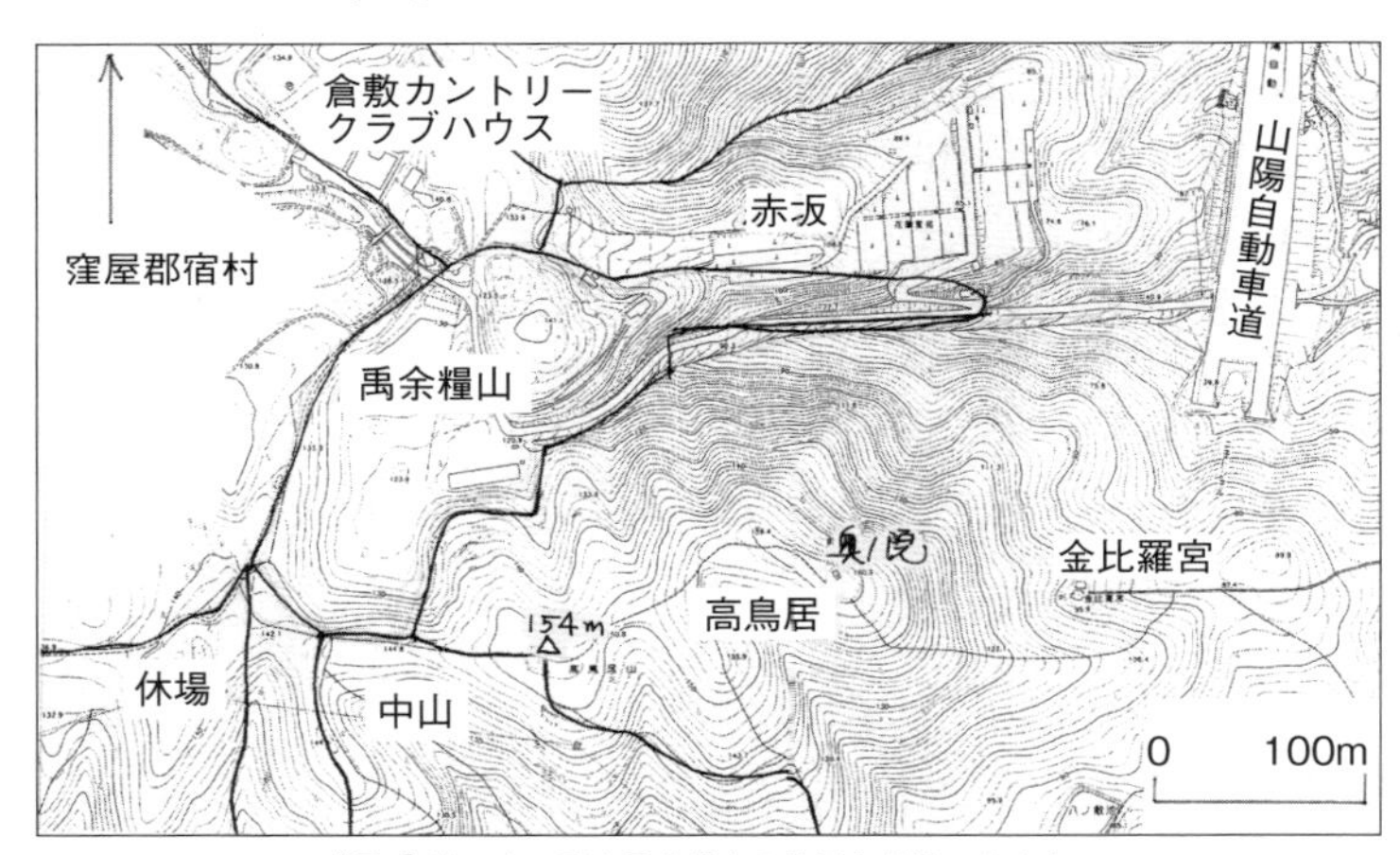

【図6】第四十一番字禹余糧山の位置と付近の小字名

高鳥居山を背に南面する二子集落がある。高鳥居山の西側に壇状にそびえる四面崖をなす山があり、それを構成する地層に球～卵状の石を含み、大雨後には地元民がこれを採取したという。この二子茶ノ子は殻内の粘土をなめると長く飢餓に耐えうると信じられてきた（図3）。これが禹余糧石であり、この産地を禹余糧山と名づけた（岡山県一九二五）。薬石を産する神秘的な霊山とする神仙思想の影響が認められる。

褐鉄鉱の外殻をもつ球状の自然石は日本各地の第三紀～第四紀の堆積層から産出し、地方によって、饅頭石（まんじゅういし）、団子石、子持石、壺石、振ると音を発するものは鈴石、鳴石などとよばれている。図4は二子集落と禹余糧山の遠景スケッチ（上）と現在の景観（下）である。二子北方の山地は高度一五〇メートル程度の定高性の著しい山塊を形成しており、高鳥居山などの小峰には花崗岩が露出している。しかし、峰間の凹地部には白色の泥岩が分布していることを現地で確認した。この堆積岩は中新世の備北層群で花崗岩の凹部を埋めて堆積したものと推定され、禹余糧石はこの地層中に産するものである。この産地を含む高鳥居山の西北側は一九六〇年代のゴルフ場開発により地形が破壊されて産地は消失、現在では禹余糧石を採取することはできない（図5）。二子の古老から聴き取った結果、ほとんどの人が禹余糧石や禹余糧山の名を記憶していない。一部の人が二子茶子を知っておられたが、地元では石も山名も忘れ去られた存在となっている。つぎに、禹余糧山が地名として実在しているか否かを検証するため、倉敷法務局の明治期作成の地籍図を閲覧した。その結果、二子地区四十一番字禹余糧山が存在し、現在も小字名として用いられていることを確認できた（図6）。この禹余糧山は山梨県富士川町の禹ノ瀬につぐ二番目の禹王地名で、文化遺産としても貴重である。

まとめ

（一）岡山県倉敷市松島の両児神社に奉納品として禹余糧石が保管されている。この内容物は漢方薬として珍重されてきたが、ここの包含物は白色で禹余糧である。

（二）禹余糧石は二子北方の禹余糧山付近の中新世備北層群中から産する。鉄質外殻をもつ卵型をなし、地元で二子茶ノ子とよぶ名物であった。しかし、一九六〇年代のゴルフ場開発により産地は破壊されてしまった。

（三）禹余糧をなめると長く飢えに耐えうるという伝承は江戸中期以降の飢饉頻発期に起源をもつ可能性が高い。しかし、禹余糧石および禹余糧山がいつ、いかなる経過で命名されたのかについては明らかにできなかった。今後の課題としたい。

（謝辞）調査にあたり倉敷市二子の塩田純一郎氏には情報収集や禹余糧山への案内に親身に協力いただいた。また、両児神社、倉敷市教育委員会、佛教大学門田誠一氏には親切に知見をご教示いただいた。記して心からの謝意を表します。

［参考文献］

大脇良夫・植村善博編『治水神禹王をたずねる旅』（人文書院、二〇一三年）
岡山県史蹟名勝天然記念物調査会「禹余糧石」『岡山県史蹟名勝天然記念物調査報告』第五冊（一九二五年）四八－五〇頁
岡山県史編纂委員会『岡山県史第十七巻　年表』（二〇〇七年）
庄村誌編纂委員会編『庄村誌』（一九七一年）
鈴木真海訳・木村康一新註校定『新註校定国訳本草綱目』（春陽堂書店、一九七四年）
正富博行『岡山の地神様　五角形の大地の神』（吉備人社、二〇〇一年）
益富壽之助『正倉院薬物を中心とする古代石薬の研究』（日本鉱物趣味の会、一九五八年）
益富壽之助「禹余粮と大一禹余粮」（『石―昭和雲根誌』白川書院、一九六七年）七二－八六頁

［図出典］

【図1】二・五万分の一地形図「倉敷」　昭和六二年修正
【図2】著者撮影（二〇一五年八月）
【図3】岡山県（一九二五）による
【図4】岡山県（一九二五）および著者撮影（二〇一五年八月）
【図5】庄村誌（一九七一）による
【図6】倉敷法務局の地籍図から五〇〇〇分の一広域都市計画図に編集

近代京都市街の景観と風景
――京都四条通・御旅町を例に

渡邊秀一

はじめに

風景はそれぞれの場所の自然的環境、社会・経済環境、歴史・文化環境を総合的に地表に投影したものであり、そこには諸環境に適応した人間活動や人間生活も映し出されている。

これは菊地俊夫が『風景の世界―風景の見方・読み方・考え方』で述べた一節である。菊地がいう風景は、景観の意味に近い（以下では、景観と言い換える）が(1)、菊池の言にしたがえばわれわれは景観を通して過去から現在の、そして京都、日本、世界各地域の諸環境を読み取ることができるはずである。それぞれの地域の、各時期における景観を記録したものは多種多様にある。地理学が主に使用してきたのは地形図である。しかし、地形図上の景観はさまざまな規則にしたがって記号化されており、記号化された景観から諸環境を読み取ることは容易ではない。そこで、地形図と同様に近代になって新たに誕生したもう一つの景観の記録

【写真1】大正末期・昭和初期の御旅町

媒体、すなわち写真に注目してみよう。広域の景観を撮影した写真は細部を把握することが難しく、対象が広域であれば地形図に記載された情報の方が格段に多い。しかし、特定の狭い場所や市街の景観を対象とするときは地形図よりも写真の方がより具体的で詳細であるため、写真という記録媒体は大きな力を発揮する。

以上の点を踏まえて、京都・四条通の御旅町を撮影した写真を取り上げ、御旅町の諸環境やその変化を読み解くとともに、写真が作り出す御旅町の風景を撮影者や写真絵葉書の製作者が伝達しようとした地域イメージとしてとらえてみよう。なお、現在の御旅町は四条河原町や四条寺町に近く、大型商業施設が集まる繁華街の一画を形成している。

一　写真からみた御旅町の景観

（一）撮影時期の推定

写真１・写真２は御旅町を撮影した写真絵葉書である。写真１

【写真2】大正期前半の御旅町

には山は写っていないが、写真2には町並の背後に山が写っている。御旅町から間近に望むことができる山並みは東山だけである。このことから、写真1は東から西に、写真2は西から東にカメラを向けて御旅町を撮影したものとわかる。二枚の写真は撮影時期が異なっているが、撮影年代や撮影者は記録されていない。

そこで、最初の検討課題は撮影時期の特定である。その手がかりは撮影された御旅町の景観の中に潜んでいる。一つ目は街灯である。大正九年(一九二〇)に四条烏丸から四条大橋の間でガス灯に代えて五灯付の電灯一三一基が設置された。写真1に写る街灯が大正九年に新たに設置された街灯で、写真2の街灯はそれ以前のガス灯である。二つ目の手がかりは京都市電の車両の車号である。写真1の車両は車号五〇四から大正一三年(一九二四)二月に製造された車両とわかる。写真2の車両は写真1の車両とは明らかに車体の型が異なり、車号は五〇である。車号五〇は明治四五年(一九一二)五~七月の間に製造された車両である。以上の点から、写真1は大正一三年二月以降、写真2は明治四五年六月から大正九年の間に撮影されたことになる。

(二) 御旅町の景観

写真1・写真2は、撮影の方向こそ違うものの、御旅町の景観を写している。カメラの焦点は写真のほぼ中央に位置する京都市電であり、その背後に店舗が連続する御旅町の家並と御旅町の歩道を行き交う人々の姿が写っている。日本の伝統的な家屋は厨子二階(つしにかい)と呼ばれる屋根裏部屋をもった木造二階建ての建物である。しかし、写真1では①多層階の建物、②西洋風の装飾、③人の眼を引き付けるように町空間にあふれ出た看板がとくに目につく。

写真1では上階にテラスを設けた建物(商号:かたかけや、洋雑貨店)、窓枠を縁取った建物(商号:藤屋、糸組物店)、写真2では祇園祭で巡行する山鉾を模した塔を屋根に備えた建物(日本電球株式会社、以前は呉服店・熊谷大丸)、時計塔を備え付けた建物(商号:寺内時計店支店)が見える。また、写真2には三階建の日本的な木造建物(商号:奈良屋、紙卸小売)も見られる。木造三階建の建物は近代の日本都市では珍しくないが、洋風建物とともに建物の高さを増し、限られた土地を効率的に利用しようとする意図が読み取れる。

看板について言えば、建物の正面に大きく店舗名が記され、それとは別に歩道を歩く人の眼の高さに合わせて大小の看板も出されている。写真2には遠くからの人の眼を意識して、隣家との建物高さの差から露わになっている壁面を宣伝広告に利用している店舗さえある。人目を引きつけ印象づけるという意味では建物の洋風の外観や壁面の装飾なども看板に似た役割を果たしている。また、一階の店舗の内側までは読み取れないが、写真2では店先に商品を並べている様子が見てとれ、写真1ではガラス窓になっている店舗もある。

写真1に写っている人々を見ると、男女の別なく幾人かが閉じた傘を持ち、歩道を歩いている。ただ、す

ぐに雨が降ってくる様子でもない。なぜなら、市電の車両や建物の影がくっきりと道路に写っているからである。おそらく日差しが強いのであろう。道路に写った影の方向から、日差しは南（写真左側）から差し込んでいるようである。歩行者たちも建物の影になっている写真左側（南）の歩道を歩き、日差しが当たる北側では日除けのテントが深々と店舗の正面を覆って日差しを遮っている。南側の歩道には立ち止まって店側に視線を向けている人も数人いる。店先に並ぶ商品をながめ、ウィンドウショッピングを楽しんでいるのであろう。

上の二枚の写真（絵葉書）の撮影者（製作者）が市電と四条通に建ち並ぶ洋風建物群を意識していたことは明らかである。写真1が撮影された大正末期から昭和前期には京都市内を縦横に市電が走っていた。したがって、御旅町が撮影対象になったのは、市電の走行だけではなく、京都の中心地と認識されている四条通の一画であること、そしてなによりも洋風建物が並ぶ地域であったためであろう。

二　御旅町にみる近代都市の環境変化

（一）可視的変化

もともと御旅町の道路は京都のなかでもきわめて狭いものであったが、明治四五年の市電開通に向けて街路幅が一二間（約二二メートル）にまで広げられた。洋風建物の出現も同時期からである。例えば山鉾風の塔をもつ日本電球株式会社（旧熊谷大丸）の建物が竣工したのは市電開通の直後の大正元年であった。日除けテントも同じであろう。狭い道路に建ち並ぶ家屋によって遮られていた日差しが四条通の拡幅で店舗の中まで差し込むようになったのである。日差しが差し込むことは都市がより明るく、また衛生的になることである。しかし、店先に商品を並べて不特定多数の人々に販売する小売業にとっては商品の色褪せや傷みが早く進むことにもなり、日除けテントは欠かすことができないものになっている。四条通の拡幅・市電の開通にともなって町の景観が改められたのである。

街路の拡幅と同時に設置された歩道や街灯は京都に住む人々の生活スタイルの変化を示唆している。ウィンドウショッピングもその一つである。また、街灯は京都住民が人工的な明るい灯火に照らされて夜遅くまで活動するようになったことを示している。京都市商工会議所による昭和一〇年（一九三五）の調査では、四条通の商店は一年を通して夜一一時まで営業していた。隣接する寺町上商店街（四条通以北）も同じで、新京極商店街の閉店時間は午前一二時であった。市電の運行は京都市内の各所から御旅町へのアクセスを容易にし、夜間の運行により夜遅くの帰宅も可能になった。市電と歩道、加えて街灯に象徴される明るい夜の出現が近代の都市住民のナイトライフを大きく変えることになったわけである。

（二）隠れた変化

近代都市における諸環境の変化は眼に見える変化だけではない。江戸時代まで京都の基本的な単位であった「町（ちょう）」という空間の性質も変化している。江戸時代の京都では町が構成民の資格など町運営のために必要な諸規則を定め、町空間を自主的に管理していた。そこには建物の外観や街路の管理も含まれ、各町の家並・

景観はある程度の統一性をもっていた。ところが明治維新以降になると、建物の外観が和洋入り混じり、看板があふれ出すなど景観の不統一が著しくなっている。さらに、町の土地の一部が市電敷設のために京都市の所有になり、街路も京都市の管理下に置かれ、昼夜を問わずだれでも通行可能な空間になっていた。つまり、町空間の一部が公的な、あるいは公共的な空間になり、人や物が通過する空間になっているのである。それは、景観的な不統一とともにかつて町がもっていた自主的な規制力が低下し、御旅町に限らず近代京都の各町の空間が都市を構成する自律的な空間単位から京都市を構成する部分空間へと変質したことを意味している。

三　つくられたイメージ

(一) 切り取られた景観

それにしても、写真1と写真2がともに御旅町の北街区ばかりを撮影しているのはなぜだろうか。まるで南街区の家並が写ることを避けようとしているようである。写真2の右端に写る南街区を注意深くみると、厨子二階の家屋が並んでいる。写真1でも時計という近代的商品を扱いながら低層の日本家屋であった島崎時計店の店舗がほとんど写っていない。実際、同じ時期の異なったアングルの写真を見ると、洋風建築とは対照的な日本家屋の店舗が並んでいる（写真3）。つまり、北街区の洋風建物が連なる景観と南街区の日本

【写真3】

家屋が連なる景観が一本の街路をはさんで向かい合い、同じ街区でも屋根の高い洋風建物と屋根の低い日本家屋とが隣り合って、建物の外観や看板だけでなく屋根の高さまで含めて御旅町の景観には甚だしい不統一があったのである。この著しい不統一は四条通の近代化とともに始まった。評論家であり、新劇運動の旗手であった島村抱月は『京都より』（大正一年）のなかで、以下のように指摘している。

四条通りは京都第一の新式な町だというが、なる程大丸をはじめ洋風の家並もある代りに、思い切って古風な低い家造も残っている。同じ日本家屋でも、高貴な御殿風にせよ、くすんだ町家風にせよ、東京の大通りなどにある日本造とは違った味である。言はば一層純日本式だ。従って西洋造りと不調和がはげしい。

（旧字体は新字に、旧仮名遣いは新仮名遣いに代えてある。）

撮影者は伝統的な家屋の連続を避けて洋風建物が並ぶ一画を切り取って撮影することでこうした景観的な不統一、不調和が現れることを回避し、洋風建物をとおして純日本式の家並にはなかい華やかさや新しさを演出して、発展する京都、近代的な京都のイメージを一枚の写真の中につくっているのである。

（二）写真絵葉書製作者のメッセージ

四条通の御旅町を撮影した写真絵葉書は数多い。しかし、その多くは「四条通」とタイトルが付けられ、「御旅町」であることを明記したものは少ない。例えば、普及し始めた乗用車に焦点を当てて御旅町の景観を撮影した昭和前期の写真絵葉書には、次のようなキャプションがついている。

（A）大京都の中心地、四条通は幅員十二間、中央に電車を敷き、人道・車道を区別し、両側店舗の和洋建築物を並べ、ウ井ンドには常に各国の粋を集め、昼夜共非常に賑わしい。

（句読点は筆者による。また、旧字体は新字体に代えてある。）

前半の「大京都の中心地、～人道・車道を区別し、」はほぼ事実に即した記述である。「ほぼ」と表現したのは「大京都」にこのキャプションをつけて写真絵葉書を製作した人たちの意図が込められているためである。「大京都」だけでなく、この時期は東京・大阪・名古屋・神戸・横浜の六大都市、地方の主要都市が「大」の字を冠するようになっている。この点について阿部安成（一九九九）は「『大日本』という自己表明の仕方の下降を意味するとともに、『大』と呼びうる大都市が一列に並びながらもそれぞれがより一歩前を目指すような勢いが込められて」いると指摘した。また、キャプション（A）の後半、とくに「各国の粋を集め」

は明らかに御旅町の店舗構成を意識したものである。御旅町では著名な時計・宝石店、洋雑貨店、洋反物、電気器具、蓄音器といった店舗が集まっていた。要するに、御旅町の景観を撮影し、御旅町の景観的特徴に四条通全体の客観的事実を加えてキャプションとすることで、御旅町の景観を四条通全体の風景に拡張して京都の中心街・四条通のイメージを作り出そうとしているのである。

一方、写真1には次のようなキャプションがついている。

（B）大京都の中心地帯の東部、四条大橋の西数町の間にして、十二間道路の中央は車道、両側を人道とに区分し、恰（あたか）かも京都の銀座街に髣髴（ほうふつ）たる大小の店舗櫛比し、日夜殷賑（いんしん）を極む。

（句読点は筆者による。また、旧字体は新字に代えてある。）

ここで注目されるのは「京都の銀座街に髣髴たる」である。それは四条通を東京の銀座にも比すべき高級商店街として印象づけようとしたものである。服部鉦二郎（一九七三）によれば大正・昭和前期の銀座はショールームやカフェーに彩られたスマートでモダンな趣味嗜好品や洋風の商品を扱う高級商店街であるとともに、高級性と大衆性、伝統と新しい創造が融合する都心的盛り場としての性格をあわせもつ場所というイメージで浸透していったという。京都の御旅町の場合、ショッピングの場ではあっても店舗構成からは盛り場とは言い難い。近代京都における盛り場を表象するのは、新京極に由来する「京極」である。したがって、このキャプション（B）では「銀座」のもつイメージを分解し、高級商店街のイメージに特化して「銀座」と使ったのであろう。キャプション（A）は御旅町の景観を四条通に拡張していたが、キャプション（B）はそれを越えて東京・銀座という日本を代表する高級商店街まで御旅町の景観を拡張し、京都の中心的商店街を位置づけようとしたのである。

おわりに

京都四条通に位置する商業地域・御旅町を撮影した写真（絵葉書）から大正〜昭和初期の景観的特徴を読み取り、御旅町をめぐる諸環境の変化、写真絵葉書のキャプションから製作者が伝達しようとした風景を探ってきた。写真から読み取れる御旅町の景観は、客観的には和洋が入り混じり、看板が雑然とあふれている景観的不統一を特徴としていた。

しかし、写真は景観を客観的に記録した媒体であると同時に、撮影という行為の中に撮影者の意図が働き、さらに写真絵葉書の製作にあたっては写真の選択やキャプションに製作者たちの意図が加わって、様々な風景、イメージを作り出していく。御旅町の写真（絵葉書）は不統一な家並の中から洋風建物の連続を切り取ったものであった。その切り取られた景観は京都の中心街・四条通の風景に、さらに東京・銀座という日本を代表する高級商店街に比すべき風景にまで拡張され、写真絵葉書を通して全国に流通していくのである。

【註】

（1）景観とはわれわれの眼に映る地域の客観的状況を指し、風景とは景観に個人あるいは集団（共同体）が共有する価値観や美的意識などにより景観を意味づけたもので、多分に主観的である。

【参考文献】

阿部安成「横浜歴史という履歴の方法―〈記念すること〉の歴史認識」（阿部安成・小関隆・見市雅俊・光永雅明・森村敏己編『コメモレイションの文化史 記憶のかたち』柏書房、一九九九年）六七－六八頁
菊地俊夫『風景の世界―風景の見方・読み方・考え方』（二宮書店、二〇〇四年）
京都電燈株式会社編『京都電燈株式会社五十年史』（京都電燈株式会社、一九三九年）
京都市商工会議所編『京都市に於ける商店街に関する調査』（京都市商工会議所、一九三六年）
島村抱月「京都より」（宮島新三郎編『抱月随筆集』一九一二年。国立国会図書館・近代デジタルライブラリー）
服部銈二郎「銀座の象徴性―商業近代化に果たした銀座の役割」（立正大学人文科学研究所報11、一九七三年、三八－五五頁）

【写真出典】

【写真1～3】筆者所蔵

チベット料理あらかると

小野田俊蔵

チベット人の胃袋は、ほぼ大麦と肉によって満たされてきたといえる。大麦は、チベットの人々の努力によって改良され高度四五〇〇メートルのところにまで生育するようになり、チベットのほぼ全域が耕作可能地になったという。高度の高いチベットでは、米はきわめて贅沢な食物であったようだ。ただし、最近では中国本土との交易も盛んになり、中国料理の影響もあって、かなり米食も普及しつつある。他方、点在する草原が生み出した産業・牧畜はチベット人やモンゴル人の胃袋と舌とに対し、肉食と乳製品による食生活を習慣づけることに成功している。野菜の種類はさほど多くなく、中心となるのは白菜や大根や蕪類そして葱である。遊牧生活での便を考えた乾燥チーズや乾燥果実などの乾物も多く食される。

ツァンパ(麦こがし粉)

干し杏

チベット語の「料理する」という動詞は 'tshod pa, 'tshed pa であるが、これは tsho ba「生きる・生活

パクトゥッ

テントゥッ

する」と深く関係しており、「野菜」rgod tshad に 'tshe ba「手を加え」て tshal ma, tshod ma「菜」に変えることを指している。また、この語は主として「煮る」ことと「蒸す」(lit. 蒸気で煮る rlangs pas 'tshod pa) ことを意味しており、チベット人にとっては「焼く」sprag pa 、「揚げる」rngod pa (油で揚げる snum nang la rngod pa) など他の料理法が、「料理」という概念のなかでは副次的なものであったことが暗示される。

一　汁もの　トゥッパ thug pa

汁ものを総称してトゥッパと呼ぶが、この名の下には多種の異なった品目がある。ラーメン(老麺)は今日アジア中で広く親しまれている料理のひとつだが、チベットではこれをギャトゥッ rgya thug (中国のトゥッパ)と名付けている。それに対してうどんの煮込み風のものをプトゥッ bod thug (チベットのトゥッパ)と呼ぶ。また「きしめん」状のものはトゥッパ・チィツィ thug pa chis tsi 、ワンタンはフェチョーツィ hrus cho tsi と呼ばれる。これらは中国語名の音写だと思われる。アムド(東北部チベット)地方風のトゥッパはアムトゥッ am thug とも呼ばれる。

テントゥッ 'then thug とも呼ばれる一般的なトゥッパは、麦粉を練りそれを平たく伸ばしたり手で細かく引きちぎり、汁と共に煮込んで作る。その変形としてパクトゥッ bag thug がある。これは練った麦粉を小さく丸め、あるいはそれを手のひらに乗せ、指の腹で押して小さいお椀型のだんごを作ったりしながら、汁と共に煮込んで作られる。

以上に掲げたトゥッパは、いわゆる「うどん」あるいは「だんご汁」の類だが、他にも麦こがし粉(ツァンパ tsam pa)を汁に入れただけのツァムトゥッ tsam thug や「米粥」デェートゥッ 'bras thug など、トゥッパ料理は実に多彩である。

シャンデェー

ションデェー

二　ご飯もの　デェー　'bras

前述したように米はチベットでは手に入りにくい食材のひとつで、かつては、ご飯は一般人にはかなりの御馳走であった。インドに住むチベット人たちは肉入りカレーライスをシャンデェー sha 'bras と呼ぶが、本来この料理名は日本の肉丼風のものを含め肉入りご飯もの料理を総称していたようだ。これと似た響きの名をもつご飯料理としてションデェー zho 'bras がある。

トマデェセ

トママルク

これはその名が示すようにショー zho（ヨーグルト）とデェー（ご飯）とを混ぜ合わせたもので、それに砂糖をふりかけて食べる。ションデェーの場合は変質を避けるために必ず冷えたご飯を使用する。また、ご飯と肉、マルク mar khu（バターを溶かしたもの）、なつめ、ぶどうなどを混ぜ合わせたパクツァマ pag rtsa ma というご飯料理もある。

正月等の祝いの際に作られるトマデェセ gro ma 'bras bsre（トマ混ぜごはん）はトマ gro ma と呼ばれるバラ科の植物の根と溶かしバターを和えてご飯に混ぜて作られる。ちなみに茹でたトマにマルク（溶かしバター）を和えただけの料理はトママルク gro ma mar khu と呼ばれる。ご飯と混ぜたトマデェセは祝い事には欠かせない料理で、ちょうど日本の赤飯やおこわに形状も食べられるシチュエーションも似ている。

三　饅頭もの　モモ mog mog

私たち外国人の味覚感覚からいって最も美味なチベット料理はこのモモ料理ではないだろうか。その中で最も一般的なものはシャ・モモ sha mog mog（肉饅頭・餃子の類）だ。様々な包み方のバリエーションがありそこに地方色も反映される。ミンチ状の肉や脂身の肉と共に蕪を擦ったものを包み込む地方もあるという。

同じく蒸気で蒸して作られるモモの一種にミニャクポリ mi nyag po li がある。これは、麦粉で作った皮の中にマル mar（バター）、チェマカラ bye ma ka ra（砂糖）、チュラ phyu ra（チーズ）などを入れて蒸した料理だ。また、あぶら身の肉を中に入れて熱灰どこ（me ma mur, me mdog）で蒸したものはツィルモモ tshil mog mog（灰饅頭）と呼ばれる。

このようにモモ料理は、料理法からいえば「蒸しもの」に属し、私たちが普通「蒸しパン」と呼ぶ、中に何も入っていないものさえもティンモ sprin mog と名付けられ、モモであるとされる。

シャモモ（肉入りモモ）

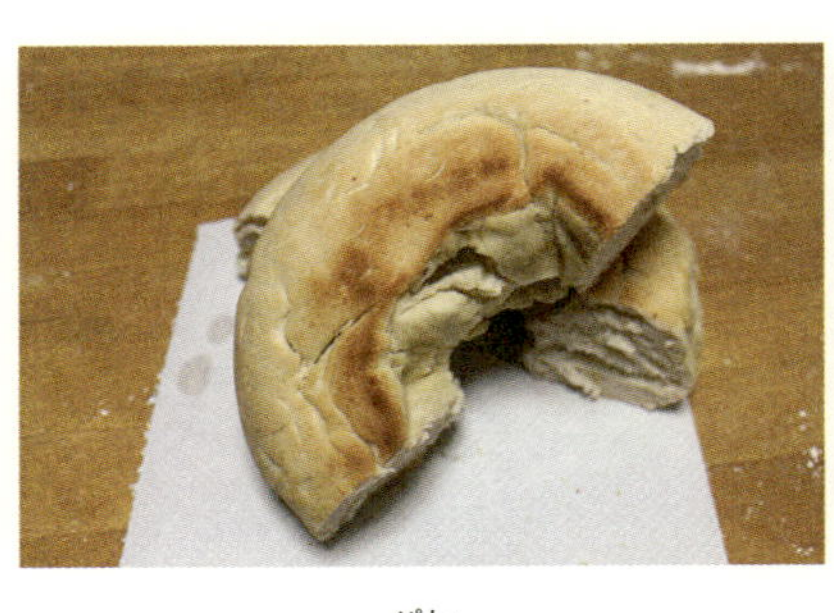
パレ

四　パン料理　パレ bag leb

インドで目にするチベット風のパンは大体直径一五～二〇センチ、厚さ二センチほどの円盤形に硬目に焼きあげられ、味は淡泊で、普通コェコ kos ko と呼ばれている。アムド地方風のパン（アムドェパレ a mdoï bag leb）は、ひとかかえもあるほど巨大に焼きあげられ、馬などの両腹につるされて携帯食

ツァンバ

ティンモ

糧とされた。使われるイーストは、パプ phabs あるいはツァプ rtsabs と呼ばれるが、湿地帯で採取される天然の酵母菌が使われていたと言う。油で揚げた「揚げパン」ユェシャン yos shang は軽食としても好まれている。練った麦粉の形を整えて甘く揚げたカプセ kha zas（練り粉菓子）は間食として或いは来客へのお茶菓子として供される。前述したように蒸しパンのティンモは、蒸しもの「モモ」の一種と分類されるのでパレとは呼ばれない。

五　ツァンバ料理　tsam pa

チベット人自身が最もチベットらしい食べ物として掲げるのが、このツァンバ料理である。一口にツァンバ料理といってもツァンバ（麦こがし粉）を湯やお茶で練っただけの簡単なものから手の込んだものまで、非常に多種な展開を示している。多くの家庭で食べられる素朴な食べ方は「バ」と呼ばれ、麦こがし粉にお茶、バター、チーズ、塩などを入れてよく練って握り、小さな指形が付いた団子状の状態にして食べたり、その形で供されたりする。

パクツァマルク pag tsa mar khu というツァンバ料理では、まず湯の中にツァンバを入れ、その後に湯を捨て、その上からマルク（バターを溶かし

干しヤク肉

バ

たもの）を入れ、さらに砂糖をふりかけて作られる。あるいは親指でその固まりにへこみを入れてスプーン状に加工して「テコク」と呼ばれる形を作り、他の料理を食べるための匙に利用した後に食べられたりする。

六　肉料理　シャ sha

肉を多量に食する習慣は寒冷な気候に起因するものなのか、あるいは遊牧の民を先祖にもつ文化的伝統からか、とにかくチベット人は僧俗問わず肉を実によく食べる。「汁もの」や「ご飯もの」にも肉はふんだんに使われるが、独立した肉料理として食べる場合もある。

肉料理として最も簡単なものはシャジェンポ sha rjen po すなわち「なま肉」である。「ほし肉」や「くんせい肉」などの加工も一般的で、変わった食べ方として、なま肉を凍らせて食べるキャクシャ khyags sha もある。

肉を中心に春雨と野菜で煮込んだ「ピン（春雨）シャ（肉）」と呼ばれる料理はチベット人が好む料理の代表的なものとなっている。シャタクあるいはシャプタ sha sprag と呼ばれる焼き肉の味もチベット人の生活には欠かせない。肉材はヤクの肉が最も一般的であるが、最も美味とされるのはナワ

gna' ba（岩羊）の肉である。野外で焼き肉をする時などにはフライパン代わりにドレプ rdo leb と呼ばれる岩盤が使われていたという。薄く剥がれるが火を当てても割れないという。

魚介類の肉はきわめて稀にしか使用されないが、エビ she mo やカニ sdig srin などを入れたギャコク rgya khog（中華風水たき）は富裕層には広く知られた料理であった。

肉の加工品のひとつに腸詰めがある。腸詰めを総称してギュマと呼ぶが、この名は主に血を大量に入れて作るものを指している。rgyu ma とは「腸」或いは「内臓」の意味である。血を入れず に脂身や肉やコショウを多く入れたものはユェ g-yos と別称されているようだ。

ピンシャ

シャプタ

＊本稿は昭和五四年（一九七九）に雑誌『東洋思想』（東洋思想研究所）で発表した筆者自身の随筆「チベット料理のあれこれ」に一部手を加え写真を添えて改稿したものである。料理写真撮影に際してチベット出身で料理人としての経験を持つタシ・ジクメ Tashi Jigmey 氏に多大のご協力を頂いた。記して謝意を表したい。

［写真出典］
すべて筆者撮影

頭上の祭典
——仏教荘厳（しょうごん）への誘い

安藤佳香

はじめに

戴冠式という言葉を聞いたことがあるだろうか。『広辞苑』では、「国王・皇帝が即位の後、公式に王冠を受け、登極[1]を宣旨する儀式」とあり、王冠は権力の象徴とみなされている。また、宮中の女性皇族が正装の際に身に着けるティアーラを御存知であろう。ティアーラは単なる装飾とは異なり、そのデザインは着用する女性の身分と着ける場の格式によって決まるとされる。

仏教美術に眼を移すと、菩薩・明王・天はしばしば冠を戴く。これらは宝冠と称され、デザインは多様で魅力に富んでいる。宝冠の他にも頸（くび）飾り、胸飾り、腕釧（せん）、臂（ひ）釧など仏像には様々な飾りが伴う。

なぜ、仏像は、これほどまでに飾られるのだろうか。本稿では、古代日本の不可思議で魅力的な宝冠を三つ取り上げ、そのデザインの謎に迫ってみることとしよう。

一　法隆寺観音菩薩立像（救世（ぐぜ）観音）宝冠

法隆寺夢殿の秘仏本尊（木造漆箔　像高一七九・九センチメートル）の宝冠である。この像は江戸時代までは絶対的な秘仏であり、僧侶すら姿を拝した者はなかった。一八八四年（明治一七年）、フェノロサがはじめて調査した折には五〇〇メートル近い白布が像に巻き付けられており、開扉を畏れた僧侶たちが逃げまどったという逸話がある(2)。

まず、像全体をみてみよう（図1）。何という不思議なムードをもった仏像であろうか。強く見開いた眼に微笑した口元、これは人間の表情を写したものではない（図2）。両肩へ落ちる垂髪（すいほつ）は、硬く強く撥ねる。天衣や裳裾（もすそ）の先端は刃物のように鋭く尖り、左右相称に拡がっている。髪にも布にも柔らかさはまるで感じられない。この像には、美しく自然な肉身を表わそうとする意図はもとより認められない。光背の中心に蓮華を配するのは常套だが、そのまわりにはS字を描く抽象形が飛翔する。

もっとも眼につくのが銅製透彫（すかしぼり）（表から裏まで透かして文様を表わす技法）金具の丈高い宝冠であろう（図3）。上方へ向かって大きく開き、冠の左右の結び紐は両サイドに立ち上がる。頂に宝珠を載せる三日月を配し、それ以外の部分には無数の回旋する形象が息苦しいほどの密度でひしめきあっている。立錐の余地のない緊迫したデザインである。この文様を分析してみると、アルファベットのC字形と半C字形が基本形であり、それを組み合わせて数種の単位がつくられている。それぞれの単位は連続しておらず、いわゆる唐草文（植

【図１】観音菩薩立像　奈良　法隆寺

【図２】観音菩薩立像　奈良　法隆寺

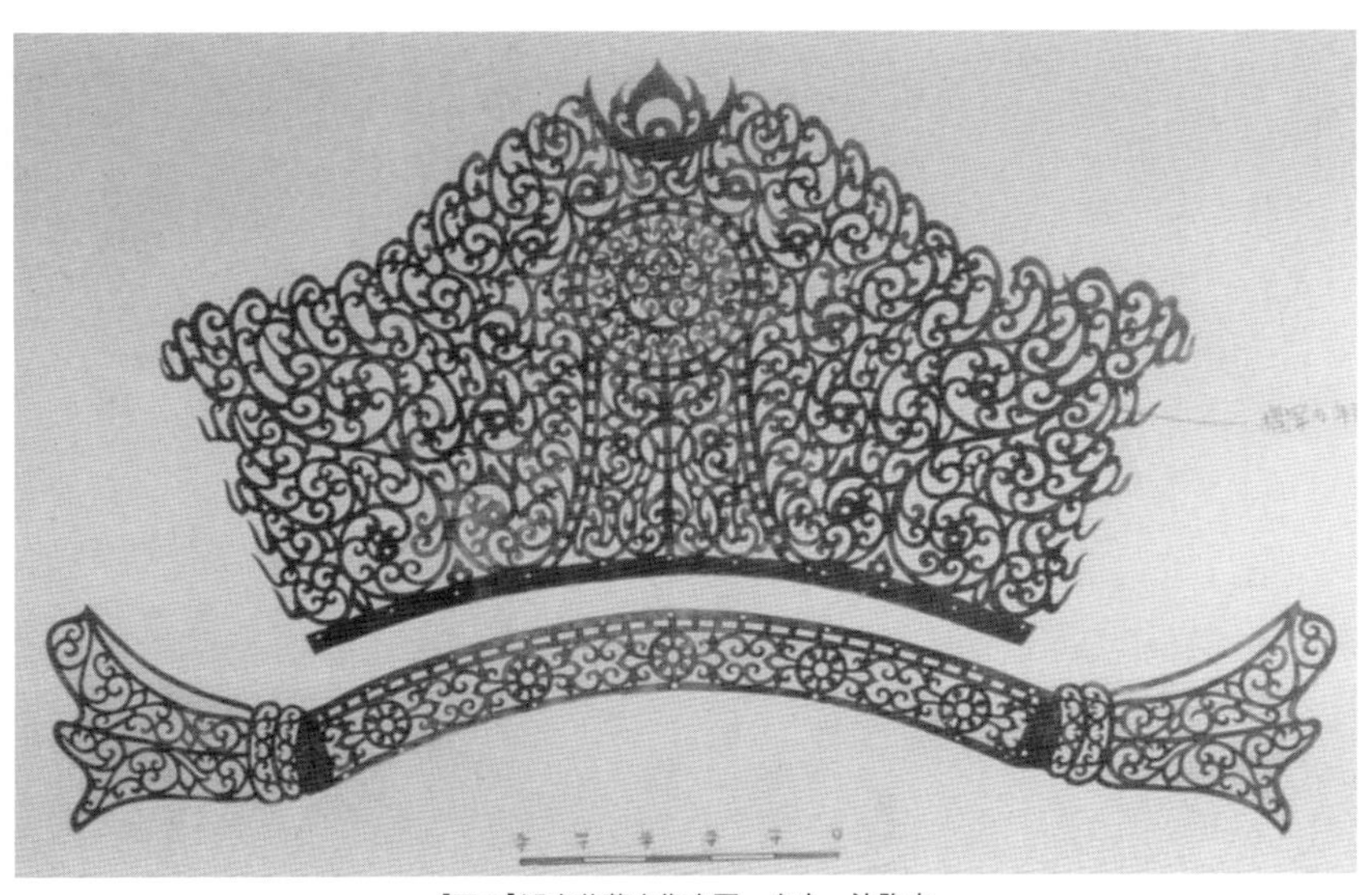

【図３】観音菩薩立像宝冠　奈良　法隆寺

物の蔓や茎を図案化した連続文様）ではないことに注目しておこう。単位の集合である。
この観音像の神秘な形象はどのように理解すればよいのだろう。それを解く鍵は「氣」であった。

二 「氣」の思想と飛鳥仏

「氣」の思想は古代中国の人たちが仏教以前から育んだ基層思想であり、古代中国美術の根底に流れているものである。

紀元前二世紀に成立した『准南子（えなんじ）』天文訓（准南王劉安編）には次のように記されている。

「まず混沌があり、そこに虚空が生まれ、虚空から宇宙が生まれた。宇宙からは氣がうまれ、氣のうち清く明るいものは薄く靡いて天となり、重く濁ったものは滞り凝って地となった。（中略）この天地の精を襲ね合わせて対比し陰陽と成し、陰陽の氣の精を集めて、その配合の度合いにより四季がつくられ、四季の精を散らすと万物が出来あがった。陽の熱氣は火を生み、火氣の精は日となり、陰の寒氣は水となり、水氣の精は月となった。日月の淫氣の精によって星が生まれた（大意）」

ここでは「氣」が万物生成の中で働くもっとも重要な因子とされ、創造主のいない世界観が示されている。「氣」は眼にはみえないがものの本質とされ、尊いものは「氣」の密な集積によって成り、形を成した後は新たに「氣」を発すると考えられた。七世紀以前の中国美術は、本来見えないはずの「氣」を見えるように表そうとしている。

一例をみてみよう。馬王堆漢墓出土の棺文様（黒地彩絵　図4）では、C字形やS字形に重なった形象が長い尾を引いて粘りのある動きを示す。随所で瘤の重なりが表わされている。このC字形やS字形が空中に充満する「氣」の視覚表現であり、一般に雲氣文と呼ばれる。重要なのは、雲氣文は空に浮かぶ雲を表わしたものではなく、何かを生み出そうとして集まったエネルギーが何かに定まる前の未分化の状態を表わしたエネルギーの形象である点だ。雲気文に頻出する瘤は万物を生み出すエネルギーである氣の最小単位と理解することができる。本作例の各所にみられる動物は、雲氣からいままさに生まれ出た聖獣と考えて良い。

【図4】黒地彩絵の棺　馬王堆漢墓出土

やがて仏教美術にも「氣」の表現が大きく取り込まれた。仏像は「氣」が集まって形を成し、「氣」を発する存在として造形されるようになった。図5の如来立像（雲崗第六窟・五世紀後半）の痩身を包む厚い衣の端は鋭く尖って左右へ拡がり、両肩からは雲氣が立ち昇っている。インドから伝わった豊かな肉身をもつ仏の姿は、痩身から「氣」を発するという、古代中国の人々が仏教伝来遥か以前から育んできた仙人のような聖なるイメージへと変容したのである。その影響を強く受けた飛鳥時代（六世紀後半～七世紀半ば）の仏像は、全体が「氣」に包まれているということになる。

【図５】如来立像　雲崗第６窟

このような飛鳥仏に対する捉え方を着想されたのは井上正氏（本学元教授）であった[3]。それによって、従来は単に時代的特色と説明されてきた飛鳥仏の不思議な形象に込められた意図がありありと浮かびあがることとなった。仏像が「氣」を発する聖なる存在であることを思えば、衣端や垂髪などの輪郭が示す鋭い形象は、仏像が発するエネルギー、すなわち「氣」の発散を表わそうとしたものであることは疑いない。頭上の宝冠は、尊体が発する「氣」を表現するための絶好の場となった。宝冠という形態を借りて、その場に仏像の発するエネルギーを形象化したのである。先にみた夢殿観音の宝冠文様の基本であるC字形は、「氣」の単位のかたちなのである。

飛鳥時代の仏像は「氣」と切り離しては存在し得ない。そして「氣」の表現という観点からみた時、夢殿観音はその生動感において東アジアの中でも卓越した境地を示している。

三　東大寺法華堂不空羂索観音像宝冠

前章では飛鳥時代の仏像の宝冠文様を「氣」の観点から読み解くことができた。次に取り上げるのは奈良の東大寺に伝わる一例である。東大寺といえば大仏（盧舎那仏）で名高いが、その東の丘陵に大仏より古い時期に創建された法華堂がある。お水取りで有名な二月堂の隣にあり、堂内には一〇軀の仏像が立ち並ぶ。本尊の不空羂索観音像は、像高三六二・〇センチメートルという巨像で、銀製透彫（銀を切透かして文様を表わす）の宝冠を戴く。髻（もとどり）(4)のすべてを上から包み込む形は珍しい。二万六、七〇〇〇個の宝玉を連ねた、実に豪華な宝冠である（図6）(5)。

【図6】不空羂索観音立像宝冠　奈良　東大寺法華堂

まず、気づくのは多数の条線であろう。これは拡散する光の形象であり、光条と呼ばれる。光条は正面に立つ化仏（けぶつ）阿弥陀の光背頭光（ずこう）、上方の巨大な宝珠（水晶製）、二箇所の六陵形をした鏡の四箇所から発している。

化仏(6)の周辺には七箇所（現存六箇所）に六弁の小型の蓮華が立体的に取り付けられており、花の中心には宝玉が嵌入されていた。まず、化仏の光背に注目しよう。頭光の中心には蓮華、身光は内外二区からなる。そこには同一方向に巻き込む三～四本の蕨手形（わらびで）（蕨の新芽の先のように巻き込んだ形）を一単位とした連続文様が表わされている。この部分

【図7】不空羂索観音立像　宝冠化仏光背
奈良　東大寺法華堂

の文様の構成単位は蕨手形だけである（図7）。

宝冠の地文様部分をみると、やはり基軸となるのは蕨手形で、それに小さい葉形が組合せられている。左右相称を原則として下から上へと伸長する。これは完全に植物系の文様である。宝相華唐草の一種といえよう。

また、光条を発する六陵形の鏡の周囲は、蕨手形を組み合わせて方形の花形をつくる。この宝冠文様の基本となっている蕨手形は、胸飾り、瓔珞などの宝冠以外の装身具、光背及び台座の文様など、本像の全ての文様の基調をつくっている。

頻出する蕨手形は何を表わしているのだろうか。先にみた法隆寺夢殿観音像と同様、「氣」の表現であろうか。巻き込む形象は雲氣のC字形と一見類似している。しかし、よくみれば長い尾をもつ単独文様である雲氣文に対し、蕨手形がつくる文様には連続性がある。雲氣は動物でも植物でもない無機的なものであるが、法華堂宝冠の場合は多くの葉を伴い、明らかに植物の要素をもっている。したがって、両者の文様構造は異なっており、文様の根源的な系統自体が違うということになる。

それでは、法華堂不空羂索観音像宝冠の蕨手形は何を表わしているのだろうか。蕨手形の意味を探ると古代インドの基層信仰に密接につながっていく。節を改めてみていくことにしよう。

四　蓮華の思想

仏教美術において飾ることを「荘厳（しょうごん）」という。荘厳の基本となるのは蓮華である。寺院を思い浮かべていただくと、堂の内外のさまざまな場所に蓮華が散りばめられていることに気づくだろう。蓮華というと仏教寺院に直接結びつくイメージがあるかもしれないが、実は仏教成立以前の古代インドの基層信仰である蓮華崇拝の観念が仏教に取り入れられたものなのである。

古代インドの叙事詩『マハーバーラタ』によると、天地開ける時、世界は海で、根本神ヴィシュヌは大蛇（ナーガ）を寝台として眠っていた。ヴィシュヌが創造を開始しようと欲すると、その臍から蓮華が生じ、その華から創造神・ブラフマー（梵天）が生まれ、万物を創造したという。

蓮華は無限の創造力の象徴であり、尊いものは蓮華から誕生すると考えられていた。やがて仏教でも蓮華を釈迦もしくは他の尊像の象徴として用いるようになった。ブラフマーを釈迦に置き換え、釈迦を蓮華から生まれた聖者として表わすようになった。

蓮華を用いた荘厳の根本原理は、絶大な創造力をもつ蓮華（大蓮華）がその力によって周辺に無数の小さな蓮華（小蓮華）を生み、生まれた小蓮華が変成してさまざまな生命を生み出すということである。蓮華のもつこの創造の働きは「蓮華化生（れんげけしょう）」と呼ばれている。化生は四生（ししょう）（仏教で生物を生まれ方の違いによって四種類に分類したもの）の一つであり、忽然として生まれること、奇跡的な誕生のことをいう。

【図８】清海曼荼羅　京都　聖光寺

【図９】蓮華化生像　新疆ウイグル自治区
ホータン地方出土
東京国立博物館

【図10】バールフット欄楯浮彫装飾
コルカタ・インド博物館

【図11】千手観音坐像　大阪　葛井寺

従来の研究では、蓮華化生に基づく表現というのは、『観無量寿経』九品往生の部分に説かれる浄土の蓮池の蓮華から誕生する往生者の図像を指すものと限定的に考えられていた。すなわち台座から上半身を現すという「生まれかけ」の形象を指していたのである（狭義の蓮華化生　図８）。

私は蓮華化生をより広く捉えるべきだと考えている。蓮華化生の表現には二種があり、第一は上半身だけが現れる化生途中の形（図９）、第二は全身の化生が完了して、結果として蓮華の上に立つ、あるいは坐すという形である（広義の蓮華化生　図10）。尊像の台座として一般的にみられる蓮を象った蓮華座は、「蓮華からの誕生」を示すものであり、広義の蓮華化生の中で解釈できる（図11）。

絶大な創造力をもつ蓮華は、同時に光輝く華でもあった。円、同心円、鋸歯文、放射光などは光の形である。これはそのまま光背デザインの骨格を形成している（図12）。

創造と光明の花。このような蓮華の思想は時代や地域を超えて仏教荘厳の基盤をつくることとなった。仏像は大蓮華に重ねられ、仏堂の内外は仏像のもつエネルギーや仏像のパワーによって生み出されたもので満ち溢れている。堂内各所や堂外の瓦などの無数の蓮華文は、大蓮華としての仏像から生まれた小蓮華と捉えられ、仏身から溢れ出るエネルギーは仏身荘厳となって拝者の眼前に展開する。仏像を「飾る」ことは仏像の内なるエネルギーを見えるように表すことであった。

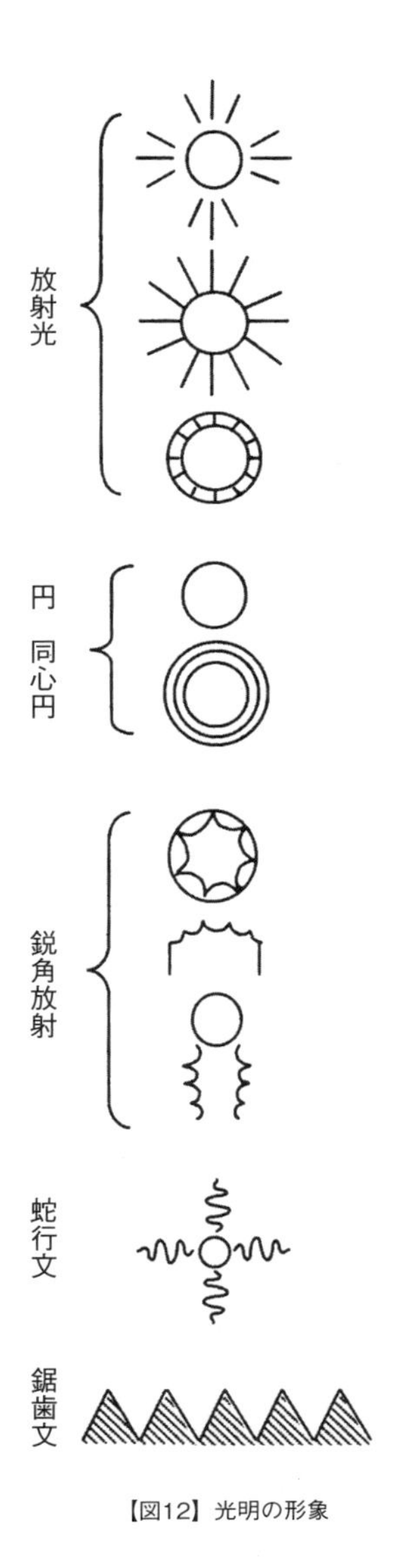

【図12】光明の形象

五　グプタ式唐草文

この蓮華化生の表現世界を一段と深く豊かにしたのが、私の提唱するグプタ式唐草である(7)。これは、蓮池に咲き誇る蓮華を支える水中の蓮の新芽の旺盛なエネルギーを視覚化したものである。すなわち、創造の花である蓮華を生み出す原エネルギーの形であるといってよい。インド・グプタ期（三二〇〜）に始まり、アジアの広範囲に波及した。

インド・グプタ期の例をみてみよう。仏三尊像（サールナート考古博物館　五世紀　図13・14）では蓮華座の真下に大きなうねりをみせながら主たる蓮茎に絡みつく不思議な回旋文様がみられる。それぞれの回旋の先端部には瘤状の切れ込みがある。別の一例（仏立像　サールナート考古博物館　図15）では蓮華座下の各所にみられる回旋形が混沌の様相を示しつつ、巨大なかたまりをつくっている。下方から伸びる回旋の先端には、三個ずつ瘤形が示されている。

グプタ式唐草文の文様構造を分析しよう。まずはエネルギーの最小単位としての瘤形があり、それが少し成長した舌状形、さらに進めば蕨手形へと変容する。それらは同一方向へ回旋し、やがて渦を巻くような形象となる。エネルギーが徐々に発育伸展していく過程を表わしている（図16）。その中でも象徴的な形象が蕨手形であった。

グプタ式唐草の出現は蓮華化生の表現を大きく変えることとなった。蓮華から上半身を現して化生の途中

【図14】仏三尊左脇侍像グプタ式唐草文
サールナート出土
コルカタ・インド博物館［図解］

【図13】仏三尊左脇侍像グプタ式唐草文
サールナート出土　コルカタ・インド博物館

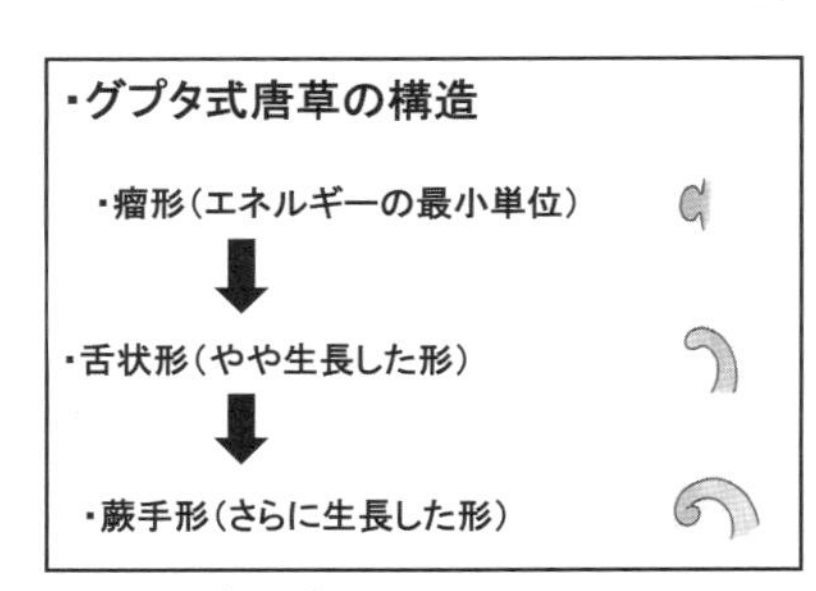

【図16】グプタ式唐草の構造

【図15】仏立像グプタ式唐草文　サールナート出土
サールナート考古博物館

であることを示すというぎこちない形象は用いられなくなり、生命体の半身をグプタ式唐草で表わすという手法に転じたのである。もはや蓮華そのものからの誕生ではなく、蓮華の原エネルギーから直接化生する形が発想され、奇跡的な誕生の情景が自由に表せるようになった（図17）。

実はグプタ式唐草と同様の文様構造が空想的な花唐草文とされる宝相華文に認められる。宝相華文は空想上の植物であるにもかかわらず観念的な花や葉や実をもつ。例えば大智禅師碑碑

【図17】グプタ式唐草からの化生　アジャンター第２窟天井画

側文様（開元二四年〔七三六〕原石　西安碑林博物館　図18）をみると、華麗にして繊細、植物の旺盛な生命力が見事なまでに表わされており、ここにおいても基本となっているのは蕨手状の小回旋である。

グプタ式唐草文と宝相華文は文様構造を共有しており、ともに最小単位の集合成長によるエネルギーの増広がテーマである。生命体の一部を宝相華文で表わすという化生表現もグプタ式唐草同様、広く行われた（図19）。したがって、文様構造からみれば、中国で唐代以降、日本で奈良時代以降に盛んになった宝相華唐草は、インドに始まるグプタ式唐草を母胎として、中国で創り上げられたものと考えられる。宝相華文の成立をこのように捉えるならば、グプタ式唐草は五世紀以降のアジアの荘厳文様の主役といえるだろう。

以上のような蓮華の思想を踏まえて、もう一度東大寺法華堂宝冠をみてみよう。文様の基本単位の蕨手形は、蓮華の水中でのエネルギーを視覚化したグプタ式唐草であることに気づくだろう。化仏光背や六陵形の鏡の周辺文様は蕨手形だけで構成されている。そこには花や葉や実など植物の実体を示す要素はない。純然たるエネルギー文様である。地文様部分は蕨手形に小さい葉形を加えることで宝相華文風になっている。これはグプタ式唐草の中国的変容の一種である。化仏の周りに表わされた七個の蓮華は、化仏阿弥陀の力によって生まれた小蓮華と考えてよいだろう。

以上みたように法華堂宝冠は、光および蓮華の原エネルギーに満ちているのだが、そこにさらに別の要素

【図19】宝相華唐草からの化生　大智禅師碑碑側文様原石　西安碑林博物館

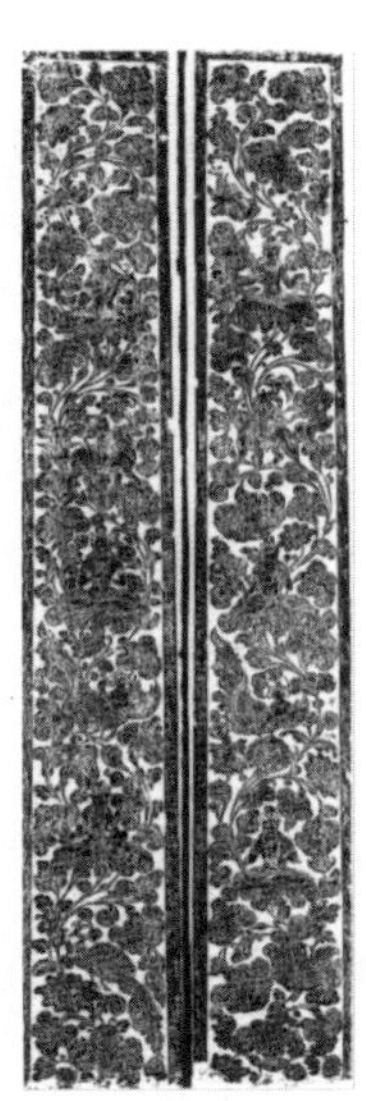
【図18】大智禅師碑碑側文様　原石　西安碑林博物館

【図21】不空羂索観音立像宝冠　奈良　東大寺法華堂

【図20】不空羂索観音立像宝冠　奈良　東大寺法華堂

【図23】如意輪観音菩薩坐像宝冠大阪　観心寺

【図22】如意輪観音菩薩坐像
大阪　観心寺

【図24】如意輪観音菩薩坐像宝冠拓本　大阪　観心寺

が加わる。宝珠である。宝珠は欲しいものを思うままに出すことができる〝たま〟で、その起こりは仏教以前の古代インドに遡る。宝冠上端に位置する火炎付の巨大宝珠の周辺に注目しよう（図20）。宝珠の真上にある筒の先端から小さめの宝珠が半分ほどのぞいている。さらに巨大宝珠から発する光条の先端をよく見ると、それぞれに極小の宝珠形がつけられている（図21）。巨大宝珠から小さな宝珠の誕生、さらに多くの極小宝珠の誕生。蓮華化生にみられた大蓮華から無数の小蓮華が生まれるという原理に基づけば、大宝珠から多くの小宝珠が生まれる宝珠化生ともいうべき現象が展開していることに気づく。そして大宝珠のもつ力は上方の火炎となる。

このように、法華堂宝冠には、光、蓮華化生、宝珠化生が重なりあって表わされていることが理解できた。宝冠正面の垂飾下端には古墳時代

【図25】グプタ式唐草文
ブーマラーヒンドゥー教祠堂

【図26】グプタ式唐草文
デーオーガルヒンドゥー教祠堂

の勾玉が用いられているといい、この稀有な一例にひそむ古代アジアを横断する基層信仰の多様さには驚かざるを得ない。

六　観心寺如意輪観音像宝冠

最後に平安時代初期の作例として、大阪・観心寺如意輪観音像の宝冠に注目してみよう。

観心寺は日本に密教を伝えた空海の弟子・実恵(じつえ)が創建した真言宗の寺院である。秘仏本尊の如意輪観音（木造乾漆併用　彩色　像高一〇九・四センチメートル　図22）は、九世紀前半の真言密教像の代表作だ(8)。空海が唐から伝えた曼荼羅(まんだら)(9)を中心とする画像に基づく真言密教彫刻には、豊満な肉身表現にインドの様風を宿すものが多い。本像の頬や顎、三道周辺、腕などには内から満ちるような肉付きが示されている。

【図27】観自在菩薩
御室版両部　曼荼羅

【図28】大勢至菩薩
御室版両部曼荼羅

【図29】宰塔玻大吉祥菩薩
御室版両部曼荼羅

宝冠（木製透彫）に眼を移そう（図23）。主たる文様は、下から上へと涌きあがるように展開する多数の回旋形である。大きく巻き込む部分は正円に近いもの、細長いもの、ゆらぎを見せるものなど変化に富む。もっとも眼につくのは回旋形の外周にすき間なく並べられた無数の瘤である（図24）。画一的な角ばった瘤が深い切れ込みによって表わされている。そのほか宝冠下方の五箇所には、蓮華座の上に三弁宝珠が配されている。また、宝冠の各所には薄い銅板でつくった小さな四弁花（四枚の花弁をもつ花）が取り付けられている。

ここにみる宝冠の主文様である多数の瘤を伴う回旋形はどのように理解できるだろうか。すでにみたように瘤形は雲氣、グプタ式唐草の双方に共通した最小単位である。したがって瘤だけではどちらとも判断できないが、回旋形を蕨手形の発達した形象と捉えれば、グプタ式唐草ということになるだろう。

インドにおけるグプタ式唐草の瘤の表現を一瞥してみると、二瘤を一単位とする場合と多数の瘤を列置する場合があることに気づく。ブーマラーヒンドゥー教祠堂入口の浮彫（五世紀）は二瘤タイプの最高の例である（図25）。尽きることのない創造を思わせる柔らかな表現は、エネルギー文様として傑出した境地を示している。一方、やや遅れる時期のデーオーガルヒンドゥー教祠堂は多瘤タイプの典型である（図26）。回旋の外周には多数の瘤が深い切れ込みで表わされ、まさに多瘤式と呼ぶにふさわしい。エネルギー文様としてはこみ上げてくるような活勢と粘りが消え、固いまとまりに特色がある。グプタ式唐草が本来もつ生動感が失われ、定型化の方向をたどっていることは間違いない。

観心寺如意輪観音宝冠の歯車を思わせるような均一な多瘤形は、デーオーガルに典型的にみられるような多瘤タイプのグプタ式唐草の反映とみることができるだろう。密教図像、例えば空海が恵果から与えられた曼荼羅の転写本として知られる高雄曼荼羅（京都・神護寺蔵　ここではその忠実な木版刷として知られる御室版に基づき図様を記述する）のうち胎蔵曼荼羅諸尊の宝冠や臂釧には、蕨手形とともに多瘤のグプタ式唐草が頻出する。左右に立ちあがるように縦列する回旋形の外周に瘤を列置する例（中台八葉院・観自在菩薩　図27）、多瘤を伴う蕨手形を三段重ねる例（蓮華部院　大勢至菩薩　図28）、多瘤をもつ蕨手形と瘤のない蕨手形を組み合わせる例（蓮華部院　窣塔玻大吉祥菩薩　図29）などさまざまである。これら密教図像にみられる瘤形や蕨手形はグプタ式唐草に淵源をもつものと考えられる。東寺・伝真言院曼荼羅胎蔵界のマカラの下半身は、均質な多瘤が回旋の外周を固めている。これもグプタ式唐草と考えてよい（図30）。

このように、観心寺像宝冠の主たる文様はグプタ式唐草と考えられるのである。さらに本宝冠の他の文様にも蓮華の思想を読み

【図30】伝真言院　胎蔵界曼荼羅
京都　東寺

取ることができる。宝冠下方の五箇所の三弁宝珠は、直下の蓮華からの三個の宝珠の化生を語り、銅板を使った立体的な四弁花は、小蓮華として表わされたものであろう。

空海がもたらした密教とともに日本に流入したインドの様風は、観心寺如意輪観音像の肉身だけではなく、宝冠の文様にも確かに息づいているのである。

付け加えておきたいのが雲氣との融合現象である。例えば東寺御影(みえい)堂不動明王坐像（九世紀）の天蓋(てんがい)(10)に描かれた雲文や光背の雲氣文の雲頭部は、中心に向かって均等な切れ込みをもち、グプタ期の多瘤式表現と奇妙にオーバーラップする。モティーフの異なる雲氣とグプタ式唐草が重なりあっている。それぞれの地域に育まれたエネルギーの形象が呼応しているのだ。

おわりに

本稿では、飛鳥時代（七世紀）、奈良時代（八世紀）、平安時代初期（九世紀）を代表する三つの宝冠を取り上げ、そのデザインに潜む思想に思いを巡らせてみた。飛鳥時代の法隆寺夢殿観音では中国の「氣」の思想、東大寺法華堂不空羂索観音・観心寺如意輪観音にはインドの蓮華の思想に基づくグプタ式唐草が表わされていた。

ただし、ここで述べたことは、一部を除いて経典などの文字資料に直接の典拠が示されているわけではない。形を読み取るという作業から導かれた仮説である。「作品を読み解く」という姿勢は、美術史研究の根

【図31】雲氣化生（鳳凰）　扶余窺岩面遺跡出土

【図32】グプタ式唐草からの化生（マカラ）
アジャンター第2窟天井画

幹であり醍醐味であると私は考えている。作品の深い鑑賞が全ての前提にあることはいうまでもない。

最後に化生を表わした象徴的な二例をみておこう。図31（鳳凰文塼〔せん〕　扶余窺岩面〔プヨキュアムミョン〕出土　六世紀）では頭部から胴体は鳳凰の形をなしているが、尾羽根や脚はC字形や半C字形の繊細な雲氣である。図32（アジャンター第二窟天井画　五世紀）は古代インドの聖獣・マカラの化生である。マカラは八割ほど出現しているが、頭の一部や下半身は重く粘るグプタ式唐草である。中国とインドという別個の淵源をもちながら、エネルギー文様を用いた奇蹟の誕生の表現が結果的に類似しているのは誠に興味深い現象である。

仏像の荘厳には思想が宿っている。それに気づけば〝かたち〟の見え方が大きく変わり、仏教美術が何倍も面白く感じられるようになるだろう。新たな眼で仏像を見つめ直してみてはどうだろうか。

【註】

（1）天皇が即位すること。
（2）現在も秘仏であるが、春秋には特別開扉されている。
（3）井上正『七－九世紀の美術』（岩波書店、一九九一年）。
（4）髪を頭頂に束ねた所。
（5）川瀬由照「東大寺法華堂不空羂索観音像の宝冠に関する一考察」（『てら　ゆき　めぐれ　大橋一章博士古稀記念美術史論集』中央公論美術出版、二〇一三年）。
（6）仏の「化身」または「分身」のことを言い、仏教美術では小さな仏像を本体の周辺に配して表すことが多い。観音像の場合は、標識（目印）として主尊である阿弥陀仏の小像を頭上に掲げており、これも化仏と称している。
（7）安藤佳香『佛教荘厳の研究　グプタ式唐草の東伝』（中央公論美術出版、二〇〇三年）。
（8）毎年四月一七日、一八日に限って開扉される。
（9）サンスクリット語（manndara）の漢字音写。本来、円板・円輪の意味の言葉で密教の修法の本尊として描かれた図式的な諸尊集会の図。
（10）仏像、神像、王座などの上方を覆う装飾物。

【図出典】

【図1・2・20・23】井上正氏提供
【図3】久留春年編『古代藝術拓本稀觀』一集（木原文進堂、一九二七年）
【図4】湖南省博物館・中国科学院考古研究所編関野雄ほか訳『長沙馬王堆一號漢墓』（平凡社、一九七六年）
【図5】『中国石窟　雲崗石窟二』（平凡社、一九七六年）
【図6・7・21】奈良六大寺大観刊行会編『奈良六大寺大観　東大寺二』（岩波書店、一九七〇年）
【図8】奈良女子大学学術情報センター「奈良地域関連資料画像データベース」
【図9】田辺勝美・前田耕作編『世界美術大全集　東洋編』第一五巻 中央アジア（小学館、一九九九年）
【図10・13・15・17・18・19・25・26・30・32】安藤佳香『佛教荘厳の研究　グプタ式唐草の東伝』（中央公論美術出版、二〇〇三年）
【図11】特別展図録『国宝葛井寺千手観音　特別公開』（大阪市立美術館、一九九五年）
【図22・23】『日本彫刻史基礎資料集成　平安時代　重要作品編』第三巻（中央公論美術出版、一九九九年）
【図31】『朝鮮考古資料集成』補巻四　古蹟調査報告　昭和十一年度（株式会社出版科学総合研究所、一九八五年）

平安京の実像
――都市と思想

佐古愛己

はじめに

「平安京」という言葉を聞くと、如何なる都市をイメージするだろうか。「望月の歌」を詠んだ藤原道長や、『源氏物語』を執筆した紫式部などを輩出した、優雅な都を想起するかもしれない。或いは、百人一首に採録された伊勢大夫の歌に詠まれた、桜花が咲き誇る美しい理想郷を思い浮かべる方もいるであろう。将又(はたまた)、安倍晴明のような陰陽師が活躍したり、百鬼が夜行したりする不可思議な都市を想像するであろうか。

ここで一枚の絵を取り上げたいと思う（図1）。描かれているのは、平安京内のとある道路とそれに面して建てられている邸宅である。よく注意してみると、道路には簡素な小屋がつくられ、筵(むしろ)の上で人が横たわっているのがわかる。彼はその家で働いていた従者で、瀕死状態の病者である。

このように、今まさに命が消えようとしている病者が、邸内の布団の上ではなく、道路や墓場で筵の上に寝かされる場合があった。これもまた平安京の一面である。現代人の感覚からすると、非常に残酷で不可解

【図1】『春日権現験記絵』巻八

な行為が、なぜ行われたのであろうか。その謎を探るためには、当時の平安京の環境や人々の思想を知る必要があるだろう。

本稿では、平安時代に記されたさまざまな史料に基づきながら、平安京という都市の様子とそこに暮らす住人の行動に着目して、都の実態、環境と思想の関係に迫ってみたい。

一　平安京の構造と都市の変容

平安京は、藤原京以来の古代都城がそうであるように、中国の都城制に倣って造営された。東西一五〇八丈（約四・五キロメートル）、南北一七五三丈（約五・二キロメートル）の南北に長い長方形の都である。その中央北部に大内裏と称される宮城があり、その南面中央の朱雀門と平安京の南中央門である羅城門とを結ぶ朱雀大路によって、京中が左右両京（南面する天皇から見て左が左京、右が右京）に分けられていた。そして、条坊制と呼ばれる都城を碁盤目状に区画する制度によって、大路で南北に九条と北辺坊（半坊）、東西に各四坊に区分けされ、さらに、小路によって分かたれた一六町で、一坊は構成された。このように大路小路によって整然と区画された都城が、平

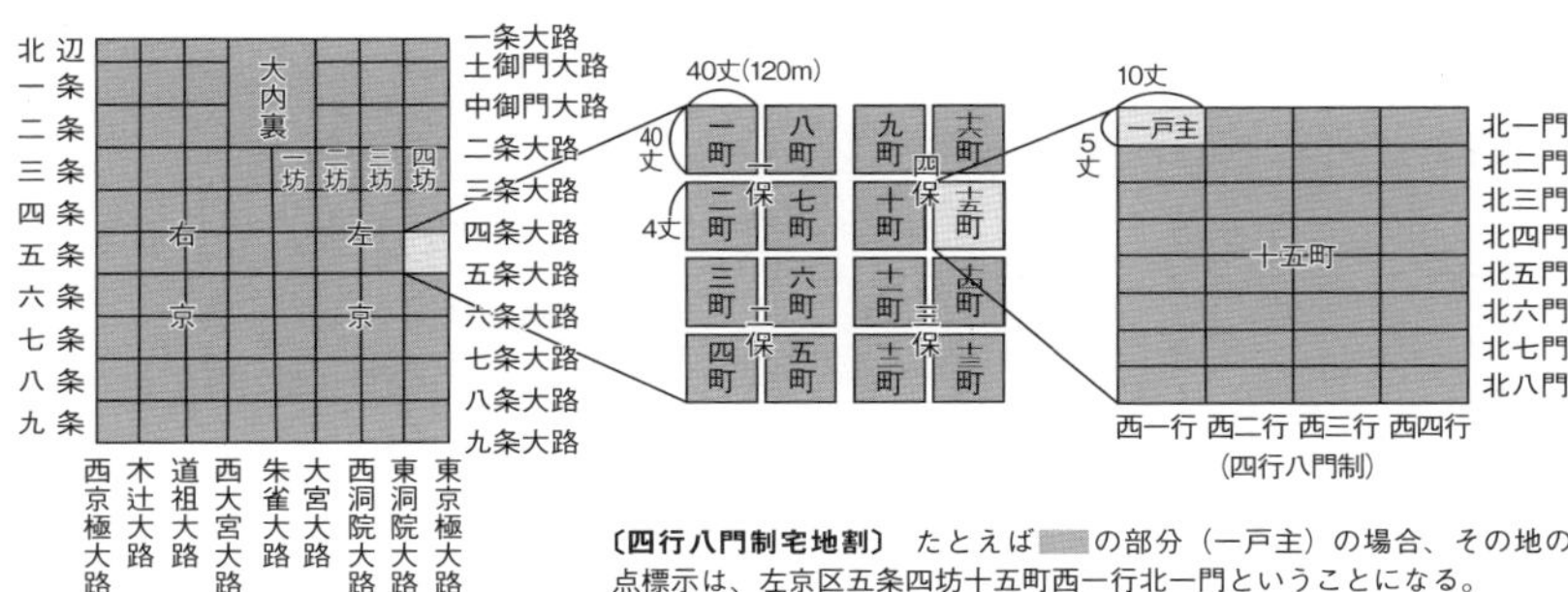

【図２】平安京条坊図

安京の都市プランであった（図2）。

歴史の教科書では、整然と碁盤目状に区画整理された平安京図が必ず描かれている。しかし、実際の都は自然条件にも左右され、また、桓武天皇が晩年、造宮職の廃止を決定し、完成を見ぬまま造営事業を終えたため(1)、上記のプランとはかなり異なった姿をしていたのである。

考古学的な調査と、文字によって書かれた史料（文献史料）から得られる膨大なデータをもとに、九世紀半ばごろまでの前期平安京を推定復元された山田邦和氏によると、京内には自然流路や池、湿地などが残っている部分がかなりあり、とくに右京の北西端・南西端を中心とする西部（右京四坊）に顕著であったという。また、左京の東南端は鴨川の流路であったため、市街地化されておらず、条坊の地割すら設定できていなかったであろうと考えられている。つまり、長方形の都市とは言い難く、かなり歪な形をしていたのが実態だったといえよう。

このように平安京は、そもそも未完の都であり、右京を中心に市街地化されていない自然景観が残された都市であった。それとともに人々の暮らしが営まれるなかで、都の姿はさらに大きく変化してゆくこととなった。

遷都から約一五〇年が過ぎた一〇世紀半ば頃、慶滋保胤（よししげのやすたね）(2)が著した『池亭記』には、「西京（右京）は人家やうやう稀にして、ほとんど幽墟に近し、

（中略）東京（左京）の四条以北、乾艮（北西と東北部）の二方は、人々の貴賤なく、多く群衆す」との記述が見える。ここから都市の発展の度合いに、左京と右京とで大きな隔たりがあったということが分かる。勿論、これは保胤の個人的な見解であり、誇張があると見た方がよい点もある(3)。

しかしながら、左・右京で明確な偏差があったことは事実である。平安京大内裏内の内裏以外で皇居として使用された里内裏（さとだいり）や、摂政・関白のような上流貴族が住まう広大な敷地に苑池を有した大規模な邸宅の多くは、左京の二条大路周辺に設けられていた。また、平安中期以降になると、左京域の外側、東へ、北へ、そして南へと開発が進んでゆき、京外である鴨東地域が市街地化して「京・白河」と称されるようになった。そして、平安京の東を流れ当初は「東河」と呼ばれた鴨川が、「朱雀河」と呼ばれるようになったり、本来、都の東端の大路である東京極大路の一部が、「東朱雀大路」と記されるようになったりもした。こうした事実は、都の中心軸が東に移動したことを如実に表している。

このように都市の姿は、プランと実態とでは大きく異なっており、また人々の営みが繰り広げられるなかで、時代とともに変容していくのである。それでは次に、人々の思想や行動に注目してみよう。

二　都市化と都市問題

平安京には、天皇・皇親、五位以上の貴族や六位以下の下級官人とその家族、そして貴族らに仕える人々や一般の庶民に至るまで、多くの人が生活した。平安時代前期の人口はおおよそ一二万人程度と推定されている。

都には、地方から運ばれる租税をはじめとする多くの物資が集まった。そして、商売をする人、また一方で、盗みを働こうとして上京する者までがいたことが、『今昔物語集』(4)に描かれている。このように、京戸（都に戸籍がある住民）以外にも多くの人の流入があり、都市の成熟とともに、人口はさらに増加していった。

都市の繁栄と表裏の関係で考えなければいけないのが、都市特有の環境問題である。その一例として、排泄すなわち平安京のトイレ事情について取り上げてみたい。

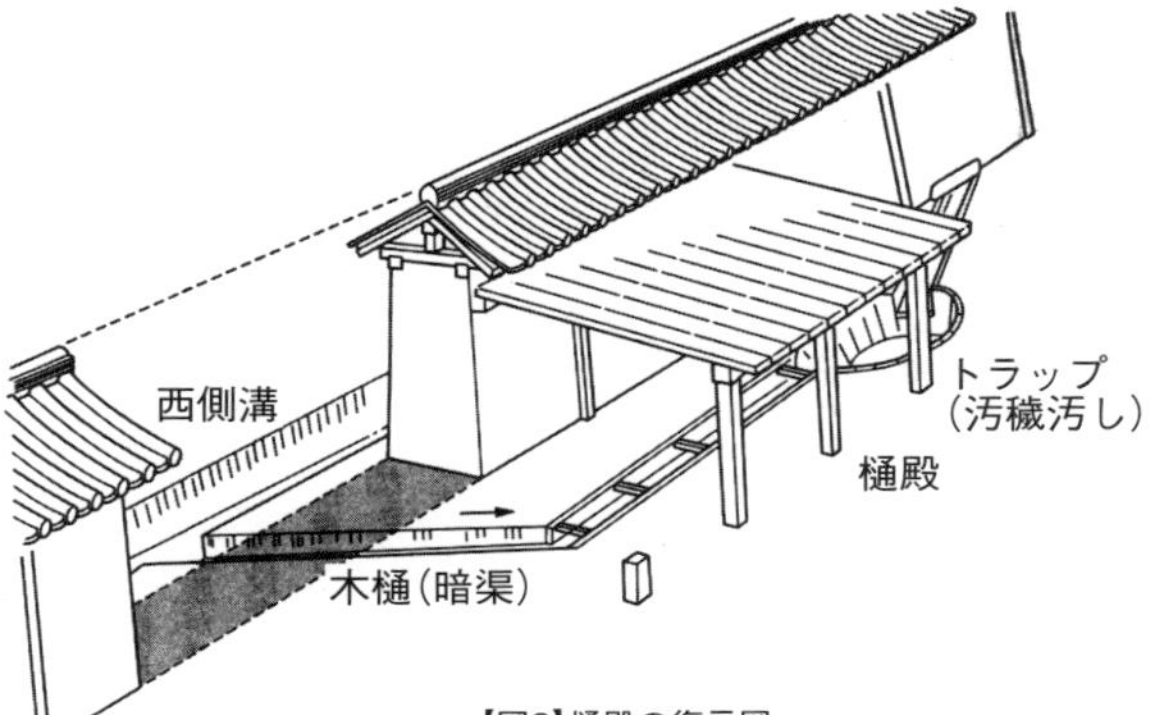

【図3】樋殿の復元図

この時代は、貴族と一般庶民とでは、住宅・トイレ事情は全く異なっていた。そこでまず、貴族の場合をみてみよう。当時、平安京の住民は身分に応じて、国家から宅地が与えられた。身分の高い貴族の場合は一町（一辺四〇丈＝約一二〇メートル四方）、それ以下では半町、四分の一以下、そして庶民の場合は三二分の一町（一戸主）というように、班給される宅地の大きさが法令で定められていた。

貴族はその広大な土地のなかに邸宅を建てたが、そこには樋殿と呼ばれる便所があった。貴族の家では主人や女主人が用を足す場合、室内で侍や女童と呼ばれる下級職員が持参するお丸（清器・尿筥）に用を足し、それを樋洗・樋洗童が受け取り、邸内の樋殿にある水路で洗い清めたと考えられている。この水路は、都城の大路小路両脇の側溝に流れる水を邸宅内に引き入れるために設けられたもので、木樋の先にトラップ（落とし穴）を設置し、汚物が側溝に流出するのを防ぎ、上澄みの水のみ再び木樋を通して側溝下流へ排水するというものであった（図3）。

一方、庶民の場合は、荒廃した家のまわりの小道や空地を共同排泄の場として使用していたと考えられている。平安時代末期成立の『餓鬼草紙』[5]には、排泄する庶民とその糞尿を狙う餓鬼の様子が描かれており、衣服が汚れないように高下駄を履いた老若男女が、築地が壊れかかった空家の裏手の空き地で排泄する姿が見える。

以上のように、トイレ事情だけをとっても、人々の生活空間の衛生状況は決して良いものではなかった。ゆえに平安京ではしばしば疫病が蔓延した。そして人口過密都市のため、多くの死者を出し、さらに流行が広がるという悪循環が人々を襲ったのである。

さて、ここで疫病に関する一つの事件を取り上げてみたい。貞観一四年（八七二）正月、都では「咳逆病」が流行し、多数の死者が出た。「咳逆病」とは、現在でいうところの流行性感冒（インフルエンザ）だと考えられている。この時、人々は口々に「異土の毒気の然らしむ」といったという。

実は、その前年の一二月一一日、中国東北地方の南東部から朝鮮半島北部沿海州を領域とする渤海という国からの使節、総勢一〇〇名以上の人々が加賀国に到着し、都にやって来ていた。つまり、人々はこの疫病の蔓延は、渤海使節が「異土の毒気」を持ち込んだことに原因があると考えたのである。そして、疫病への対処として、朝廷が建礼門（天皇の居住空間である内裏外郭南面の正門）前で大祓を行ったと史料には記されている[6]。

大祓とは、毎年六月と一二月の晦日に、人々の罪や穢れを祓い清めるために行われる神事のことだが、この時は臨時に実施された。そしてその場で、「穢く悪き疫鬼の、所所村村に藏り隠ふるをば、千里の外、四方の堺、東方は陸奥、西方は遠値嘉（五島列島）、南方は土佐、北方は佐渡より遠の所を、汝たち疫鬼の住処と定め賜い、行い賜いて…」[7]（『貞観儀式』[8]巻一〇）という内容の祝詞が読み上げられたと推察される。

ここで注目したいのは、当時の朝廷が支配領域（日本の国土）を、「陸奥、遠値嘉、土佐、佐渡」とする国土観念を持つとともに、それより外は「穢く悪き疫鬼」が住む穢れたところと認識していた事実である。このような異域に対する嫌悪観や恐怖心を強く持ち、閉じられた国土観が形成された背景には、当時の日本を取り巻く国際情勢の変化が密接に関連していたことが、指摘されている。

紙数の都合で、詳細を著す余裕はないが、当時の東アジア世界は、唐や新羅という大国がやがて滅亡へと向かう激動の時期にあり、新羅国内の混乱に伴う漂流民が日本に殺到したり、国家間の正式な使節の往来よりも、唐や新羅の商人による活動が広がったりするなか、政府は従来の対外政策を大きく転換していった。また、九州大宰府[9]の官人らと新羅商人との密貿易や、九州の役人と新羅勢力とが結託して政府に叛逆しようとする計画が発覚するなど、事件が多発していたため、都の貴族たちは、異域に対して恐怖心や嫌悪感を強く持つようになったのである。

外は穢れたところという、貴族たちの考え方を表わす祭祀をもう一つ取り上げておきたい。四角四境祭（しかくしきょうさい）である。これは、疫病の原因と考えられた鬼気（きき）（疫神・疫鬼）が都城へ侵入するのを道路上で防御する祭祀であり、平安時代中期以降は、陰陽寮が司った。『延喜臨時祭式（えんぎりんじさいしき）』には「宮城四隅疫神祭」「京城四隅疫神祭」「畿内堺十処疫神祭」として見え、平安宮（大内裏）外と平安京外の四隅、さらに平安京のある山城国の国境（和邇（わに）または竜華（りゅうげ）・会坂（おうさか）・大枝・山崎または関戸）のすぐ外の道路上に祭壇を設け、吉日を択び、朝廷が勅使や陰陽寮官人らを派遣して実施した祭祀である。

このように、天皇・内裏の清浄性が強く求められる一方、そこから離れるに従って、穢れに満ちた世界が広がっていくという観念を、貴族たちが有していたことが、祭祀形態から明らかである。

実はかかる観念は、公的な死刑の廃止と、流刑という刑罰の方法にも表れている。当時の刑法に当たる「律」には、死刑の規定はあるものの、実際に天皇が命じて死刑に処した明白な事例は見られない。死刑の判決文が天皇に奏上された際には、死一等を減じて流刑に処されるのが通例であった。流刑には都からの距離に応じて、近流・中流・遠流の三段階があるが、古代・中世の人々は、罪＝ケガレとの認識を持っていたため、重罪の者は遠流に処し、できるだけ都・畿内から遠いところに追放したのである。

以上のように、平安京では都市化が進むなか、人口集中による汚物や死骸の大量発生という環境の悪化を招き、やがて疫病が蔓延する事態が生じた。人々は疫神・疫鬼や魑魅魍魎の仕業としてこれを畏れ、鎮めるためのさまざまな祭祀・祭礼が盛んに行われるようになったのである。さらに、国際情勢の変化も影響して、朝廷や貴族社会では、日本の「境界」が意識されるとともに、天皇の「清浄性」を追求する意識の高まりが見られた。このように環境の変化は、平安京に住む人々の思想や行動にも影響を与えたのである。

三　都市化と思想——ケガレの思想を中心に

これまでに都市ならではの環境が人々に与えた影響を見てきたが、死や血を極端に忌むケガレの思想は、平安京で格段に強化された。

奈良時代においても、「令」の規定に「皇都における埋葬禁止」（「喪葬令」）が見えるように、死穢の汚染を忌避し、京中での埋葬は禁止されていた。平安京も同様であり、都周辺の山麓である鳥辺野（とりべの）、蓮台野（れんだいの）、化野（あだしの）などが主に皇族や貴族の主要な葬送地であった。しかし、京外の葬送地へ遺体を運び、埋葬するためには、多くの人手と財力を必要とするため、庶民の場合は、三条以南の鴨川原に死体が遺棄されるか、京中で行き倒れた場合はそのまま死体が放置されることもあったのである。

一〇世紀半ばに施行された『延喜式』[10]には、穢れに触れた場合に忌むべきことが記され、「人の死は三十日間、出産は七日間。六畜（馬・牛・羊・犬・猪・鶏）の死は五日間、出産は三日間」の忌が必要といい、この間、神事に従事することや内裏に出仕することが禁じられている。そして触穢は、閉鎖空間で同席すると、甲から乙へ、さらに丙へと伝染するとも考えられており、それに関する規定もあった。

これらの規定は、『延喜臨時祭式』に記載されていることから、本来は神事や天皇に関する事柄において、特にケガレが問題視されたことが分かる。しかし、貴族社会に留まらず、その影響は平安京の住民へも広がっていった。

『今昔物語集』巻第三一第三〇話には、定まった夫がいない或る女性の話が記されている。女性には子供がいたが面倒を看てくれず、年老いて尼になり、兄の世話になっていた。病を得て重篤になったところ、兄は絶対に自分の家では死なせまいと思い、家から追い出した。そこで彼女は、清水辺りに住んでいた昔の友人を頼って訪れたが、そこでも拒絶され、仕方なく鳥部野へ行き、地面の上に敷物を敷き横たわったという。

さらに、同書巻第二七第一六話にも次のような注目すべき話が載録されている。正親大夫（おおきみのたゆう）某という男が若年の頃、しかるべき貴族の家に仕えていた女のもとに通っていた。或る夜、人も住まぬ古びたお堂で、逢瀬を交わしていると、お堂の主と称する女性が言いようもなく恐ろしい様子で現れ、追い出されてしまった。

すると女はひどく怖がり、気絶して立ち上がることもできなくなったので、男は女の主人の屋敷まで連れて行き帰宅した。気になって、翌日様子を聞くと、その後瀕死の状態になり、身よりのない人なので、屋敷の主人の命により、仮小屋を造ってそこに出しておかれたところ、間もなく亡くなったとのことであった。この説話と同様の様子が、冒頭に掲げた一枚の絵に描かれた仮小屋に寝かされた瀕死の病者である。

つまり、家中で死人がでるとケガレが発生するため、身よりのない人や従者などは、邸内で死なれては困ると判断されたのである。そして、死穢が伝染しない道路に仮小屋を造り、地面の上に筵を敷いてそこに寝かされ、死を待った。

こうしたショッキングな風習と死穢の観念が、貴族社会、そして平安京に暮らす人々のなかで醸成、さらに広がりを見せ、ケガレの思想はやがて差別にもつながっていくことになるのである。

おわりに

日本文化を代表する文学や絵画・工芸が数多く生み出された平安の都は、国宝『源氏物語絵巻』や『駒競行幸絵巻（こまくらべぎょうこうえまき）』に描かれているように優雅で華やかな都であったことは確かであろう。しかし一方で、死体や汚物が町に捨てられていた都市でもあった。行幸（ぎょうこう）などで天皇や貴族が都大路を通る際には、検非違使庁（けびいしちょう）の役人が前もって死体や汚物の処理をして清め、それらはなかったものとされた。王朝文化の背景に、そうした都市の姿があったという事実も頭の片隅に置いておく必要があるのではないだろうか。

人口の過密や都市環境の変容、対外関係の変化、身分的格差など、都市平安京はさまざまな問題に直面していた。環境の変化は、貴族や庶民など、平安京の住民の精神や行動にまで影響を及ぼした。そうした事実が、思想や祭礼などを通じて読み取れることを本稿では取り上げてみた。都市や環境と思想との関係は、遠い過去の平安京だけの問題ではないように思われる。

七九四年に平安京に遷都されてから、一八六八年に東京に都が遷るまでの約一〇〇〇年間、京都は日本の首都であり続けた。京都学とは、他の都市とは異なる歴史的背景を持った都市京都を、さまざまな角度から調査、検討して、人間の営みを問い続ける学問ではないかと思う。

【註】

(1)『日本後紀』延暦二四年(八〇五)一二月七日条。
(2)平安中期の漢学者で、日本浄土教の成立にも大きな役割を果たした人物。晩年、六条に小宅を定めた時の経過を記したのが『池亭記』である。
(3)例えば、京都市埋蔵文化財研究所から毎年発行される『京都市埋蔵文化財調査概要』などから、平安中期以降の右京にも中規模以下の邸宅が点在していたと推定され、右京が完全に田園化したわけではないと考えられている(山田氏参考文献参照)。
(4)一二世紀の初めに成立した説話集。一〇〇〇余の説話を、天竺(インド)、震旦(中国)、本朝(日本)の三部に分けて収めている。
(5)六道の一つである餓鬼道の業苦を描き出した絵巻で、一二世紀後半の作品が伝存する。
(6)『日本三代実録』貞観一三年(八七一)一二月一一日条~同一四年正月二〇日条。
(7)これは追儺(ついな)という大晦日に疫鬼を追い払う儀式において、陰陽師が読み上げる祭文(さいもん)である。大祓でも同内容の祝詞が読まれたと考えられている。追儺は、中国から伝わった行事で、もとは大儺(たいな)と呼ばれた。儺(だ)は疫を駆逐する意で、中国では時節の変り目に行われたが、日本では追儺、儺遣(おにやらい)といい、大晦日に宮中で行われた。
(8)平安時代前期に朝廷の儀式次第を編纂した書。通説では、三代儀式の一つとして、貞観一四年(八七二)一二月以降に作られ、現在『儀式』

という書名で伝わる一〇巻の書に当たると考えられている。

（9）律令制下、筑前国（現在の福岡県太宰府市）にあって、対外的には軍事と外交、内政上は西海道の九国三島（天長元年（八二四）より二島）を総管することを任務とした地方官庁。

（10）律令格に対する施行細則を集大成した古代法典の一つ。延喜五年（九〇五）醍醐天皇の命により、藤原時平・忠平らによって編纂され、延長五年（九二七）に完成。規定の内容が微細な事柄にまで及んでいて、百科便覧的な性格を有している。康保四年（九六七）施行。

【参考文献】

大山喬平「中世の身分と国家」（『日本中世農村史の研究』岩波書店、一九七八年、初出は一九七六年）
京都市編『京都の歴史』（學藝書林、一九六九〜七六年）
坂上康俊『日本の歴史05　律令国家の転換と「日本」』（講談社、二〇〇一年）
瀧浪貞子「東朱雀大路と朱雀河」（『日本古代宮廷社会の研究』思文閣出版、一九九一年、初出は一九八三年）
西山良平『都市平安京』（京都大学学術出版会、二〇〇四年）
丹生谷哲一『検非違使—中世のけがれと権力』（平凡社、一九八六年）
橋本義彦『平安貴族社会の研究』（吉川弘文館、一九七六年）
村井章介「王土王民思想と九世紀の転換」（『思想』一九九五年一月号）
村井康彦『平安京と京都』（三一書房、一九九〇年）
山田邦和『京都都市史の研究』（吉川弘文館、二〇〇九年）
吉川真司『日本の時代史5　平安京』（吉川弘文館、二〇〇二年）

【図出典】

【図1】小松茂美編『続日本の絵巻　春日権現験記絵上・下』（中央公論社、一九九一年）
【図2】京都市編『甦る平安京』（一九九四年）
【図3】奈良国立文化財研究所編『平城京二条二坊・三条二坊発掘調査報告—長屋王邸・藤原麻呂邸の調査』（一九九五年）

京都 南座と顔見世興行

斉藤利彦

はじめに

四条大橋東詰南にある南座は、江戸時代以来の格式と伝統を誇る日本最古の劇場で、古都京都のランドマークとして、人びとに親しまれている。

例年、一一月二五日前後の吉日、南座の正面表構に、顔見世興行に出演する歌舞伎役者の名前を墨書した「まねき」と呼ばれる看板があがるが、この看板には厚さ約三センチ・長さ約一八〇センチ・幅約三〇センチのヒノキ板が用いられ、勘亭流という独特の書体で主な出演役者の名が書かれる。同流派の文字は分野ごとに書体を書き分け、また劇場それぞれに書体が異なるため、南座のまねきは南座でしか使われない。

京都の人びとは南座にまねきがあがって顔見世興行が始まると、京都に〝師走〟が訪れたと思い、年の瀬の風情を感じつつ観劇し、今年あった出来事を思い出しながら一年を振り返る、という。観劇日によっては、京都の五花街の総見と出会うだろう。これは、祇園甲部・先斗町・上七軒・宮川町・祇園東の舞妓・芸妓が日を替えながら桟敷に正装で観劇することで、華麗な舞台だけでなく、観客席も一層華やかになり、その光景は、南座ならでは、京都ならでは、といえる。

本稿は、京都を、ひいては日本を代表する劇場のひとつ、南座と恒例の興行「顔見世興行」の歴史や内容を紹介しながら、京都の芸能文化の一端を紹介してみたい。

一　四条芝居町の形成と興行慣行

(一)　四条芝居町の形成と南座

江戸時代の京都において、京都町奉行から〝常設・常時〟の興行を許可されたのは七軒の芝居小屋であった。貞享三年(一六八六)板『京大絵図』の四条河原東岸には、四条通を挟んで、南北に「芝居」と書き込まれた一画があり、北側二軒、南側三軒、大和大路に二軒の芝居小屋が認められる。

これらの芝居小屋の入口正面には、公的に興行が許されたことを示す「櫓(やぐら)(矢倉)」が構えられた。櫓は、言葉自体が芝居小屋を指す場合があり、官許されたという大切なシンボルで、櫓のある芝居小屋を〈大芝居(おおしばい)〉とも称した。いまの南座にも、その名残をしめす櫓があげられている。

京都での櫓免許赦免時期は、はっきりとしない。黒川道祐の『雍州府志(ようしゅうふし)』に、元和年中に京都所司代板倉勝重が七つの櫓を赦した、という伝承があるが[1]、いまのところ、後世の諸書との照合によって、元和三年(一六一七)ではなかったか、と推測されている[2]。また、『歌舞伎事始(かぶきじし)』が伝えるところでは、京都では承応年間に興行は停止され、座の興行権「名代」は廃止されたが、寛文九年、先例に従い名代が再赦免された、という(3)。俗に言われる「寛文の名代再興」である。

寛文延宝期にかけて、四条河原は再開発され、延宝期には、それまで四条河原西岸、すなわち、四条中島にあった芝居小屋が東岸に移されるなどしたが、これらは寛文新堤にみられる鴨川東・西岸の開発と関係している(4)。幕府の京都支配は寛文八年を境に、京都所司代から京都町奉行に移譲されるなどし、支配体制が大きく転換した。芝居小屋の鴨川東岸への移設や四条橋東詰一体の〈芝居町〉としての開発、興行権である名代の再興は、京都の都市支配の再編上にある興行政策と連動したものと判断できよう。

(二) 江戸時代京都の興行慣行

寛文の名代再興を契機に、京都の興行慣行は確立されたが、江戸時代の歌舞伎興行に必要な権利と人材は①名代と称される興行権②芝居小屋と経営者（芝居小屋主）③座本と呼ばれる一座の総責任者、である。これらを「興行の三権」といい、こういった権利と人材が揃ってはじめて興行が可能となった(5)。

江戸の場合、興行の三権が四人（のち、正徳期以降三人）に集約された。これら興行の三権を掌握している者を「座元」と呼んだが、座元は興行権所有者であり、芝居小屋主であり、一座の総責任者であったため、絶大な権力と権威を劇界に誇ることとなった。

一方、京や大坂の興行の仕組みは、興行の三権が分割され所有されていた。興行権所有者は名代（主）といい、芝居小屋の経営者は芝居主（矢倉主）と呼ばれたが、京・大坂の芝居主は座の興行権をもたないため、一座による興行がなければ経営が成り立たない。そのため、名代や後述する座本と提携・協力して興行を行う必要があった。座本は、一座・芸団の責任者をさし、当初は、人気・実力を備えた役者がついた。これを役者座本という。やがて、実質的興行者である「芝居師」が興行を行っていくようになると、座本名は便宜的に、地位の高くない役者・子役の役者名を使用するようになった。

このように、京都・大坂の興行慣行は江戸のような集約された統制システムとは異なり、名代・芝居主・座本が連携・協力する合理的分業システムが特徴で、興行不振による損失の分散・分割が可能であり、興行上の失敗が座元に圧し掛かる江戸と比べると効率的であった。

二 四条芝居町の崩壊と南座

(一) 四条芝居町の崩壊と火災

元禄期、四条の鴨川東岸界隈は「芝居町」として、芝居小屋、芝居茶屋、水茶屋、茶屋、旅籠屋などが立ち並び、京都随一の遊興の場として繁栄する。同時期、京都では初代坂田藤十郎や吉澤あやめといった名優を輩出した。ところが、享保期以降、四条芝居町の景観は徐々に崩れだしていく。その原因のひとつが、相次いで芝居小屋を襲った火災である。

江戸時代中期の京都は、何度も甚大な被害をだす火災が発生した。芝居町に限定して確認すると、享保八年(一七二三)五月二日夜、宮川町の若松屋孫右衛門の借屋から出火した火災が最初で、放火の疑いもある失火だった(6)。

この火災を皮切りに、享保年間に芝居町を巻き込む火災が連続して起こっていく。翌九年(一七二四)五月一〇日に発生した大火は、四条北の芝居を火元とし、他の芝居小屋六軒も焼亡する大惨事となった。この火災は、またたくまに、その周辺の地域を巻き込んでいったが、常火消として当番であった膳所藩が建仁寺などに控えて消火活動をしなかったため、被害は拡大したようである。さらに、同一五年(一七三〇)二月一五日にも、建仁寺町四条上ル町東側水茶屋から火が出て、大和大路通北入る西側の芝居小屋を焼失、別の大和大路通北入る西側の芝居小屋一軒、四条通南北四軒も罹災した(7)。

京都町奉行は江戸と同様に、芝居小屋の瓦葺き・塗壁などの防火対策をうながしたが、永続的・統一的な処置がなされたわけではなく、そのためか、寛保元年(一七四一)一一月にも、藍沢某宅を火元として、石垣町から縄手まで続く火災、俗に言う、〝藍沢焼け〟が発生し、このおりも芝居小屋は罹災した(8)。

このように、享保期に数回にわたって芝居町を襲った火災は、そのたびごとに芝居小屋の復興を余儀なくし、芝居小屋はその都度、復興費という大きな負担を背負ったため、経営を圧迫した。加えて、同時期は元禄歌舞伎と天明歌舞伎との間の、いわば、役者の世代交代の時期にあたっていたため、どうしても出演する一座の顔ぶれがうすくなり、これもあって四条芝居町の興行は沈滞した。

すでに正徳六年、一軒の芝居小屋が倒産していたが、火災後の享保一七年三月には四条北の芝居が退転し「惣借屋地」として売却され、宇治加賀掾ゆかりの大和大路通北入る西側の芝居小屋も「建家地」となり、宝暦期には、もう一軒あった大和大路通北入る西側の芝居小屋も廃れてしまった(9)。宝暦五年刊『役者刪家系』は「近年、京芝居甚だ不繁昌」「近年、歌舞伎芝居ハ如何してか、京都ばかり不景気」と、その不況をのべている。

かくして、元禄年間に七軒の芝居小屋の存在を誇った四条河原芝居町は、相次ぐ芝居小屋の廃座とともに、その景観は崩れ、当時、繁栄しはじめていた花街である祇園町の一画として取り込まれていった。

宝暦以降寛政期まで残った芝居小屋は、四条南・四条西・四条東の三軒の芝居小屋で、「三座鼎立」時代を迎えた。しかし、このうち四条東の芝居は人形浄瑠璃芝居の芝居小屋であったから、歌舞伎の芝居小屋は二座で、しかも、その維持は困難な状況でもあった。そのようななか、寛政六年、三座は、またしても大火で焼失してしまう。この火災によって三座鼎立は崩れるが、同時に、今日の南座界隈の景観起点となった。

(二) 明治期以降の南座と松竹

化政期にはいると、南北二軒となり、明治維新まで南北二座の時代が続いた。明治二六年(一八九三)六月、北の芝居が退転する。地唄『京の四季』で「櫓のさし向かい」と唄われた南北二座の時代は終わり、とうとう南の芝居一軒となった。

四条南の芝居は明治二三年頃から「南座」と呼ばれるようになり(10)、元和以来の歴史と由緒、格式をもつ劇場として、京阪演劇界で大きな地位を占めるようになった。その頃、新京極を皮切りにして、着々と京阪の劇場を手中に収めつつあったのが白井松太郎・大谷竹次郎兄弟が経営する松竹合名株式会社で、この頃、白井・大谷兄弟は南座を傘下に収めることに照準をあわせていた。というのも、彼らは〈演劇興行革新〉という理想に燃えており、その達成のためにも、京阪随一の由緒と格式、歴史をもつ南座をどうしても手中におさめたかったのである(11)。

明治三九年、松竹は南座を傘下に収めることに成功し、この年の一二月一日、新装落成披露式を挙行、同月三日、改築竣工記念顔見世興行を興行した。その後、南座は大正二年に再度改築され、昭和四年には、由緒ある櫓を備えた桃山風破風造りの豪華な劇場を竣工させた。以来、昭和期、京阪の代表劇場として、ジャンルレスな演目を取り上げてきたが、平成三年（一九九一）、当時の松竹株式会社永山武臣会長によって、京都の街の景観にとけこんだ外観はそのままに、内部を全面改修し改築され、平成の南座として新時代を迎えた[12]。

三　南座と顔見世興行

（一）江戸時代の歌舞伎界と顔見世興行

南座の顔見世(かおみせ)興行は京の冬の歳時記のひとつといえ、南座の節目のおりは必ずと言ってよいほど、この興行からスタートし、多くの役者がこの興行で襲名披露する。では、顔見世興行とは一体どのような興行なのだろう[13]。

そもそも、顔見世興行とは江戸時代、各座のむこう一年間の新規契約の役者を観客に披露する興行のことで、古くは「面見世(つらみせ)」と呼ばれた。江戸時代の大芝居は原則として一年単位で、役者は芝居小屋と契約し一座を組んだが、その年度は一一月（旧暦）から翌年一〇月で、一〇月に一座の役者を入れ替え、一一月一日を期して新座組みによる興行を行い、贔屓や観客に披露した。その興行こそが〝顔見世〟興行である。顔見世は芝居社会の正月といえ、「歌舞伎正月」「周の正月」「周正」の異名もあるほどであり、役者にとって、もっとも大切な興行であった。いつ頃から始まったかは定かでないが、三都で興行慣行が確立した一七世紀後半ではないかと考えられている。

一八世紀中頃には京坂の各座と役者との契約は、従来の一年単位から一興行二カ月というかたちに変化する。そのため、顔見世興行は本来もっていた意義を失ってしまうが、これ以後も顔見世興行は継続されたが、宝暦期頃には、京坂の顔見世興行は一一月から一二月に変更される。この時期、京都は、興行が不振続きだったものの、顔見世興行のおりは活気づいた。

一九世紀なかばになると、京都劇界は衰退し、大坂劇界に吸収されてしまい、京都の芝居小屋の興行は大坂の役者によってまかなわれるようになった。それにあわせ、顔見世興行は京都、二の替(にのかわり)興行(正月興行、顔見世に次ぐ重要な興行)は大坂で行う、という興行慣行が、上方歌舞伎界で成立する。こういった慣行の成立をみても、京都の人々にとって、顔見世興行が単なる一二月に行われる芝居興行でなく、京都の年中行事として、いわば、冬の京の風物詩のひとつとして、人びとに親しまれていたことを物語っている。

(二) 江戸時代京都の顔見世興行の手打ち行事と「連中」

今も俳優の後援会やファンは熱狂的であることがしばしばだが、それは江戸時代も同じで、観客のなかには「連中」と呼ばれる贔屓集団があった(14)。

連中とは、特定の役者などの贔屓集団であり、いまでいう後援会である。一方、劇界全体を贔屓し、芝居行事にも参加する「手打連中」という贔屓集団もあった。京都でいうと、大笹連中、笹木連中、みなと連中がそれにあたる。実態の詳細は不明だが、享保期から安永期にかけて、経済力のある家の子弟などから結成された。

上方の芝居贔屓は極めて熱狂的で、しかも、独自の行事をもっていたことでも知られている。特に、顔見世興行における「座付引き合わせ手打」という行事は、とりわけ有名であった。京都の顔見世の手打ち行事は初日から一〇日目まで、観客席前方は「連中場」と称して連中専用の観客席とし、連中は二、三人づつ花道より入場し着座する。そのおりの出で立ちは、黒の着付けに、紋を染め抜いたおでこ頭巾を被った。彼らがみな着座すると、楽屋にその旨が告げられ、幕が開く。正装した役者がひとりずつ舞台に呼ばれ、手打連中に口上を述べると、連中は立ち上がって房の付いた黒檀（紫檀）の拍子木で舞台正面の板を打ち、「アリャ、アリャ、アリャ」と囃し、役者たちを喝采したり、役者へ贈物を山と積み上げたり、花道で贈物の目録を美声で読み上げるなどした。

このような手打ち行事は明治以降なくなったため、今では観ることは叶わないが、京都の祇園町の芸妓たちがお祝いの席で演じる手打ちに、その面影をみることができる。

（三）南座の顔見世とふたりの初舞台

明治三八年一二月、松竹直営である新京極の歌舞伎座は市川斎入、初代中村鴈治郎、二代目中村梅玉らを擁した豪華キャストの大一座の興行であった。

一方、南座の顔見世興行は無人芝居と揶揄された十一代目片岡仁左衛門（一八五七〜一九三四）の一座だったが、癇性の激しい仁左衛門は「大敵とて恐るる勿れ。小敵とて侮る勿れ」としるした幟をたて孤軍奮闘する。すべての上演演目を新作にするなどの大胆な狂言立ても功を奏したのか、連日大入り満員となった[15]。

十一代目片岡仁左衛門は今に様々な逸話を残しながらも、謎も多い近代歌舞伎を代表する歌舞伎役者で、義侠心のあついことから多くの役者を支援する一方で、圭角の甚だしさから様々な役者と対立した。初代中村鴈治郎との確執はことに有名である。その彼がそそげるだけの愛情をそそぎ尽し育てたのが、長男の十三代目片岡仁左衛門（一九〇四～一九九四）である。

十三代目仁左衛門は数え三歳で初舞台を踏むが、その初舞台こそ、父十一代目が孤軍奮闘した、顔見世興行の手打ちであった。今日の初舞台のような仰々しいものではなく、「この子、いっぺん舞台へだしてみようか」といった軽い思いつきだった[16]、という。

古風な儀式が初舞台というのは十三代目の芸風に通じるが、十三代目は、平成五年一二月に顔見世出勤連続四一年を達成する。すでに両眼は失明に近い視力低下の状況であったにもかかわらず、齢九〇で初役に挑むなど、役者としての気概を最後まで失わなかった。

十三代目仁左衛門初舞台の翌年、南座は松竹傘下の直営劇場となり、一二月三日に顔見世の初日を迎えた。この顔見世で初舞台を踏んだのが、二代目中村鴈治郎（一九〇二～八三）である。

当時、四歳であった二代目は役者になりたいという希望をもっていたが、父の初代鴈治郎は自らの苦労を顧みたのか、息子を役者にする気はなかった。そこで、二代目中村梅玉（一八四一～一九二一）が初代鴈治郎にだまって『太平記忠臣講釈（たいへいきちゅうしんこうしゃく）』「喜内住家（きないすみか）」の場の太市郎役で二代目をこっそりとだしたのである。

その日の劇中、主人公矢間重太郎役の初代鴈治郎は太市郎を差し出され抱き取ったとき、昨日までの子役でなく、実の息子であったので、「プウーッ」と、大変驚いたが、そこは大立者、そのまま何気もなく芝居を続け、ふたりで花道の揚幕に入った途端、「ようやった」と、二代目をぎゅっと抱きつけた、という。二代目はその「感触を今でも忘れることはでき[17]」ない、芸談と回想している。

十三代目片岡仁左衛門、二代目中村鴈治郎、ともに、戦後の上方歌舞伎を代表する役者の初舞台が南座の顔見世興行、それが一年違いであった、というのは興味深い。

おわりに

四条にある南座は日本演劇史のうえでも突出する存在の劇場で、その顔見世興行は単なる一劇場の恒例興行という枠をこえ、歴史的に、京都の人びとの暮らしに溶け込み、年中行事のひとつとして親しまれている。松竹直営の第一回顔見世興行が始まって、今年で一一四回。アジア・太平洋戦争の時期も中止されることなく歌舞伎の灯を守り続けた。

歌舞伎のつぎの一〇〇年のため、京都の芸能の、発展と隆盛のためにも、南座は今日も興行を続ける。

[註]

（1）権藤芳一「京都の歌舞伎」（京都府京都文化博物館『京の歌舞伎展―四条河原芝居から南座まで―』京都府京都文化博物館、一九九一年）。
（2）守屋毅『近世芸能興行史の研究』（弘文堂、一九八五年）。
（3）同右。
（4）廣瀬千沙子「第二部（二）　七つのやぐら―芝居町の繁栄」（前掲註1に同じ）

（5）斉藤利彦『近世上方歌舞伎と堺』（思文閣出版、二〇一二年）。
（6）『月堂見聞集』巻之十五（森銑三・北川博邦監修『続日本随筆大成　別巻3　近世風聞集』吉川弘文館、一九八二年）二四五頁。
（7）同右、二七五頁。
（8）京都市編『京都の歴史』第六巻（京都市、一九七三年）二〇二頁。
（9）同右。
（10）中川芳三「松竹経営顔見世百年」（「南座松竹経営顔見世百年」編纂委員会『南座　松竹経営顔見世百年記念史』松竹株式会社　南座、一九九六年）二四頁。
（11）同右。
（12）同右、二四－三〇頁。
（13）前掲註5拙著参照。
（14）同右。
（15）片岡仁左衛門『役者七十年』（朝日新聞社、一九七六年）四頁。
（16）同右。
（17）中村鴈治郎『鴈治郎の歳月』（文化出版局、一九七二年）二五頁。

著者略歴（執筆順）

今堀太逸（いまほり・たいつ）
佛教大学歴史学部歴史学科教授。専攻は日本中世史・宗教史。大阪府立寝屋川高等学校卒業、佛教大学文学部史学科卒業、同大学院博士後期課程修了。博士（文学）。主要著書に『神祇信仰の展開と仏教』（吉川弘文館）、『本地垂迹信仰と念仏――日本庶民仏教史の研究』（法藏館）、『権者の化現』（思文閣出版）。

貝英幸（かい・ひでゆき）
佛教大学歴史学部歴史学科教授。専攻は日本中世史。山口県立柳井高等学校卒業。佛教大学文学部卒業。佛教大学大学院博士後期課程満期退学。主要論文に「中世寺院創建譚の創出と勧進」（『歴史学部論集』）、「松梅院禅予と宮寺領の回復――所領注文作成を例にして」（『日次紀事論叢』、岩田書院）など。

渡邊忠司（わたなべ・ただし）
佛教大学歴史学部歴史学科教授。専攻は日本近世史・経済史。愛媛県立宇和島南高等学校卒業、大阪経済大学経済学部卒業、大阪経済大学大学院博士課程修了。博士（経済学）。主要著書・論文に『町人の都大坂物語』（中公新書）、『大坂町奉行と支配所・支配国』（東方出版）、『近世社会と百姓成立――構造論的研究』（思文閣出版）他多数。

青山忠正（あおやま・ただまさ）
佛教大学歴史学部歴史学科教授。専攻は日本近世・近代史。大阪府立豊中高等学校卒業、東北大学文学部卒業、東北大学大学院文学研究科博士課程修了。博士（文学・東北大学）。主要著書に『明治維新の言語と史料』（清文堂）、『高杉晋作と奇兵隊』（吉川弘文館）他多数。

原田敬一（はらだ・けいいち）
佛教大学歴史学部歴史学科教授。専攻は日本近現代史。大阪府立豊中高等学校卒業、大阪大学文学部卒業、大阪大学大学院文学研究科博士課程修了。博士（文学）。主要著書に『日本近代都市史研究』（思文閣出版）、『日清・日露戦争』（岩波新書）他多数。

西川利文（にしかわ・としふみ）

佛教大学歴史学部歴史学科教授。専門分野は中国古代史。大阪府立島上高等学校卒業、佛教大学文学部史学科卒業、同大学院文学研究科修士課程修了、同博士後期課程単位取得退学。博士（文学）。主要著作に『漢代官僚再生産の構造』（学位論文）、「曹操の辟召――事例の基礎的分析」（『歴史学部論集』6）など。

山崎覚士（やまざき・さとし）

佛教大学歴史学部歴史学科教授。専攻は中国中世史・東アジア史。大阪府立門真高等学校卒業、京都府立大学文学部卒業、大阪市立大学大学院文学研究科後期博士課程単位取得退学。博士（文学）。主要著書・論文に『中国五代国家論』（思文閣出版）、「大唐帝国が求めた日本の牛角――中国から見た遣唐使」（『歴史地理教育』833）など。

宮澤知之（みやざわ・ともゆき）

佛教大学歴史学部歴史学科教授。専攻は中国経済史。東京都立西高等学校卒業、京都大学文学部卒業、京都大学大学院文学研究科博士後期課程指導認定退学。博士（文学）。主要著書に『宋代中国の国家と経済――財政・市場・貨幣』（創文社）、『中国銅銭の世界――銭貨から経済史へ』（思文閣出版）。

李昇燁（イ・スンヨプ）

佛教大学歴史学部歴史学科准教授。専攻は朝鮮近現代史。壇国大学付属高等学校卒業、高麗大学歴史教育科卒業（以上、韓国）、京都大学大学院博士後期課程修了。博士（文学）。主要著書・論文に『倉富勇三郎日記』（共著）（国書刊行会）、「李太王（高宗）毒殺説の検討」など。

井上浩一（いのうえ・こういち）

佛教大学歴史学部歴史学科教授。専攻は西洋史、ビザンツ帝国史。京都府立朱雀高等学校卒業、京都大学文学部卒業、京都大学大学院文学研究科博士課程単位取得退学。主要著書・論文に『生き残った帝国ビザンティン』（講談社学術文庫）、『私もできる西洋史研究』（和泉書院）他多数。

塚本栄美子（つかもと・えみこ）

佛教大学歴史学部歴史学科准教授。専攻は近世ドイツ史。奈良県立奈良高等学校卒業、大阪大学文学部卒業、大阪大学大学院博士後期課程単位取得退学。論文に「近世国家形成期ブランデンブルク選帝侯領における宗務局――プリクニッツ区ペルレベルク監督区の宗務局決定の検討から」（『岐阜聖徳学園大学紀要〈教育学部編〉』第41集）、「近世ベルリンにおける「フランス人」の記憶――第一世代シャルル・アンシヨンの歴史書」（『佛教大学歴史学部論集』創刊号）など。

水田大紀（みずた・とものり）
佛教大学歴史学部歴史学科准教授。専攻はイギリス近代史。静岡学園高等学校卒業、千葉大学文学部卒業、大阪大学大学院博士後期課程修了。博士（文学）。主要論文に「一九世紀後半イギリスにおける官僚制度改革とクラミング――自助による「競争精神」の浸透」（『西洋史学』第219号17‐37頁）、「近代イギリス官僚制度改革史再考――調査委員会と官僚たちの同床異夢」（『史林』第94巻第6号31‐57頁）など。

八木　透（やぎ・とおる）
佛教大学歴史学部歴史文化学科教授。専攻は民俗学・家族史。京都市立紫野高等学校卒業、同志社大学文学部卒業、佛教大学大学院博士後期課程修了。博士（文学）。主要著書・論文に『京のまつりと祈り』（昭和堂）、『男と女の民俗誌』（吉川弘文館）他多数。

斎藤英喜（さいとう・ひでき）
佛教大学歴史学部歴史文化学科教授。専攻は神話・伝承学。日本大学付属鶴ヶ丘高校高等学校卒業、日本大学芸術学部卒業、法政大学文学部卒業。日本大学大学院博士課程満期退学。主要著書に『古事記はいかに読まれてきたか』（吉川弘文館）、『異貌の古事記』（青土社）、『陰陽師たちの日本史』（角川書店）他多数。

鈴木文子（すずき・ふみこ）
佛教大学歴史学部歴史文化学科教授。専攻は文化人類学・韓国研究。東京都立西高等学校卒業、甲南大学文学部卒業、甲南大学大学院人文科学研究科博士後期課程単位取得満期退学。主要論文に「相対的貧困観の時代――80年代末の離島社会」（嶋陸奥彦・朝倉敏夫編『変貌する韓国社会――1970～80年代の人類学調査の現場から』第一書房）、「山陰からみた帝国日本と植民地――板祐生コレクションにみる人の移動と情報ネットワークの分析を中心に」（『国立民族学博物館調査報告』69：75‐116）など。

門田誠一（もんた・せいいち）
佛教大学歴史学部歴史文化学科教授。専攻は考古学（東アジア）。大阪府立岸和田高等学校卒業、同志社大学文学部卒業、同志社大学博士前期課程修了。博士（文学）。主要著書・論文に『古代東アジア地域相の考古学的研究』（学生社）、『高句麗壁画古墳と東アジア』（思文閣出版）、『東アジア古代金石文研究』（法藏館）他多数。

植村善博（うえむら・よしひろ）
佛教大学歴史学部歴史文化学科教授。専攻は自然地理学。京都府立桂高等学校卒業、立命館大学文学部卒業、同大学大学院修士課程修了。博士（文学）。主要著書に『京都の地震環境』（ナカニシヤ出版）、『京都の治水と昭和大水害』（文理閣）。

渡邊秀一（わたなべ・ひでかず）
佛教大学歴史学部歴史文化学科教授。専攻は歴史地理学・地図史。静岡県立御殿場南高等学校卒業、岡山大学法文学部卒業、立命館大学文学研究科博士課程前期課程修了。主要著書に『京都の門前町と地域自立』（分担）（晃洋書房）、『国絵図の世界』（分担）（柏書房）など。

小野田俊蔵（おのだ・しゅんぞう）
佛教大学歴史学部歴史文化学科教授。専攻はチベット学・チベット仏教文化。兵庫県立長田高等学校卒業、佛教大学文学部卒業、佛教大学大学院博士後期課程修了。博士（文学）。著書に『*MONASTIC DEBATE IN TIBET*』（ウィーン大学チベット学仏教学研究所）、『*THE NGOR MANDALAS OF TIBET*』（共編）（ユネスコ東アジア文化研究センター）など。

安藤佳香（あんどう・よしか）
佛教大学歴史学部歴史文化学科教授。専攻は仏教美術史。大阪府立天王寺高等学校卒業、奈良女子大学文学部卒業、佛教大学大学院博士後期課程修了。博士（文学）。主要著書・論文に「勝尾寺薬師三尊像考——神仏習合の一証左として」（『佛教芸術』163）、『佛教荘厳の研究——グプタ式唐草の東伝』（中央公論美術出版）他多数。

佐古愛己（さこ・あいみ）
佛教大学歴史学部歴史文化学科准教授。専攻は日本古代・中世史。大分県立高田高等学校卒業、立命館大学文学部卒業、立命館大学大学院文学研究科博士後期課程修了。博士（文学）。主要著書・論文に『平安貴族社会の秩序と昇進』（思文閣出版）、「藤原忠実―辛酸を嘗めて中世を切り開いた摂関家家長」（元木泰雄編『中世の人物　第1巻　保元・平治の乱と平氏の栄華』清文堂出版）など。

斉藤利彦（さいとう・としひこ）
佛教大学歴史学部歴史文化学科准教授。専攻は日本芸能史・文化史。兵庫県立川西北陵高等学校卒業、佛教大学文学部卒業、佛教大学大学院博士後期課程単位取得満期退学。博士（文学）。主要著書・論文に『近世上方歌舞伎と堺』（思文閣出版）、『近世堺と歌舞伎』（大阪公立大学共同出版会）、『京都の歳時記今むかし』（共著）（平凡社）など。

〈佛教大学歴史学部〉
京都市北区紫野北花ノ坊町96　〇七五（四九一）二一四一［代表］
http://www.bukkyo-u.ac.jp/faculty/history/

歴史学への招待

2016年5月31日　初版発行

定価はカバーに
表示しています

編　者　佛教大学歴史学部

発行者　上　原　寿　明

世界思想社

京都市左京区岩倉南桑原町 56　〒 606-0031
電話 075(721)6500
振替 01000-6-2908
http://sekaishisosha.jp/

Printed in Japan
(印刷・製本　太洋社)

落丁・乱丁本はお取替えいたします。

ISBN978-4-7907-1687-7